6 パターンで覚える

入試の漢字

竹中秀幸 編著

はじめに

この問題集は漢字を覚えるのではなく、漢字の学び方を身につけるために作りました。中学入試問題を分析《ぶんせき》し、精選した頻出《ひんしゅつ》漢字を二二〇〇題、収録しています。そして、その漢字の一つ一つに意味をつけています。

また、解答もポイントをつけて楽しく、そしてより深く漢字を学べるようにしています。解答だけでも、テスト前のポイントチェックができる小冊子(ハンドブック)になるほどです。

なお、巻末付録として、より高度な語句をまとめました。これらの語句は、入試の文章では使われるけれど、語注がつかないことが多い語句です。読解力を上げるためにも覚えていきましょう。

この本はあくまで「きっかけ」です。学び方がわかれば、何からでも学べるのが国語のいいところです。

この本がみなさんの合格の一助となれば幸いです。

竹中秀幸

文英堂

本書の特色と使用法

★本書は、中学入試に出る漢字を、効率よく学習したい受験生のための問題集です。

★中学入試で頻出《ひんしゅつ》の漢字を分析《ぶんせき》し、覚えるポイントに応じて、六つのパターン(章)に分けました。それぞれのパターンに注意して漢字を覚えることで、定着度が高まります。

★それぞれの章は、二ページごとの「10日間の練習」＋「入試問題」で構成しているので、飽《あ》きずに最後までやり通すことができます。

★漢字問題の横には意味も一緒《いっしょ》に載《の》せました。漢字を学習しながら、語彙力《ごいりょく》もアップさせることができます。

★「別冊解答」では、解答の一問ずつに、注意すべき点を解説しました。これだけでも、テスト前のポイントチェックができる小冊子(ハンドブック)として使用することができます。また、最後には「おもな部首」の一覧表を載せました。

第1章では、入試頻出の小学六年生で習う漢字をあつかいます。右ページが漢字表、左ページが右の表であつかった漢字の練習問題という二ページごとの構成になっています。

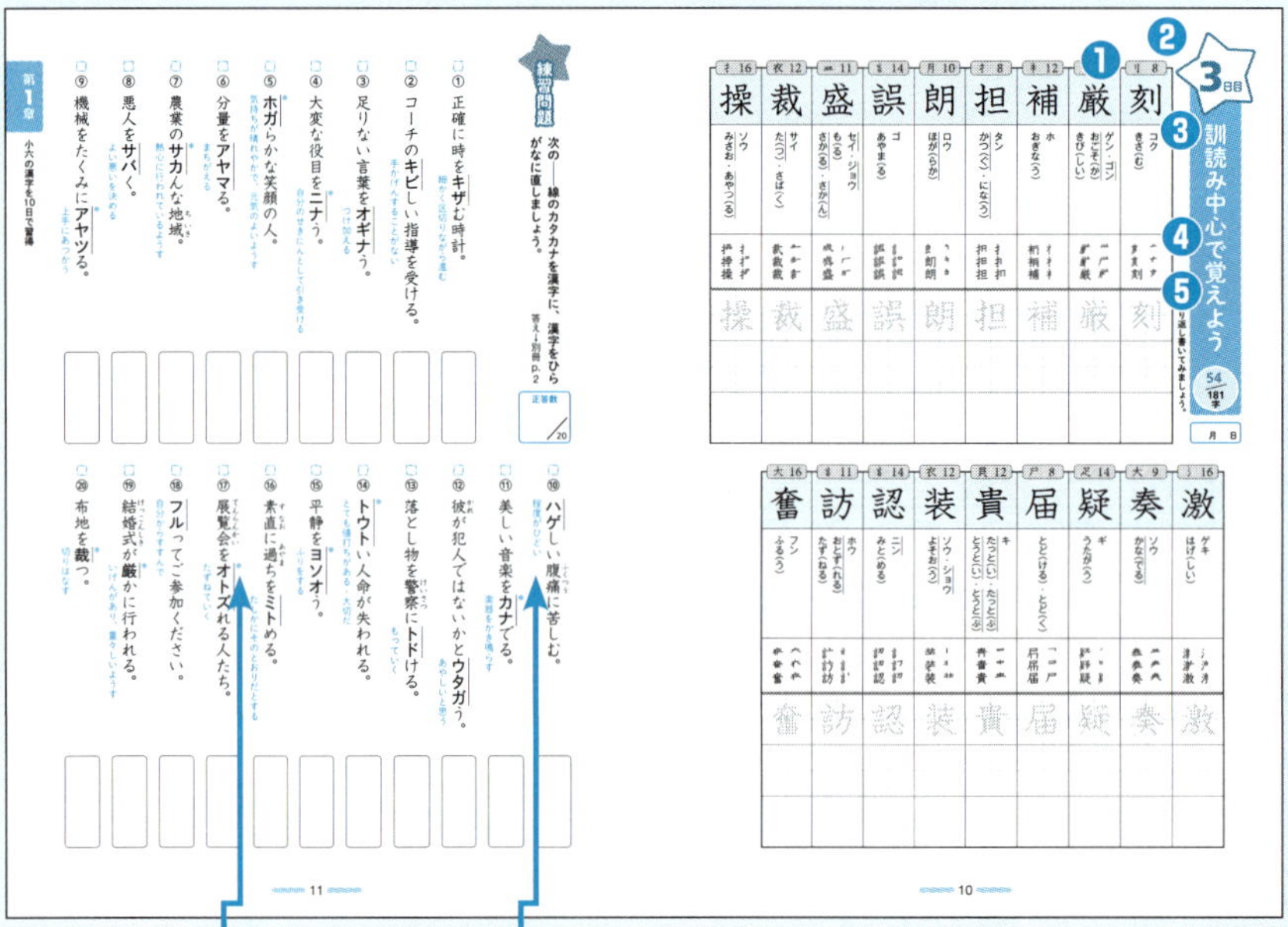

❀ 漢字表の見方

❶ **部首**…各漢字の部首を示しています。部首名については「別冊解答」の最後にある「おもな部首」を参照してください。

❷ **総画数**…各漢字の総画数を示しています。

❸ **読み**…カタカナは音読み、ひらがなは訓読みを示しています。ぼうせんがついている読みは、原則として小学校では習わない読みです。

❹ **筆順**…各漢字の筆順を示しています。

❺ **書き取りらん**…書き取りらんを三回分設けています。マスの中にバランスよく、ていねいに書きましょう。

❀ 漢字問題の横には、その漢字の意味も載せました。漢字と一緒に意味も覚えられます。

❀ ＊は原則として小学校では習わない読み・書きをふくむ問題です。入試ではこうした漢字も出題されるので、注意して覚えましょう。

第2～6章は、入試頻出の漢字を、さまざまな覚えるポイントに応じて分類しています。何に注目して覚えればよいのかに注意しながら学習してください。二ページごとの構成になっているので、短時間で学習することができます。

✤ それぞれのページは、重要度順にランクA・B・Cの三段階に並んでいます。

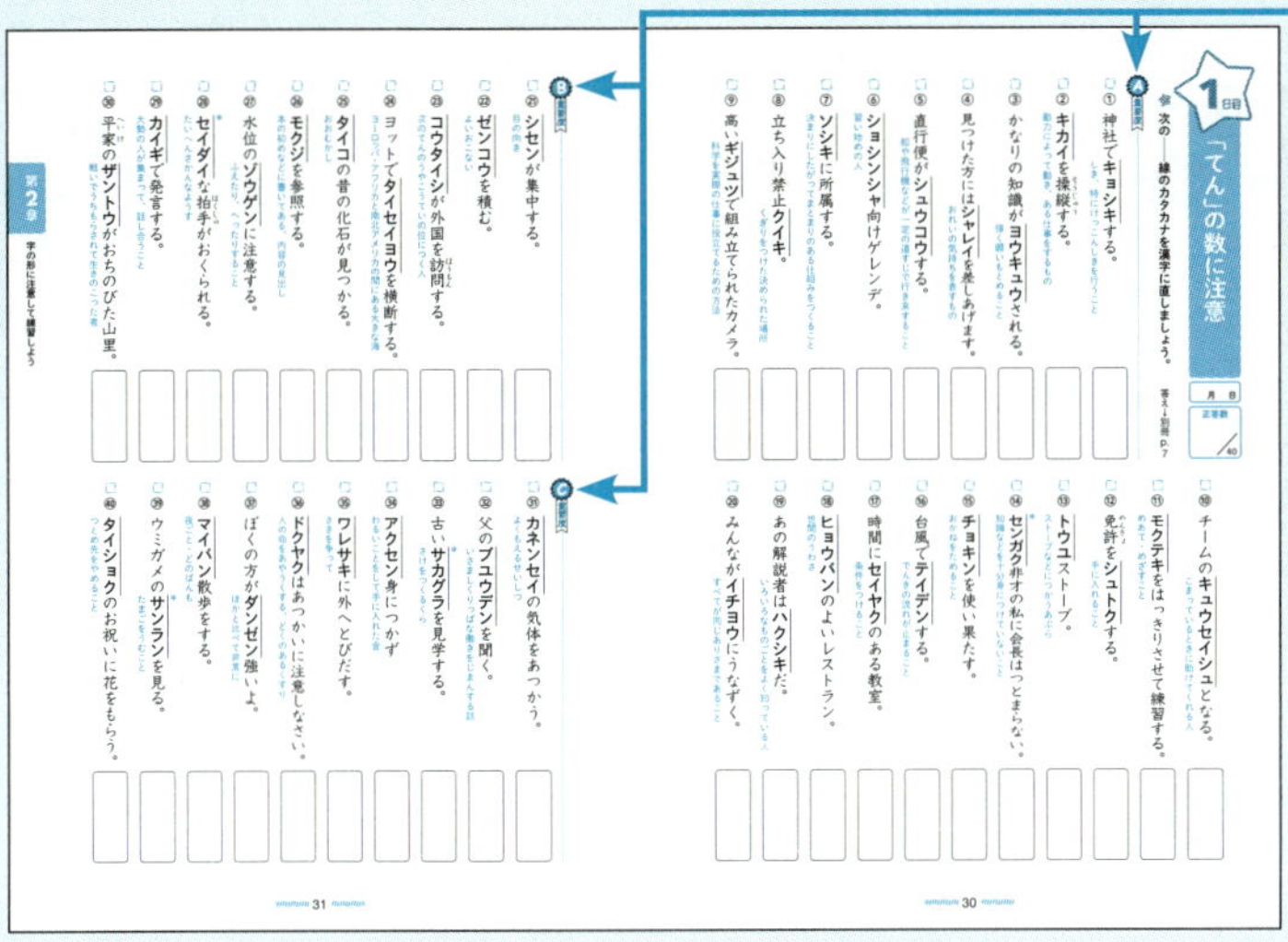

中扉《なかとびら》では、その章での学習ポイントを、実際の入試問題を用いて説明しています。ポイントをおさえることで、より効率よく漢字を学習することができます。

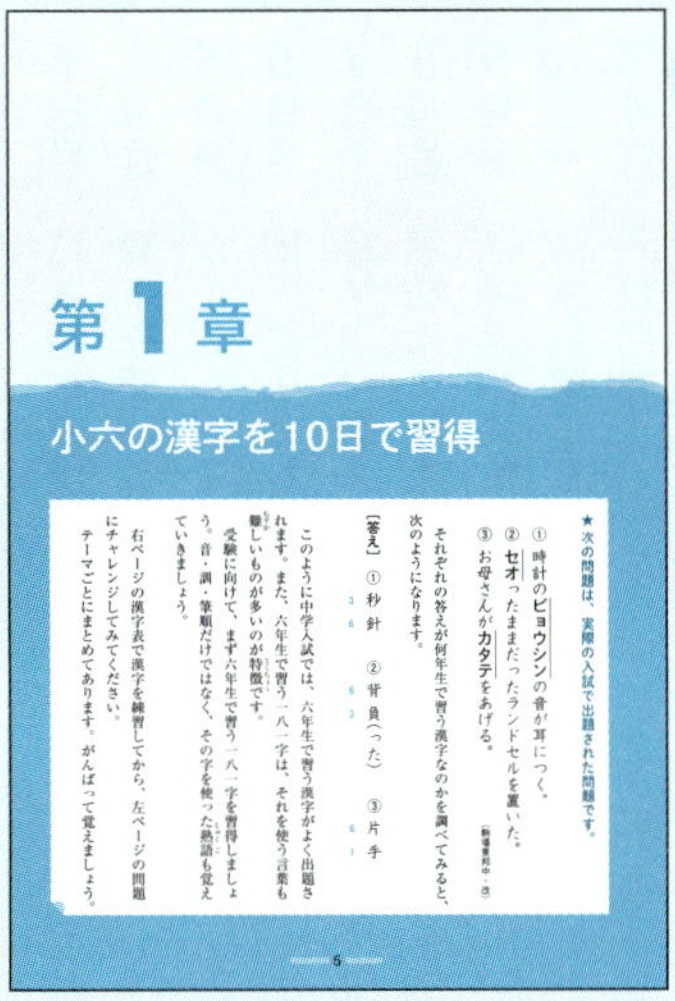

10日分の練習の後には、その章にふさわしい入試問題を取り上げています。実際の入試問題にちょうせんしてみましょう。

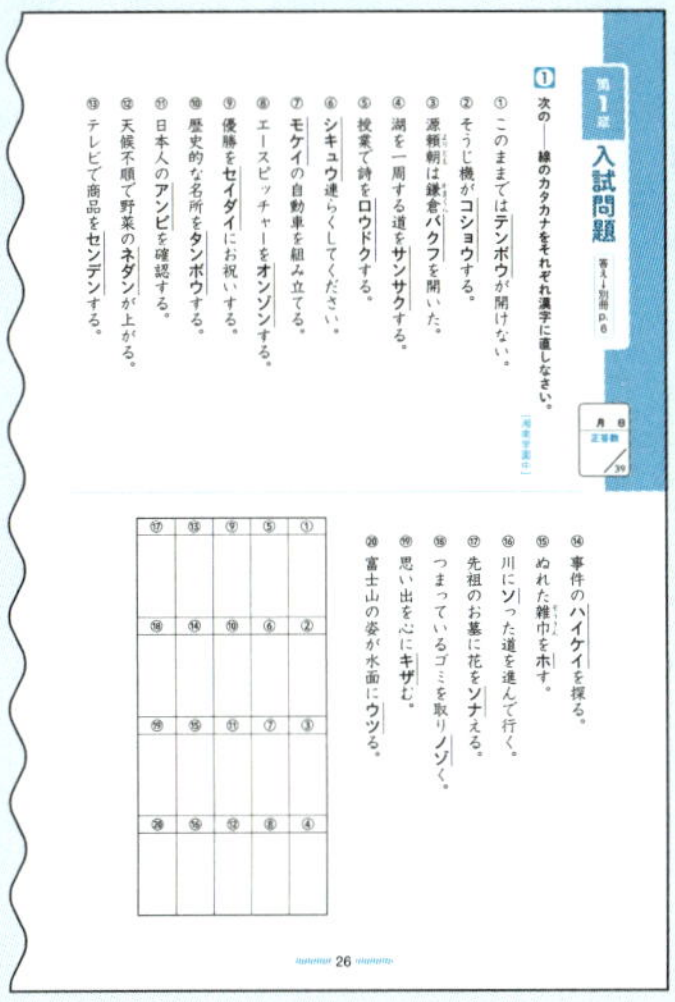

章末には、漢字学習のコツを伝授する「ワンポイント必勝講座」を設けました。漢字を深く学ぶ一助としてください。

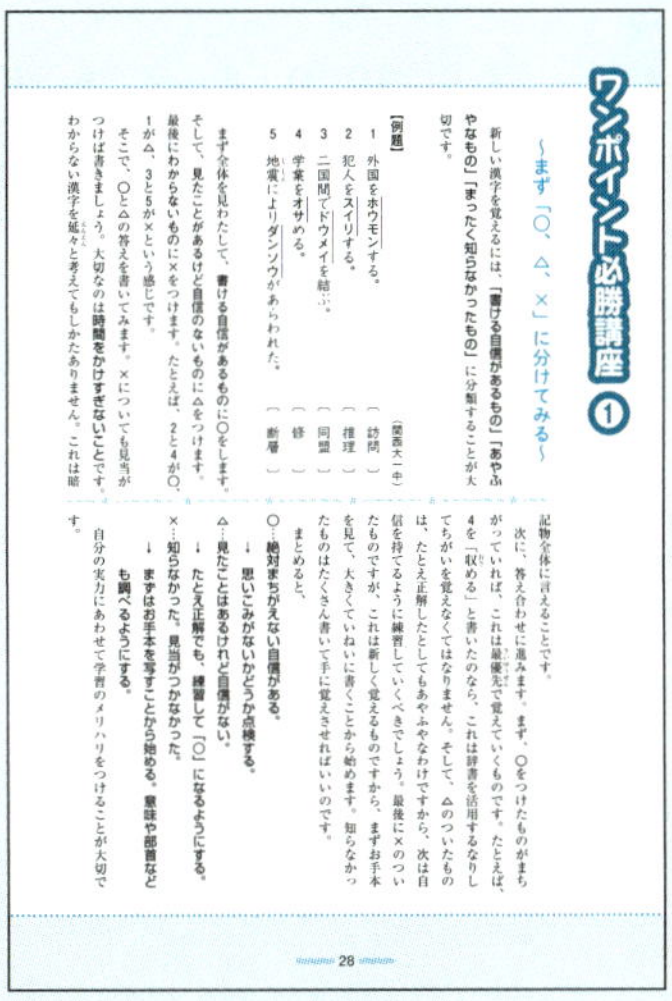

巻末の「語彙《ごい》をきたえる200」には、入試の文章では使われるけれど、語注がつかないことが多い、より高度な語句をまとめました。ぜひ目を通して活用してください。

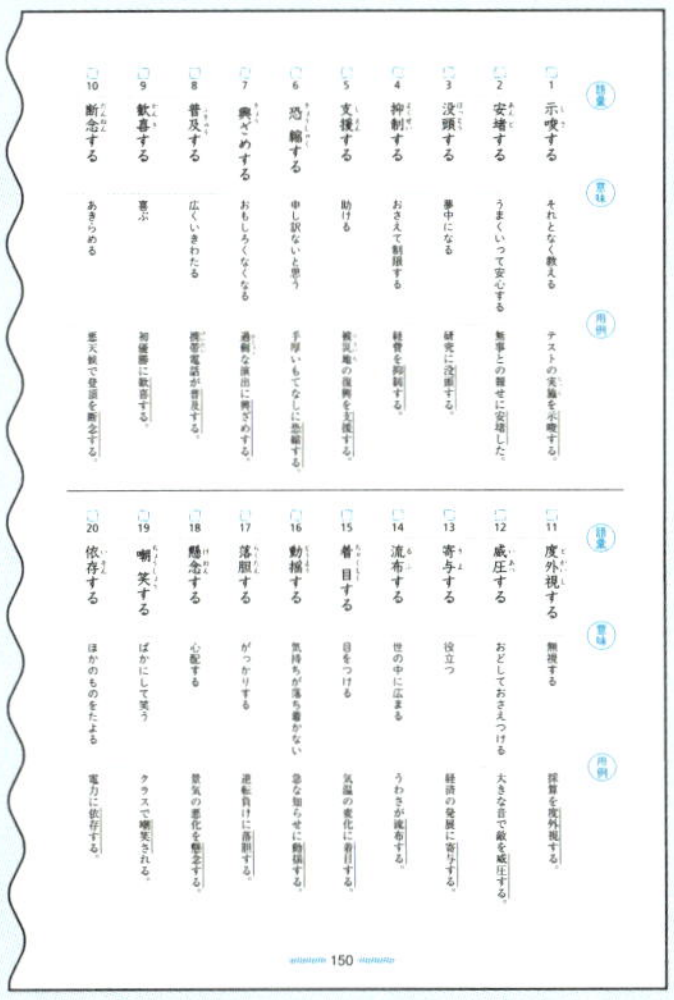

もくじ

第1章

小六の漢字を10日で習得

★次の問題は、実際の入試で出題された問題です。

① 時計の**ビョウシン**の音が耳につく。
② **セオ**ったたままだったランドセルを置いた。
③ お母さんが**カタテ**をあげる。
（駒場東邦中・改）

それぞれの答えが何年生で習う漢字なのかを調べてみると、次のようになります。

［答え］ ① 秒針（3 6）　② 背負（6 3）（った）　③ 片手（6 1）

このように中学入試では、六年生で習う漢字がよく出題されます。また、六年生で習う一八一字は、それを使う言葉も難《むずか》しいものが多いのが特徴《とくちょう》です。

受験に向けて、まず六年生で習う一八一字を習得しましょう。音・訓・筆順だけではなく、その字を使った熟語《じゅくご》も覚えていきましょう。

右ページの漢字表で漢字を練習してから、左ページの問題にチャレンジしてみてください。

テーマごとにまとめてあります。がんばって覚えましょう。

1日目 熟語《じゅくご》で覚えよう

18/181字

月　日

宀 6	宀 8	口 8	口 6	禾 10	宀 11	氵 13	水 9	寸 12
宇	宙	呼	吸	秘	密	源	泉	尊
ウ	チュウ	コ よ(ぶ)	キュウ す(う)	ヒ ひ(める)	ミツ	ゲン みなもと	セン いずみ	ソン たっと(い)・たっと(ぶ) とうと(い)・とうと(ぶ)
丶 ⺍ 宀 宀 宇 宇	宀 宀 宀 宙 宙 宙	口 口 口 吖 呼 呼	丨 口 口 吸 吸 吸	禾 禾 秘 秘 秘 秘	宀 宀 宓 宓 密 密	氵 氵 源 源 源 源	白 白 白 泉 泉 泉	丷 酋 酋 酋 酋 尊
宇	宙	呼	吸	秘	密	源	泉	尊

くり返し書いてみましょう。

攵 12	口 6	白 9	阝 10	子 6	心 8	言 13	亻 10	亻 17
敬	后	皇	陛	存	忠	誠	俳	優
ケイ うやま(う)	コウ	コウ・オウ	ヘイ	ソン・ゾン	チュウ	セイ まこと	ハイ	ユウ やさ(しい) すぐ(れる)
艹 艹 芍 苟 苟 敬	一 厂 斤 斤 后 后	ノ 白 白 皇 皇 皇	阝 阝 阝 陛 陛 陛	一 ナ 才 存 存 存	口 口 中 中 忠 忠	言 言 訂 訢 誠 誠	亻 亻 付 俳 俳 俳	亻 亻 佰 優 優 優
敬	后	皇	陛	存	忠	誠	俳	優

練習問題

次の——線のカタカナを漢字に、漢字をひらがなに直しましょう。

答え→別冊 p. 1

正答数　／20

□ ① **ウチュウ**遊泳の様子が報道される。
地球・太陽・星などのある、果てしなく広い世界

□ ② 体操《たいそう》で**チュウガエ**りを披露《ひろう》する。
とび上がって、空中で体をひと回りさせること

□ ③ 山頂《さんちょう》で深**コキュウ**をする。
息をすること

□ ④ 鼻から薬を**キュウイン**する。
すいこむこと

□ ⑤ **ゴクヒ**のうちに調査を進める。
絶対にひみつにすること

□ ⑥ 周囲には**ヒミツ**にする出来事。
かくして人に知らせないこと

□ ⑦ 力の**ミナモト**になる水。
ものごとの起こり

□ ⑧ 河川《かせん》の**ゲンセン**を調べる。
ものごとの起こり・始まり

□ ⑨ **ソンケイ**する人物の伝記を読む。
心からりっぱだと思うこと

□ ⑩ **ケイイ**をこめた言葉。
りっぱだと思い、れいぎ正しくする気持ち

□ ⑪ **コウゴウ**さまのごあいさつ。
てんのうのきさき

□ ⑫ **コウシツ**のご様子をテレビで見る。
てんのうとその一家の人々

□ ⑬ 天皇**ヘイカ**がご出席になる。
てんのう・こうごうなどをうやまっていうことば

□ ⑭ 常温で**ホゾン**できる食品。
いつまでももとのままにとっておくこと

□ ⑮ 言いつけを**チュウジツ**に守る。
まごころをもってつとめるようす

□ ⑯ 王に**チュウセイ**を誓《ちか》う。
まごころ

□ ⑰ すぐれた**ハイク**を詠《よ》む。
五・七・五の三句、十七音の決まった形をとる短い詩

□ ⑱ **ハイユウ**を志《こころざ》す。
映画・劇・テレビなどに出てえんぎをする人・役者

□ ⑲ **綿密**な計画を立てる。
細かく、くわしいようす

□ ⑳ 強打者が**敬遠**される。
野球でわざと四球をあたえること

反対の意味の漢字も覚えよう

36/181字

月　日

漢字	部首	画数	読み
裏	衣	13	リ　うら
縦	糸	16	ジュウ　たて
善	口	12	ゼン　よ(い)
閉	門	11	ヘイ　と(じる)・と(ざす)　し(める)・し(まる)
延	廴	8	エン　の(びる)・の(べる)　の(ばす)
私	禾	7	シ　わたくし・わたし
捨	扌	11	シャ　す(てる)
拡	扌	8	カク
腹	月	13	フク　はら

くり返し書いてみましょう。

漢字	部首	画数	読み
背	肉	9	ハイ　せ・せい　そむ(く)・そむ(ける)
亡	亠	3	ボウ・モウ　な(い)
若	艹	8	ジャク・ニャク　わか(い)・も(しくは)
縮	糸	17	シュク　ちぢ(む)・ちぢ(まる)　ちぢ(める)・ちぢ(れる)　ちぢ(らす)
従	彳	10	ジュウ・ショウ・ジュ　したが(う)　したが(える)
難	隹	18	ナン　かた(い)　むずか(しい)
異	田	11	イ　こと
己	己	3	コ・キ　おのれ
垂	土	8	スイ　た(れる)・た(らす)

練習問題

次の——線のカタカナを漢字に、漢字をひらがなに直しましょう。

答え→別冊p.1

正答数　／20

□ ① いやな思いが**ノウリ***をよぎる。（頭の中・心の中）

□ ② 原稿《げんこう》用紙は**タテガ**きである。（文字を上から下へたてにかくこと）

□ ③ **ゼンイ**の人々が寄付をつのる。（人のためを思うこころ）

□ ④ **ヘイテン**間際《まぎわ》にかけこむ。（その日の商売を終えて、みせをしめること）

□ ⑤ 時間を**エンチョウ**する。（のばしてながくすること）

□ ⑥ **シフク**で登校する。（自分がふだん着るふく）

□ ⑦ 問題の**シュシャ**選択《せんたく》が大切だ。（とることと、すてること）

□ ⑧ 虫眼鏡《むしめがね》で**カクダイ**する。（広げておおきくすること）

□ ⑨ 突然《とつぜん》の**フクツウ**に襲《おそ》われる。（はらがいたむこと）

□ ⑩ **ハイゴ**から男がしのびよる。（うしろ）

□ ⑪ 新聞に**シボウ**広告を出す。（しぬこと）

□ ⑫ **ワカモノ**が集《つど》う公園。（年のわかい人）

□ ⑬ 規模《きぼ》を**シュクショウ**する。（ちぢめてちいさくすること）

□ ⑭ 命令に**フクジュウ**する（人の命令や考えにしたがうこと）

□ ⑮ **ナンモン**を解く。（むずかしいもんだい）

□ ⑯ **トクイ**な体質の持ち主。（ふつうとちがうようす）

□ ⑰ **リコテキ**な考え方を改める。（自分の都合のよいように考えるようす）

□ ⑱ **スイチョク**に落下する。（まっすぐにたれさがること）

□ ⑲ 窓《まど》の**開閉**を行う。（あけたりしめたりすること）

□ ⑳ **縦横**無尽《むじん》にかけめぐる。（思うまま）

3日目

訓読み中心で覚えよう

54/181字

月　日

くり返し書いてみましょう。

漢字	部首・画数	読み
刻	刂 8	コク／きざ(む)
厳	⺍ 17	ゲン・ゴン／おごそ(か)／きび(しい)
補	衤 12	ホ／おぎな(う)
担	扌 8	タン／かつ(ぐ)・にな(う)
朗	月 10	ロウ／ほが(らか)
誤	言 14	ゴ／あやま(る)
盛	皿 11	セイ・ジョウ／も(る)／さか(る)・さか(ん)
裁	衣 12	サイ／た(つ)・さば(く)
操	扌 16	ソウ／みさお・あやつ(る)

漢字	部首・画数	読み
激	氵 16	ゲキ／はげ(しい)
奏	大 9	ソウ／かな(でる)
疑	疋 14	ギ／うたが(う)
届	尸 8	とど(ける)・とど(く)
貴	貝 12	キ／たっと(い)・たっと(ぶ)／とうと(い)・とうと(ぶ)
装	衣 12	ソウ・ショウ／よそお(う)
認	言 14	ニン／みと(める)
訪	言 11	ホウ／おとず(れる)／たず(ねる)
奮	大 16	フン／ふる(う)

練習問題

次の——線のカタカナを漢字に、漢字をひらがなに直しましょう。

答え→別冊p.2

正答数　／20

□ ① 正確に時を**キザ**む時計。
細かく区切りながら進む

□ ② コーチの**キビ**しい指導を受ける。
手かげんすることがない

□ ③ 足りない言葉を**オギナ**う。
つけ加える

□ ④ 大変な役目を**ニナ***う。
自分のせきにんとして引き受ける

□ ⑤ **ホガ***らかな笑顔の人。
気持ちが晴れやかで、元気のよいようす

□ ⑥ 分量を**アヤマ**る。
まちがえる

□ ⑦ 農業の**サカ***んな地域《ちいき》。
熱心に行われているようす

□ ⑧ 悪人を**サバ**く。
よい悪いを決める

□ ⑨ 機械をたくみに**アヤツ***る。
上手にあつかう

□ ⑩ **ハゲ**しい腹痛《ふくつう》に苦しむ。
程度がひどい

□ ⑪ 美しい音楽を**カナ***でる。
楽器をかき鳴らす

□ ⑫ 彼《かれ》が犯人ではないかと**ウタガ**う。
あやしいと思う

□ ⑬ 落とし物を警察《けいさつ》に**トド**ける。
もっていく

□ ⑭ **トウト***い人命が失われる。
とても値打ちがある・大切だ

□ ⑮ 平静を**ヨソオ***う。
ふりをする

□ ⑯ 素直《すなお》に過《あやま》ちを**ミト**める。
たしかにそのとおりだとする

□ ⑰ 展覧会《てんらんかい》を**オトズ***れる人たち。
たずねていく

□ ⑱ **フル**ってご参加ください。
自分からすすんで

□ ⑲ 結婚式《けっこんしき》が**厳***かに行われる。
いげんがあり、重々しいようす

□ ⑳ 布地を**裁***つ。
切りはなす

4日目 練習して正確に書こう

72/181字

月　日

専	穀	賃	衆	拝	策	劇	胸	染
寸 9	禾 14	貝 13	血 12	扌 8	⺮ 12	刂 15	月 10	木 9
セン もっぱ(ら)	コク	チン	シュウ・シュ	ハイ おが(む)	サク	ゲキ	キョウ むね・むな	セン そ(める)・そ(まる) し(みる)・し(み)

← くり返し書いてみましょう。

党	卵	蒸	就	展	域	糖	並	危
儿 10	卩 7	艹 13	尢 12	尸 10	土 11	米 16	一 8	卩 6
トウ	ラン たまご	ジョウ む(す)・む(れる) む(らす)	シュウ・ジュ つ(く)・つ(ける)	テン	イキ	トウ	ヘイ なみ・なら(べる) なら(ぶ)・なら(びに)	キ あぶ(ない) あや(うい)・あや(ぶむ)

練習問題

次の――線のカタカナを漢字に、漢字をひらがなに直しましょう。

答え→別冊 p.2

正答数　／20

□ ① **センモンカ**の意見を集約する。
一つのことを深く研究し、そのことをよく知っている人

□ ② 世界でも有数の**コクソウ**地帯。
こくもつが多くとれ、ほかの所にも送り出している場所

□ ③ **ヤチン**を支払《しはら》う。
いえをかりたときに、はらうお金

□ ④ **タイシュウ**に人気のある俳優《はいゆう》。
世の中のふつうの人たち

□ ⑤ **ハイカンリョウ**を払って境内《けいだい》に入る。
神社・仏寺などを見物するために、はらうお金

□ ⑥ 災害の**タイサク**をする。
出来事に応じるための方法・計画

□ ⑦ **エンゲキ**を見る。
身ぶり・ことばによって、ぶたいで物語を表すこと

□ ⑧ **キョウイ**を測る。
むねのまわりの長さ

□ ⑨ 鉱物から**センリョウ***を作る。
そめるざいりょう

□ ⑩ 支持する**セイトウ**について回答する。
せいじについて同じ考えをもつ人々の集まり

□ ⑪ **ランオウ***を取り出して材料にする。
たまごのきみ

□ ⑫ **ジョウキ**機関の仕組みを学ぶ。
液体があたためられてできた、きたい

□ ⑬ 在学中に**シュウショク**活動をする。
働くところを見つけて、つとめること

□ ⑭ 思わぬ**テンカイ**に観客はどよめいた。
くり広げること

□ ⑮ **チイキ**に密着《みっちゃく》した活動。
区切られた、ある広さのとち

□ ⑯ **バクガトウ**の入った飲料。
おおむぎをはつがさせたものからできる、とうぶん

□ ⑰ ランナーに**ヘイソウ***する自転車。
いっしょにならんではしること

□ ⑱ **キケン**な遊びをしてはいけません。
あぶないようす

□ ⑲ **賃貸***住宅《じゅうたく》に住む。
お金をとってかすこと

□ ⑳ 公園を**散策**する。
特別な目的もなくぶらぶらすること・さんぽ

5日目

同訓異字《いじ》に注意しよう

90/181字

月　日

漢字	部首・画数	読み	筆順
著	艹 11	チョ・あらわ(す)・いちじる(しい)	艹 艹 芏 荖 著
映	日 9	エイ・うつ(る)・うつ(す)・は(える)	日 日 日 ⺊ 映 映
収	又 4	シュウ・おさ(める)・おさ(まる)	丨 ⺃ 収 収
討	言 10	トウ・う(つ)	丶 言 言 訁 討 討
納	糸 10	ノウ・ナッ・ナ・ナン・トウ・おさ(める)・おさ(まる)	幺 糸 糸 紅 納 納
推	扌 11	スイ・お(す)	扌 扌 扌 扩 推 推
臨	臣 18	リン・のぞ(む)	丨 𠂆 臣 臣 臨 臨
供	イ 8	キョウ・ク・そな(える)・とも	亻 仁 什 供 供 供
射	寸 10	シャ・い(る)	ノ 亻 冂 身 身 射

くり返し書いてみましょう。

射 供 臨 推 納 討 収 映 著

漢字	部首・画数	読み	筆順
創	刂 12	ソウ・つく(る)	𠆢 今 仓 倉 倉 創
割	刂 12	カツ・わ(る)・わり・わ(れる)・さ(く)	宀 宀 中 宔 害 割
暖	日 13	ダン・あたた(か)・あたた(かい)・あたた(まる)・あたた(める)	日 日 旷 旷 暖 暖
痛	疒 12	ツウ・いた(い)・いた(む)・いた(める)	广 疒 疒 疗 痛 痛
降	阝 10	コウ・お(りる)・お(ろす)・ふ(る)	阝 阝 阝 降 降 降
障	阝 14	ショウ・さわ(る)	阝 阝 阝 陪 障 障
勤	力 12	キン・ゴン・つと(める)・つと(まる)	艹 芇 苗 堇 勤 勤
傷	イ 13	ショウ・きず・いた(む)・いた(める)	亻 化 佰 倬 傷 傷
熟	灬 15	ジュク・う(れる)	亠 亨 享 孰 孰 熟

熟 傷 勤 障 降 痛 暖 割 創

練習問題

次の――線のカタカナを漢字に、漢字をひらがなに直しましょう。

答え→別冊 p.3

正答数　／20

□ ① 研究の成果を本にアラワす。*
本を書いて世に出す

□ ② スクリーンにウツった写真。
えいぞうが現れる

□ ③ 大成功をオサめる。
手に入れる

□ ④ かたきをウつ。
敵をせめる

□ ⑤ 税金をオサめる。
受け取る側にわたす

□ ⑥ まじめな彼《かれ》を学級委員にオす。*
すいせんする

□ ⑦ 十分に準備をして会議にノゾむ。*
出席する・参加する

□ ⑧ お墓に花をソナえる。
神・仏に差しあげる

□ ⑨ 矢を次々とイる。
矢を放つ

□ ⑩ 新たに話をツクる。
新しくこしらえる

□ ⑪ 仕事をワり当てる。
分けて受け持たせる

□ ⑫ アタタかな気候の島国。
暑くも寒くもないようす

□ ⑬ イタみをこらえて試合に出る。
病気やきずなどによる体の苦しみ

□ ⑭ 雨がフりしきる。
さかんにふる

□ ⑮ 差しサワりがあればお知らせください。*
具合の悪いこと

□ ⑯ 父は銀行にツトめている。
決まった場所で働く

□ ⑰ イタんだ果物《くだもの》は別にしておく。*
食べ物がきずついたりくさったりして悪くなる

□ ⑱ 真っ赤にウれたスイカ。*
実がじゅくする

□ ⑲ 成績の著しい向上が見られる。*
はっきりしている

□ ⑳ 停留所でバスを降りる。
乗り物から外へ出る

書いた字を見直そう

108/181字

月　日

くり返し書いてみましょう。

漢字	部首・画数	読み	筆順
窓	穴 11	ソウ / まど	宀 穴 空 空 空 窓
翌	羽 11	ヨク	丁 习 羽 翌 翌 翌
欲	欠 11	ヨク / ほっ(する) / ほ(しい)	八 父 谷 谷 谷 欲
否	口 7	ヒ / いな	一 ア 不 不 否 否
骨	骨 10	コツ / ほね	丨 冂 冂 冎 冎 骨
至	至 6	シ / いた(る)	一 云 云 云 至 至
暮	日 14	ボ / く(れる)・く(らす)	艹 苗 荁 莫 莫 暮
片	片 4	ヘン / かた	ノ 丿 片 片
枚	木 8	マイ	十 木 朩 朾 枚 枚

漢字	部首・画数	読み	筆順
棒	木 12	ボウ	木 杧 桂 椿 椿 棒
看	目 9	カン	二 三 手 手 看 看
郷	阝 11	キョウ・ゴウ	幺 乡 绀 郷 郷 郷
巻	卩 9	カン / ま(く)・まき	丷 兰 关 关 巻 巻
宅	宀 6	タク	丶 丷 宀 宀 宀 宅
幼	幺 5	ヨウ / おさな(い)	く 幺 幺 幻 幼
我	戈 7	ガ / われ・わ	二 千 手 找 我 我
段	殳 9	ダン	ノ 丨 阝 段 段 段
幕	巾 13	マク・バク	艹 苗 荁 莫 幕 幕

練習問題

次の――線のカタカナを漢字に、漢字をひらがなに直しましょう。

答え→別冊 p. 3

正答数 ／20

□ ① **ドウソウカイ**に出席する。 おなじ学校でいっしょに学んだ人たちの集まり

□ ② マラソンの**ヨクアサ**はつらい。 次の日のあさ

□ ③ **ヨッキュウ**をおさえる。 ほしがること

□ ④ 家族の**アンピ**を問い合わせる。 無事かどうかということ

□ ⑤ 転んで**コッセツ**する。 体のほねがおれること

□ ⑥ **シゴク***やさしい問題だ。 非常に

□ ⑦ **ユウグ**れの街角。 ゆうがた

□ ⑧ ガラスの**ハヘン***を拾い上げる。 こわれたかけら

□ ⑨ **マイスウ**をかぞえる。 紙や板など、うすく平たいもののかず

□ ⑩ **ボウセン**を引いて文字を消す。 まっすぐなせん

□ ⑪ 子供《こども》の**カンビョウ**をする。 びょうにんの世話をすること

□ ⑫ **コキョウ**に帰省する。 自分が生まれた土地・ふるさと

□ ⑬ **カントウ**をかざることば。 本のはじめ

□ ⑭ 警察《けいさつ》の**カタク**捜索《そうさく》。 すまい

□ ⑮ **ヨウショウ**のころを思い出す。 おさないこと

□ ⑯ **ジガ***が芽生える。 じぶんをじぶんとして意識すること

□ ⑰ **ダンド**りよく準備が進む。 ものごとを進める順序・方法

□ ⑱ これが事件の**マクギ**れでした。 ものごとの終わり

□ ⑲ **出窓**に花をかざる。 建物の外側につきでているまど

□ ⑳ **気骨**のある人。 自分で正しいと思ったことを、守ろうとする強い心

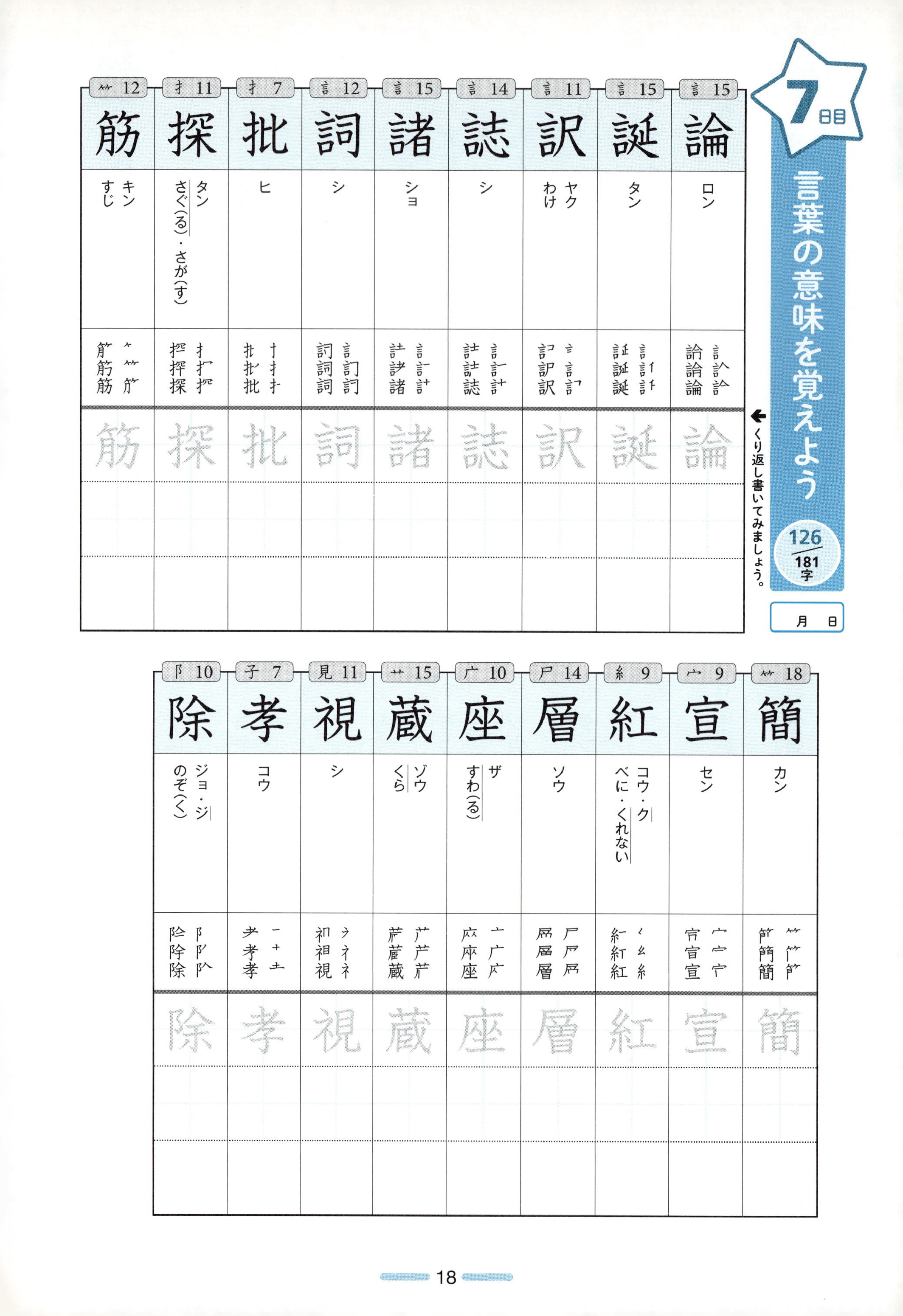

7日目 言葉の意味を覚えよう

126/181字

月　日

くり返し書いてみましょう。

漢字	部首・画数	読み
論	言 15	ロン
誕	言 15	タン
訳	言 11	ヤク・わけ
誌	言 14	シ
諸	言 15	ショ
詞	言 12	シ
批	扌 7	ヒ
探	扌 11	タン・さぐ(る)・さが(す)
筋	竹 12	キン・すじ

漢字	部首・画数	読み
簡	竹 18	カン
宣	宀 9	セン
紅	糸 9	コウ・ク・べに・くれない
層	尸 14	ソウ
座	广 10	ザ・すわ(る)
蔵	艹 15	ゾウ・くら
視	見 11	シ
孝	子 7	コウ
除	阝 10	ジョ・ジ・のぞ(く)

練習問題

次の――線のカタカナを漢字に、漢字をひらがなに直しましょう。

答え→別冊p.4

正答数 /20

① 相手を**ロンパ**する。
ぎろんして相手の意見を負かすこと

② **タンジョウビ**には望遠鏡が欲《ほ》しい。
その人のうまれたひ

③ 日本語の小説を**エイヤク**する。
ほかの国のことばや文章をえいごに直すこと

④ **シュウカンシ**を編集する。
一しゅうかんに一回発行するざっし

⑤ **ショコク**を歴訪《れきほう》する。
あちこちのくに

⑥ ピアノの曲に**カシ**をつける。
うたの文句・ことば

⑦ 市民からの**ヒハン**が相次ぐ。
ものごとのよい悪いを考えて、意見を述べること

⑧ どうくつを**タンケン**する。
まだ知らないところに行って、調べること

⑨ **テッキン**コンクリートの建築。
建物のほねぐみに使われるてつのぼう

⑩ 父からの**ショカン**を保存《ほぞん》している。
手紙

⑪ **センセンフコク**を受ける。
たたかいを始めることを相手にはっきり知らせること

⑫ ***シンク**に染《そ》まる夕焼け。
まっ赤

⑬ **コウソウ**ビルが林立する都会。
いくつもたかく重なっていること

⑭ **ザセキ**指定のできる映画館《えいがかん》。
すわるための場所

⑮ **ゾウショ**を一般《いっぱん》に公開する。
しょもつを自分のものとして持っていること

⑯ **シリョク**検査をする。
ものを見分ける目のちから

⑰ **コウコウ**息子《むすこ》と評判になる。
親を大切にあつかうこと

⑱ ばい菌《きん》を**ジョキョ**する。
とりのぞくこと

⑲ 映画の**批評**を読む。
ものごとのよい悪いを見分けて考えを述べること

⑳ 説明は**簡略**にして実際に使ってもらう。
かんたんにまとめるようす

8日目 画数が少ない漢字

144/181字

月　日

漢字	部首・画数	読み	筆順
済	氵 11	サイ　す(む)・す(ます)	氵 汁 汶 济 済 済
尺	尸 4	シャク	コ コ 尸 尺
将	寸 10	ショウ	丨 丬 丬 将 将 将
洗	氵 9	セン　あら(う)	氵 氵 汁 洗 洗 洗
系	糸 7	ケイ	一 ㇀ 幺 玄 系 系
砂	石 9	サ・シャ　すな	一 ア 石 矷 砂 砂
忘	心 7	ボウ　わす(れる)	丶 亠 亡 亡 忘 忘
班	王 10	ハン	一 T 王 玔 玔 班
灰	火 6	カイ　はい	一 厂 厂 厉 灰 灰

くり返し書いてみましょう。

漢字	部首・画数	読み	筆順
干	干 3	カン　ほ(す)・ひ(る)	一 二 干
針	金 10	シン　はり	人 今 今 金 金 針
穴	穴 5	ケツ　あな	丶 宀 宀 穴 穴
宝	宀 8	ホウ　たから	宀 宀 宁 宇 宝 宝
仁	亻 4	ジン・ニ	ノ 亻 仁 仁
沿	氵 8	エン　そ(う)	氵 氵 沪 沿 沿 沿
寸	寸 3	スン	一 寸 寸
机	木 6	キ　つくえ	一 十 才 木 机 机
冊	冂 5	サツ・サク	丨 冂 冂 冊 冊

練習問題

次の――線のカタカナを漢字に、漢字をひらがなに直しましょう。

答え→別冊 p. 4

正答数 ／20

□ ① **ケイザイガク**を専攻《せんこう》する。
生活に必要なものを売買したりする働きを研究する学問

□ ② 地図の**シュクシャク**を確かめる。
実際の大きさをちぢめて書くときの決まった割合

□ ③ **ショウグン**が城《しろ》を構える。
ぐんたいを率いる、くらいの高い人

□ ④ 朝はきちんと**センガン**をしよう。
かおをあらうこと

□ ⑤ **ケイトウ**だった学習をする。
順序正しいすじ道

□ ⑥ 午後からひどい**ドシャブリ**になった。＊
雨がはげしくふること

□ ⑦ ＊**ボウネンカイ**の余興で手品をする。
ねんまつにそのとしの苦労をわすれるために開くえんかい

□ ⑧ **ハンチョウ**に任命《にんめい》される。
一つのはんの責任者

□ ⑨ ＊**セッカイ**をまく。
地面に線を引くのに使う白いこな

□ ⑩ 魚を**ヒボシ**にする。
太陽の光に当ててかわかすこと

□ ⑪ 学習の**ホウシン**が立つ。
目当て・やり方

□ ⑫ **ヨコアナ**に入りこむ。
山の中ほどによこにほったあな

□ ⑬ 瀬戸内海《せとないかい》は海の幸《さち》の**ホウコ**だ。
貴重な物が多くとれる場所

□ ⑭ **ジンギ**に厚い人。
人間として守るべき道徳

□ ⑮ 私鉄の**エンセン**に住む。
鉄道のせんろにそったところ

□ ⑯ **スンブン**たがわず同じ長さになる。
ほんの少し・わずか

□ ⑰ 勉強**ヅクエ**を片付《かたづ》ける。
本を読んだり文字を書いたりするのに使う台

□ ⑱ 資料は**サッシ**にして配布します。
書物

□ ⑲ **尺取**り虫の動きを観察する。
体を曲げたりのばしたりして枝をはうガの幼虫

□ ⑳ ＊**机上**の空論《くうろん》を並《なら》べるな。
頭の中で考えただけで実際には役に立たない議論

バランスが難《むずか》しい漢字

162/181字

月　日

漢字	部首・画数	読み
磁	石 14	ジ
乳	乚 8	ニュウ　ちち・ち
覧	見 17	ラン
揮	扌 12	キ
値	亻 10	チ　ね・あたい
脳	月 11	ノウ
臓	月 19	ゾウ
肺	月 9	ハイ
鋼	金 16	コウ　はがね

くり返し書いてみましょう。

漢字	部首・画数	読み
純	糸 10	ジュン
聖	耳 13	セイ
姿	女 9	シ　すがた
潮	氵 15	チョウ　しお
晩	日 12	バン
遺	辶 15	イ・ユイ
頂	頁 11	チョウ　いただ(く)　いただき
樹	木 16	ジュ
困	口 7	コン　こま(る)

練習問題

次の――線のカタカナを漢字に、漢字をひらがなに直しましょう。

答え→別冊 p. 5

正答数 /20

□ ① **デンジシャク**を使った工作。
でんきの力を使ったじしゃく

□ ② **トウニュウ**を飲む。
だいずをすりつぶし、水を加えてにて、こした液

□ ③ **カイランバン**が届《とど》く。
多くの人が順にまわして見る、れんらく用のいた

□ ④ 実力を**ハッキ**する。
もっている力などを外に表し示すこと

□ ⑤ 円周率の**キンジチ**を求める。
*本当のあたいにちかい数字

□ ⑥ 優《すぐ》れた**ズノウ**の持ち主。
ものごとについての考えを決める力

□ ⑦ **ナイゾウ**の検査をする。
胸・腹の中にある、胃、腸などのすべて

□ ⑧ **シンパイ**機能が低下する。
しんぞうとはい

□ ⑨ **テッコウギョウ**が盛《さか》んな地方。
てつを主な成分とする金属を生み出す仕事

□ ⑩ **ジュンシン**な心の持ち主。
こころがすなおで、きれいなようす

□ ⑪ **シンセイ**な場所では禁煙《きんえん》がふつうだ。
けがれがなく、とうといようす

□ ⑫ **シセイ**が悪いと注意される。
体つき・すがた

□ ⑬ 満月の日に**ミチシオ**になる。
しおがみちて海面がいちばん高くなったとき

□ ⑭ **バンネン**に大作をかき上げた画家。
人生の終わりに近いとき

□ ⑮ 世界**イサン**に認定《にんてい》される。
昔の人が残したねうちのあるもの

□ ⑯ **サンチョウ**にあるレストラン。
やまのてっぺん

□ ⑰ **ジュモク**を切りたおす。
地面に生えている、き

□ ⑱ **ヒンコン**にあえぐ。
まずしくて生活にこまること

□ ⑲ **容姿**の美しい人。
すがた・顔かたち

□ ⑳ **頂**には雪が残っている。
やまなどのいちばん高いところ

10日目

社会とのつながり

181/181字

月　日

くり返し書いてみましょう。

漢字	部首・画数	読み	筆順
郵	阝 11	ユウ	三 乒 乒 垂 郵 郵
乱	し 7	ラン みだ(れる)・みだ(す)	ノ 二 千 千 舌 乱
革	革 9	カク かわ	一 艹 廿 芇 苎 革
警	言 19	ケイ	艹 芍 苟 敬 敬 警
盟	皿 13	メイ	日 明 明 明 盟 盟
絹	糸 13	ケン きぬ	糸 糹 紀 紀 絹 絹
憲	心 16	ケン	宀 宀 宝 害 害 憲
派	氵 9	ハ	氵 氵 汀 汇 沂 派
蚕	虫 10	サン かいこ	二 チ 天 吞 吞 蚕
城	土 9	ジョウ しろ	士 垆 圹 坧 城 城
権	木 15	ケン・ゴン	木 杧 桁 桥 梳 権
株	木 10	かぶ	木 朩 杧 杵 株 株
閣	門 14	カク	門 門 門 閃 閔 閣
処	几 5	ショ	ノ ク 夂 夂 処
宗	宀 8	シュウ・ソウ	宀 宀 宀 宇 宇 宗
庁	广 5	チョウ	丶 亠 广 庁 庁
律	彳 9	リツ・リチ	彳 彳 彳 彳 律 律
署	罒 13	ショ	冂 罒 罒 罒 罗 署
模	木 14	モ・ボ	木 朩 栉 梢 模 模

練習問題

次の——線のカタカナを漢字に、漢字をひらがなに直しましょう。

答え→別冊 p.5

正答数 /20

① **ユウビン**小包が届《とど》く。
おもに切手をはって、あて先まで届けられるもの

② **コンラン**をまねいたことを謝罪する。
入りみだれてめちゃめちゃになること

③ 構造**カイカク**を行う。
あらためてよくすること

④ 事件を**ケイサツ**に通報する。
人々の生活の安全を守り、悪人をつかまえたりする仕組み

⑤ 国連に**カメイ**する。
会や団体にくわわること

⑥ **キヌオリモノ**の工場を見学する。
カイコのまゆからとった糸でおったおりもの

⑦ 裁判所《さいばんしょ》が**ゴウケン**との判断を下す。
けんぽうの決まりをやぶっていないこと

⑧ いくつもの**リュウハ**がある武道。
やり方や考え方のちがいで分かれたグループ

⑨ **ヨウサン**で栄えた町。
カイコを飼って、まゆをとること

⑩ **ジョウカマチ**を訪《おとず》れる。
大名が住んでいたしろを中心に発達したまち

⑪ 出版物には**チョサクケン**がある。
さくしゃだけがそのさくひんを自由に利用できるけんり

⑫ **カブシキ**会社を設立する。
事業を始めるのに必要なお金を大勢の人で出し合うやり方

⑬ **ナイカク**総理大臣の任命《にんめい》。
国の政治を行ういちばん上の仕組み

⑭ けがに適切な**ショチ**をほどこす。
手当てをすること

⑮ **シュウキョウ**団体に入る。
神や仏を信じることによって、幸せになろうとする行い

⑯ **ケンチョウ**所在地を覚える。
けんの知事などがけんの仕事をするための役所

⑰ 商品を**イチリツ**に値下《ねさ》げする。
どれも同じであるようす

⑱ **ショメイ**運動が起こる。
自分のなまえを書きつけること

⑲ **モケイ**の自動車を作る。
実物の形をまねて作ったもの

⑳ **消防署**に連絡《れんらく》する。
火事を消したりする仕事をする役所

第1章 入試問題

答え→別冊p.6

月　日　正答数　/39

❶ 次の——線のカタカナをそれぞれ漢字に直しなさい。

［湘南学園中］

① このままでは**テンボウ**が開けない。
② そうじ機が**コショウ**する。
③ 源頼朝《よりとも》は鎌倉《かまくら》**バクフ**を開いた。
④ 湖を一周する道を**サンサク**する。
⑤ 授業で詩を**ロウドク**する。
⑥ **シキュウ**連らくしてください。
⑦ **モケイ**の自動車を組み立てる。
⑧ エースピッチャーを**オンゾン**する。
⑨ 優勝を**セイダイ**にお祝いする。
⑩ 歴史的な名所を**タンボウ**する。
⑪ 日本人の**アンピ**を確認する。
⑫ 天候不順で野菜の**ネダン**が上がる。
⑬ テレビで商品を**センデン**する。
⑭ 事件の**ハイケイ**を探る。
⑮ ぬれた雑巾《ぞうきん》を**ホ**す。
⑯ 川に**ソ**った道を進んで行く。
⑰ 先祖のお墓に花を**ソナ**える。
⑱ つまっているゴミを取り**ノゾ**く。
⑲ 思い出を心に**キザ**む。
⑳ 富士山の姿が水面に**ウツ**る。

①	⑤	⑨	⑬	⑰
②	⑥	⑩	⑭	⑱
③	⑦	⑪	⑮	⑲
④	⑧	⑫	⑯	⑳

② **次の――線部のカタカナを漢字に直しなさい（必要なら送りがなも書くこと）。**

［関西学院中学部］

① **カンレイ**前線付近の積乱雲。

② 気温が**キュウゲキ**に下がる。

③ **サイナン**をさけるおまじない。

④ **シンピテキ**な生き物。

⑤ 稲《いね》の**ケツジツ**時期に雷《かみなり》が多い。

⑥ 植物は土中の窒素《ちっそ》を**キュウシュウ**する。

⑦ 田んぼの土に窒素分を**キョウキュウ**する。

⑧ 雷の**ゴゲン**は「神鳴り」である。

⑨ 雷をおそれ**ウヤマウ**。

③ **次の――線①〜⑤のカタカナを漢字に、⑥〜⑩の漢字をひらがなに直しなさい。**

［横浜中］

① **マド**を開けて庭をながめる。

② 地球は**ウチュウ**の星の一つだ。

③ **キヌ**の手ざわりを確かめる。

④ 宅配便で荷物が**トド**いた。

⑤ 雨が**ハゲ**しく降っていた。

⑥ 大統領と**首脳**会談にのぞむ。

⑦ 老人を**看護**する職につく。

⑧ パソコンの**操作**に慣れてきた。

⑨ 出火の原因を**推定**する。

⑩ 小説の**構想**を練る。

ワンポイント必勝講座①

～まず「○、△、×」に分けてみる～

新しい漢字を覚えるには、**「書ける自信があるもの」「あやふやなもの」「まったく知らなかったもの」**に分類することが大切です。

【例題】 （関西大一中）

1 外国を**ホウモン**する。 〔訪問〕
2 犯人を**スイリ**する。 〔推理〕
3 二国間で**ドウメイ**を結ぶ。 〔同盟〕
4 学業を**オサ**める。 〔修〕
5 地震《じしん》により**ダンソウ**があらわれた。 〔断層〕

まず全体を見わたして、**書ける自信**があるものに○をします。そして、**見たことがあるけど自信のないもの**に△をつけます。最後に**わからないもの**に×をつけます。たとえば、2と4が○、1が△、3と5が×という感じです。

そこで、○と△の答えを書いてみます。×についても見当がつけば書きましょう。大切なのは**時間をかけすぎないこと**です。わからない漢字を延々《えんえん》と考えてもしかたありません。これは暗記物全体に言えることです。

次に、答え合わせに進みます。まず、○をつけたものがまちがっていれば、これは最優先《さいゆうせん》で覚えていくものです。たとえば、4を「収《おさ》める」と書いたのなら、これは辞書を活用するなりしてちがいを覚えなくてはなりません。そして、△のついたものは、たとえ正解したとしてもあやふやなわけですから、次は自信を持てるように練習していくべきでしょう。最後に×のついたものですが、これは新しく覚えるものですから、まずお手本を見て、大きくていねいに書くことから始めます。知らなかったものはたくさん書いて手に覚えさせればいいのです。

まとめると、

○…絶対まちがえない自信がある。
　→ **思いこみがないかどうか点検する。**
△…見たことはあるけれど自信がない。
　→ **たとえ正解でも、練習して「○」になるようにする。**
×…知らなかった。見当がつかなかった。
　→ **まずはお手本を写すことから始める。意味や部首なども調べるようにする。**

自分の実力にあわせて学習のメリハリをつけることが大切です。

第2章

字の形に注意して練習しよう

★次の問題は、実際の入試で出題された問題です。

① **ケイテキ**を鳴らして注意する。
② 荷物の**メカタ**を量る。
③ **ケイトウ**的な学習が必要だ。

（鷗友女子学園中）

［答え］ ① 警笛
「警」は難しい字なのでていねいに書くかもしれませんが、「笛」はどうでしょう。たけかんむりの下は「由」ですが、うっかりつき出さずに、「田」と書いてしまうかもしれません。

② 目方
それぞれの漢字は、小学校の一・二年で習う漢字です。しかし、入試では、低学年の漢字を使ったレベルの高い熟語が、難問として出てきます。

③ 系統
形の似た字があって、まちがえやすいものです。

この章では、まちがえやすい字の形の点検と、一・二年生の字を使った熟語を勉強しましょう。

1日目

「てん」の数に注意

月　日

正答数　/40

★次の——線のカタカナを漢字に直しましょう。

答え→別冊p.7

A 重要度

□ ① 神社で**キョシキ**する。
しき、特にけっこんしきを行うこと

□ ② **キカイ**を操縦《そうじゅう》する。
動力によって動き、ある仕事をするもの

□ ③ かなりの知識が**ヨウキュウ**される。
強く願いもとめること

□ ④ 見つけた方には**シャレイ**を差しあげます。
おれいの気持ちを表すもの

□ ⑤ 直行便が**シュウコウ**する。
船や飛行機などが一定の道すじで行き来すること

□ ⑥ **ショシンシャ**向けゲレンデ。
習い始めの人

□ ⑦ **ソシキ**に所属する。
決まりにしたがってまとまりのあるしくみをつくること

□ ⑧ 立ち入り禁止**クイキ**。
くぎりをつけた決められた場所

□ ⑨ 高い**ギジュツ**で組み立てられたカメラ。
科学を実際の仕事に役立てるための方法

□ ⑩ チームの**キュウセイシュ**となる。
こまっているときに助けてくれる人

□ ⑪ **モクテキ**をはっきりさせて練習する。
めあて・めざすこと

□ ⑫ 免許《めんきょ》を**シュトク**する。
手に入れること

□ ⑬ **トウユ**ストーブ。
ストーブなどにつかうあぶら

□ ⑭ *****センガク**非才の私に会長はつとまらない。
知識などを十分身につけていないこと

□ ⑮ **チョキン**を使い果たす。
おかねをためること

□ ⑯ 台風で**テイデン**する。
でんきの流れが止まること

□ ⑰ 時間に**セイヤク**のある教室。
条件をつけること

□ ⑱ **ヒョウバン**のよいレストラン。
世間のうわさ

□ ⑲ あの解説者は**ハクシキ**だ。
いろいろなものごとをよく知っている人

□ ⑳ みんなが**イチヨウ**にうなずく。
すべてが同じありさまであること

B 重要度

□ ㉑ **シセン**が集中する。
目の向き

□ ㉒ **ゼンコウ**を積む。
よいおこない

□ ㉓ **コウタイシ**が外国を訪問《ほうもん》する。
次のてんのうやこうていの位につく人

□ ㉔ ヨットで**タイセイヨウ**を横断する。
ヨーロッパ・アフリカと南北アメリカの間にある大きな海

□ ㉕ **タイコ**の昔の化石が見つかる。
おおむかし

□ ㉖ **モクジ**を参照する。
本の初めなどに書いてある、内容の見出し

□ ㉗ 水位の**ゾウゲン**に注意する。
ふえたり、へったりすること

□ ㉘ *****セイダイ**な拍手《はくしゅ》がおくられる。
たいへんさかんなようす

□ ㉙ **カイギ**で発言する。
大勢の人が集まって、話し合うこと

□ ㉚ 平家《へいけ》の**ザントウ**がおちのびた山里。
戦いでうちもらされて生きのこった者

C 重要度

□ ㉛ **カネンセイ**の気体をあつかう。
よくもえるせいしつ

□ ㉜ 父の**ブユウデン**を聞く。
いさましくりっぱな働きをじまんする話

□ ㉝ 古い*****サカグラ**を見学する。
さけをつくるくら

□ ㉞ **アクセン**身につかず
わるいことをして手に入れた金

□ ㉟ **ワレサキ**に外へとびだす。
さきを争って

□ ㊱ **ドクヤク**はあつかいに注意しなさい。
人の命をあやうくする、どくのあるくすり

□ ㊲ ぼくの方が**ダンゼン**強いよ。
ほかと比べて非常に

□ ㊳ **マイバン**散歩をする。
夜ごと・どのばんも

□ ㊴ ウミガメの*****サンラン**を見る。
たまごをうむこと

□ ㊵ **タイショク**のお祝いに花をもらう。
つとめ先をやめること

2日目 「ぼうせん」の数に注意

月　日

正答数　／40

★ 次の――線のカタカナを漢字に直しましょう。

答え→別冊p.8

A 重要度

□ ① **トモダチ**とピクニックに出かける。
いつも仲よくしている人

□ ② 雑誌《ざっし》の**ヘンシュウ**をする。
材料をあつめて新聞・雑誌・本などをつくること

□ ③ 体育館にある**ビヒン**を片付《かたづ》ける。
そなえつけのしなもの

□ ④ ヒーローが**トウジョウ**する。
あるばめんや世の中に現れること

□ ⑤ **ボウカン**服を着て、釣《つ》りをする。
さむさをふせぐこと

□ ⑥ **フデバコ**の中身を点検する。
えんぴつ・ペンなどを入れるはこ

□ ⑦ 山にある施設《しせつ》で**ケンシュウ**をする。
学問・わざなどを高めるために学ぶこと

□ ⑧ 会社の方針《ほうしん》を**カンブ**で話し合う。
会社・団体の中心となる人

□ ⑨ 野いちごが**グンセイ**する草原。
植物などが同じ場所にたくさんむらがってはえていること

□ ⑩ ピアノの**チョウリツ**を申しこむ。
正しい音が出るように合わせること

□ ⑪ 本を**ユウソウ**する。
ゆうびんでおくること

□ ⑫ お手紙**ハイケン**しました。
「みる」をへりくだって言う言葉

□ ⑬ お店の**カンバン**を出す。
店や商品の名前をかかげるもの

□ ⑭ **ホウフ**な品ぞろえの店。
たくさんあるようす

□ ⑮ 解答への**カテイ**を大切にする。
たどってきたすじ道

□ ⑯ 温暖《おんだん》な**キコウ**の国。
長い間にわたるてんきの状態

□ ⑰ 新しい作品の**コウソウ**を練る。
考えを組み立ててまとめること

□ ⑱ **リュウスイ**で傷口《きずぐち》を洗《あら》う。
ながれているみず

□ ⑲ ＊**ジビカ**で診察《しんさつ》を受ける。
みみとはなの病気を治す病院

□ ⑳ 父は数学の**キョウシ**をしています。
学問・わざなどをおしえる人

B 重要度

□ ㉑ 彼《かれ》は仕事の大切な**アイボウ**だ。
いっしょに仕事などをするあいて

□ ㉒ 川の**タイガン**にめずらしい鳥がいた。
川などの向こう側のきし

□ ㉓ 飛行機の**ジョウキャク**に飲み物を配る。
船や車などののりものにのっている人

□ ㉔ **タイヨウケイ**の模型《もけい》を見学する。
たいようを中心にして回っている星の集まり

□ ㉕ **ゲイノウ**に関する記事を読む。
しばい・映画・音楽・おどりなどのすべて

□ ㉖ **サンカンビ**には父が来る。
その場所に行って、ようすを見てもかまわないひ

□ ㉗ 上司に**ジヒョウ**を出す。
勤めをやめたいということを書いた書類

□ ㉘ ものごとの**ジュンジョ**をわきまえる。
ものごとを行うじゅんばん

□ ㉙ 冬は**コウネツヒ**がかかる。
電気・ガス・灯油など、明かりや燃料にかかるお金

□ ㉚ スペインから来た**センキョウシ**。
しゅうきょうを広める人

C 重要度

□ ㉛ **ハヘイ**の是非《ぜひ》を話し合う。
命令して、軍隊をある場所に行かせること

□ ㉜ 宿題の**ユウセンジュンイ**を付ける。
どれを先にあつかうかのじゅんばんを決めること

□ ㉝ 悪いことには**カタン**しない。
仲間にくわって、力を貸して助けること

□ ㉞ **スミダワラ**をかつぐ。
すみがつまった、たわら

□ ㉟ 野球を**ダイザイ**にした小説。
詩・歌・小説・絵などの作品にするざいりょう

□ ㊱ 宿題を期日までに**テイシュツ**する。
差しだすこと

□ ㊲ 食品の**エイセイ**に気をつける。
体をじょうぶにし、病気にかからないようにすること

□ ㊳ 静かな**ジュウタクガイ**。
人のすむ家が多く集まっているところ

□ ㊴ 多大な**ソンガイ**をこうむる。
利益を失うこと

□ ㊵ 古くからの**デンショウ**を調査する。
いいつたえ

第2章 字の形に注意して練習しよう

3日目 字の形を正確に書こう

月　日

正答数　/40

A 重要度

次の——線のカタカナを漢字に直しましょう。

答え→別冊 p.9

□ ① となりの家との**キョウカイ**線。
土地のさかいめ

□ ② **タンチョウ**な話にあきてしまう。
ちょうしに変化がないこと

□ ③ ぶた肉を**ム**し**ヤ**きにする。＊
ふたのある入れ物の中に食べ物を入れてやくこと

□ ④ グラフに**ザヒョウ**を書きこむ。
平面や空間での位置を数で表したもの

□ ⑤ **キカク**にあった部品を製造する。
品物の形や大きさの決まった標準

□ ⑥ **カンパ**がおしよせる。
気温が急に下がってやってくる、きびしいさむさ

□ ⑦ **ゴカイ**をまねくようなことは言わない。
意味をとりちがえること

□ ⑧ 人に**キガイ**を加えてはいけません。
あぶないめにあわせること

□ ⑨ 試合は雨により**ジュンエン**になった。
決められた日を、一日ずつ先にのばしていくこと

□ ⑩ **ドウトク**を学ぶ。
人として守らなければならないこと

□ ⑪ 旅のようすを**キロク**する。
書きしるすこと

□ ⑫ アメリカ**ザイジュウ**の作家。
すんでいること

□ ⑬ **ヒョウジュン**的な体格。
平均的なもの

□ ⑭ **シカ**で検査をしてもらう。
はの病気を治す病院

□ ⑮ **ラクセキ**に注意してください。
がけや山の上からおちてくる、いし

□ ⑯ お得な**カイスウケン**を買い求める。
バス・電車のきっぷなどを何枚かひとまとめにしたもの

□ ⑰ たくさんの**ジョウホウ**を集める。
ものごとのようすについての知らせ

□ ⑱ 少しのまちがいなら**キョヨウ**します。
ゆるすこと

□ ⑲ 同じ**ケイレツ**の会社。
結びつきやつながりのある、ものごとの集まり

□ ⑳ **カンケツ**に説明する。
手短で、大切な点をしっかりととらえられているようす

B 重要度

□ ㉑ 専門家《せんもんか》のリョウイキ。
そのものが関係するはんい

□ ㉒ 新人ながらドキョウのあるやつだ。
ものごとをおそれない心

□ ㉓ セツブンで豆をまく。
立春（二月三日ごろ）の前の日

□ ㉔ 植物のしるで布をソめる。
色をつける

□ ㉕ ゲキジョウでオペラを見る。
げきや映画を、おおぜいの人に見せるための建物

□ ㉖ ザイタクでもできる仕事です。
自分の家にいること

□ ㉗ 布の輸出をコクサクとする。
くにを治めていく方針

□ ㉘ 三百年前につくられたジキのつぼ。
高い温度で焼いてつくった、白くてかたい焼き物

□ ㉙ 親元《おやもと》をはなれてドクリツする。
他の力をかりないでひとりでやっていくこと

□ ㉚ 平和ケンショウを採択《さいたく》する。
重要なことがらに関する決まり

C 重要度

□ ㉛ トウイの薬を服用する。
外側をさとうのころもで包んだもの

□ ㉜ コクルイを好んで食べる。
米や麦などのこくもつの仲間

□ ㉝ うちのシャテイがお世話になっています。
おとうととしてあつかわれる者

□ ㉞ 言うこととやることがウラハラだ。
反対・あべこべ

□ ㉟ オリンピックがカイマクする。
ものごとが始まること

□ ㊱ 社長も会議にリンセキする。
そのせきに出ること

□ ㊲ 遠くでキテキが聞こえる。
蒸気の力で鳴らすふえ

□ ㊳ 戦国ブショウについて調べる。
ぶし（さむらい）のたいしょう

□ ㊴ オンシに二十年ぶりに再会する。
教えを受けた先生

□ ㊵ 完全にホウイされる。
にげられないように、まわりをとりかこむこと

4日目 部首のちがいに注意

月　日

正答数　/40

★次の――線のカタカナを漢字に直しましょう。

答え→別冊p.10

A 重要度

□① りっぱな**ギョウセキ**を残す。
仕事や研究などのできばえ

□② 機械の**ケンサ**をする。
悪いところがないかなど、あらためて、調べること

□③ **ヒョウコウ**千メートルからのながめ。
海面からのたかさ

□④ 大学で**コウギ**をきく。
学問などについて、わかりやすく教え聞かせること

□⑤ **インショウ**に残る名場面。
見たり聞いたりして心に強く受けた感じ

□⑥ **カイテキ**な暮《く》らしを求める。
非常に気持ちのよいようす

□⑦ ビルの**カンリ**会社に連絡《れんらく》する。
よい状態に保つこと

□⑧ **ヒャッカテン**で買い物をする。
種類分けされた数多くの品物を売っている大きなみせ

□⑨ 画面の**コウセイ**を工夫する。
部分を集めて、全体を組み立てること

□⑩ **セキニン**感の強い人。
引き受けて、しなければならない務め

□⑪ **セイギ**の味方にあこがれる。
すじ道の通った、ただしいこと

□⑫ 英語の**シケン**を受ける。
問題を出して、答えさせること

□⑬ 多彩《たさい》な**ケイレキ**の持ち主。
今までどんな仕事や学業をけいけんしてきたかということ

□⑭ **ジュウキョ**を転々とする。
すまい・すみか

□⑮ 厳《きび》しい**ロウドウ**環境《かんきょう》。
はたらくこと

□⑯ **カンレイ**に従《したが》う。
古くから行われてきたやり方

□⑰ スクリーンに**ガゾウ**が映《うつ》し出《だ》される。
テレビなどのがめん

□⑱ 最高気温が**カンソク**される。
天体・気候などを調べてその変化や動きをはかること

□⑲ 金属の**セイシツ**を勉強する。
そのものがもとからもっている特色

□⑳ **ケイカイ**に走る自転車。
速くて気持ちのよいようす

B 重要度

□ ㉑ **デンチュウ**に登って作業をする。
空中に張ったでんせんをささえるはしら

□ ㉒ 新しい**ソクメン**から物事を見る。
いろいろな性質があるうちの、一つのめん

□ ㉓ **セイジュク**した考えの持ち主。
人の体や心が、十分にせいちょうすること

□ ㉔ クラスの**キュウユウ**と遠くに出かける。
学校で同じ組のともだち

□ ㉕ 時間を**タンシュク**する。
みじかくちぢめること

□ ㉖ 山から**ザイモク**を切り出す。
建物・道具などをこしらえるために使う、き

□ ㉗ 画期的な**ロンブン**を発表する。
あることについてすじ道を立てて自分の意見を述べたぶん

□ ㉘ 四つの**シャリン**が同時に向きを変える。
くるまのわ

□ ㉙ **オウネン**の名俳優《めいはいゆう》。
すぎさった昔

□ ㉚ **サイゲン**なく続く作業。
かぎり・果て

C 重要度

□ ㉛ 事故の原因には**ショセツ**あります。
いろいろな意見

□ ㉜ 宇宙《うちゅう》を**コウコウ**できる乗り物を空想する。
船や飛行機などが道のりを進んでいくこと

□ ㉝ **ゴガン**工事が行われる。
川ぎしやかいがんをじょうぶにして大水などを防ぐこと

□ ㉞ 船による**ウンユ**が発展《はってん》する。
人や物を汽車・船・飛行機などで、はこび送ること

□ ㉟ **カクギ**決定が報道される。
首相が大臣を呼び集めて開くかいぎ

□ ㊱ 古代の**ザイホウ**をさがしあてる。
ざいさんとたからもの

□ ㊲ **セキネン**の努力が実る。
長いねんげつ

□ ㊳ GPSを**ナイゾウ**した携帯電話《けいたいでんわ》。
中に入っていること

□ ㊴ **グンブ**から都市に引《ひ》っ越《こ》す。
都道府県を市とぐんに分けた中の、ぐんに入る地域

□ ㊵ 道路**ヒョウシキ**を覚える。
目じるし

第2章 字の形に注意して練習しよう

5日目 足りなかったり余分だったり

月　日

正答数　／40

A 重要度

★次の――線のカタカナを漢字に直しましょう。

答え→別冊p.11

□ ① **ケンコウ**管理が大切だ。（体がじょうぶなようす）

□ ② 熱心に**ジュギョウ**をきく。（学校で学問などを教えること）

□ ③ 先生がみんなの家を**ホウモン**する。（よその家をたずねること）

□ ④ 率直な**カンソウ**を述べる。（心にかんじ思うこと）

□ ⑤ 気軽に**ソウダン**に応じる。（意見を述べ合って、考えること）

□ ⑥ **カンナイ**はすべて禁煙《きんえん》です。（としょかん・はくぶつかんなど、「かん」とつく建物の中）

□ ⑦ 正しい**イチ**を確かめて固定する。（もののあるところ・場所）

□ ⑧ **カゾク**のだんらんを大切にする。（親子・兄弟などがいっしょに生活する集まり）

□ ⑨ 会社では**ジム**を担当《たんとう》しています。（役所・会社・店などでおもに机の上でする仕事）

□ ⑩ **ヨキン**残高を確かめる。（銀行などにおかねをあずけること）

□ ⑪ **カクジツ**な手段《しゅだん》を選ぶ。（たしかでまちがいがないようす）

□ ⑫ **クキョウ**を乗りこえて成功する。（くるしい立場）

□ ⑬ **ツウカイ**な出来事。（たいへんゆかいなようす）

□ ⑭ ある事件が**ジコウ**をむかえる。（一定期間が過ぎたため、権利がなくなること）

□ ⑮ 日本**コユウ**の文化。（そのものだけにあること）

□ ⑯ 会議の**シリョウ**をそろえる。（研究などのざいりょうとなるもの）

□ ⑰ 昔、オランダから**イジュツ**を学んだ。（病気・傷などを治すわざ）

□ ⑱ 庭に鉢《はち》うえを**イショク**する。（草や木をうえかえること）

□ ⑲ **イルイ**を洗濯《せんたく》する。（着物・いふく）

□ ⑳ となりの国と**ドウメイ**を結ぶ。（力をあわせる約束をすること）

B 重要度

□ ㉑ チームのケッソクを固める。
心を一つにして、力を合わせること

□ ㉒ 弱者をキュウサイする。
助けすくうこと

□ ㉓ いたずらをしてザイアクカンに苦しむ。
わるいことをしたと思う気持ち

□ ㉔ 病人のカンゴをする。
病人の世話をすること

□ ㉕ ヨウリョウの大きな水筒《すいとう》。
ある入れ物の中に入れられるぶんりょう

□ ㉖ 試合に負けてアクタイをつく。
人ににくまれるようなことば

□ ㉗ 試練のカンモンをくぐる。
通るのがむずかしいところ

□ ㉘ 休日にコッキを掲揚《けいよう》する。
くにのしるしとされている、はた

□ ㉙ ユウホドウが整備される。
さんぽのためにつくられたみち

□ ㉚ 祭りでシャテキをする。
コルクのたまの出るてっぽうでおもちゃなどをうつ遊び

C 重要度

□ ㉛ 外国のシセツダンが到着《とうちゃく》する。
代表として、外国につかいに行く人々の集まり

□ ㉜ 古いセイドウを訪《たず》ねる。
礼拝のときに集まる建物

□ ㉝ キュウゴハンを呼《よ》ぶ。
けが人を助けるチーム

□ ㉞ 人生の理想をタイゲンした名著《めいちょ》。
考えや理念などを具体的な形として表すこと

□ ㉟ イシツブツを駅に問い合わせる。
落としもの

□ ㊱ その考えにイゾンはない。
反対の意見

□ ㊲ 父はテンケイ的な学者だった。
その特色をもっともよく表しているもの

□ ㊳ 将来《しょうらい》のテンボウについて語る。
出来事を広く見わたすこと

□ ㊴ キハツセイの油でみがく。
ふつうの温度で液体が気体になるせいしつ

□ ㊵ ジャクネンソウに人気のある俳優《はいゆう》。
わかい人たち

6日目 中身に注意

月　日

正答数 /40

A 重要度

次の――線のカタカナを漢字に直しましょう。

答え→別冊 p.12

① あいにく今は**マンセキ**です。
ざせきがすべてふさがること

② もうけを**キントウ**に配分する。
ひとしいこと

③ 大きな団体に**ショゾク**する。
会・団体に入っていること

④ 現金の**ジュジュ**は慎重《しんちょう》に行うべきだ。
わたすことと、うけとること

⑤ 学校から**ツウタツ**がありました。
役所などから人々に知らせること

⑥ **センキョ**速報を見る。
ある役目をする人を投票などによってえらびだすこと

⑦ **ニュウジョウケン**を買う。
あるばしょに、はいるのに必要なきっぷ

⑧ 流行が**カネツ**する。
はげしくなりすぎること

⑨ **サイバン**で争う。
法律にもとづいて争いやうったえなどを判断すること

⑩ 生命**ホケン**に加入する。
お金を積み立て、事故などのときお金を受け取る仕組み

⑪ 家族の**アイジョウ**が大切だ。
かわいいと思う気持ち

⑫ 人口が**ゲンショウ**している都市。
へってすくなくなること

⑬ 外国の教育現場を**シサツ**する。
そこに行って実際に見たり聞いたりして、調べること

⑭ 大きな**シレン**を乗りこえる。
心・体をきびしくためすときの苦しみ

⑮ デザイナーを**フクギョウ**にする。
おもにやっている仕事のほかにする仕事

⑯ 母は**ビョウイン**に勤《つと》めている。
びょうきを治す設備のある大きな建物

⑰ 問題点を**レッキョ**する。
一つ一つ数えたてること

⑱ 勉強に**カンレン**のある書物を読む。
つながりがあること

⑲ 夏は電力の**セツヤク**に努めよう。
むだをなくして切りつめること

⑳ **ショウテンガイ**を散歩する。
品物を売るみせがたくさん並んでいる通り

B 重要度

☐ ㉑ **チョジュツ**業で身を立てる。
本を書きあらわすこと

☐ ㉒ 新記録を**ジュリツ**する。
それまでなかったものをうちたてること

☐ ㉓ **ノウギョウ**の盛《さか》んな地方。
田や畑を耕したり、牛やにわとりなどを飼ったりする仕事

☐ ㉔ 人工の**ゾウキ**を研究する。
しんぞう・胃・腸など、体の中にあるないぞうのきかん

☐ ㉕ 争いを**チョウテイ**する。
争いをやめさせ、仲直りさせること

☐ ㉖ **アクム**にうなされる。
おそろしいゆめ

☐ ㉗ 一年間の**コウウリョウ**を調べる。
あめがふるりょう

☐ ㉘ すばらしい**エンソウ**をする。
楽器をひくこと

☐ ㉙ みんなの意見を**ソンチョウ**する。
価値があるとみとめて、大切にすること

☐ ㉚ 資料が火事で**ショウシツ**する。
もえてなくなること

C 重要度

☐ ㉛ **ジツドウ**年数の長いベテラン投手。
じっさいにはたらくこと

☐ ㉜ 国際**シンゼンジアイ**で活躍《かつやく》する。
たがいに仲よくするためのしあい

☐ ㉝ 父が**アイゾウ**する本。
大切にしまっていること

☐ ㉞ 新しい首相が**ソカク**に着手する。
ないかくをつくること

☐ ㉟ **ザッコク**を鳥のえさにする。
豆・アワ・ソバなど、米や麦をのぞいた、こくるい

☐ ㊱ 海外の**トクハイン**から報告を受ける。
外国などにとくべつにさし向けられている記者

☐ ㊲ **フショウシャ**を救助する。
けがをした人

☐ ㊳ **フウキ**の乱《みだ》れが問題になる。
人々が生活する上で守らなければならない決まり

☐ ㊴ お酒の**チョゾウ**タンクを見学する。
ものをたくわえること

☐ ㊵ 祖父は**キョクチタンケン**に参加した。
なんきょく・ほっきょくの地方に行って調べること

7日目

さんずいを集めると…

月　日

正答数　/40

A 重要度

次の――線のカタカナを漢字に直しましょう。

答え→別冊 p.13

□ ① 旧式の**キセン**が復元される。
蒸気機関の力で走るふね

□ ② **デンチ**で動くカメラ。
薬品を使って、でんきを起こすしかけ

□ ③ 夏の合宿で**エンエイ**に挑戦《ちょうせん》する。
とおくまで長いきょりをおよぐこと

□ ④ スエズ**ウンガ**について調べる。
ふねなどを通すために、陸地をほってつくった川

□ ⑤ 試合は終盤《しゅうばん》に**ハラン**が起こった。
変化のあること

□ ⑥ **ホウリツ**を守って行動する。
国会でつくられた、国の決まり

□ ⑦ 山上から**ウンカイ**を見下ろす。
うみのように見える、一面に広がったくも

□ ⑧ **ヨウフウ**にしつらえた室内。
ヨーロッパやアメリカのやり方

□ ⑨ 封筒《ふうとう》の**ケシイン**を確かめる。
郵便局で切手の上におす日付けのはんこ

□ ⑩ **ヨクシツ**に暖房《だんぼう》を設置する。
ふろ場

□ ⑪ **エキタイ**の洗剤《せんざい》を使用する。
体積は変わらないが、入れ物によって形の変わるもの

□ ⑫ 山の**セイリュウ**でのどをうるおす。
きれいにすんだ、みずのながれ

□ ⑬ **オンド**計を毎日点検する。
熱さ・冷たさなどのていどを数字で示したもの

□ ⑭ **コスイ**のほとりで一休みする。
みずうみ

□ ⑮ お金を**ユミズ**のように使う。
ゆとみず

□ ⑯ **マンゾク**のいく結果になった。
望みがかなって、ふまんのないこと

□ ⑰ 先生は**ネッケツカン**で評判がいい。
すじ道の通ったことを守る気持ちが強く情熱的な男

□ ⑱ 文化の**キゲン**を研究する。
ものごとがおこったもと・始まり

□ ⑲ **ジュンケッショウ**でなみだをのむ。
けっしょう戦進出を目指して争う試合

□ ⑳ **タイリョウ**旗をかかげた船が集まる。
魚がたくさんとれること

B 重要度

☐ ㉑ 新人投手がプロのセンレイを受ける。（初めて経験すること）

☐ ㉒ 学校のエンカクを調べる。（移りかわり・歴史）

☐ ㉓ 母の手紙に*ゴウキュウした。（大声をあげてなくこと）

☐ ㉔ 日焼けで顔がアサグロくなる。（うっすらとくろいこと）

☐ ㉕ クレジットカードでケッサイする。（代金の受けわたしをして、取り引きを終えること）

☐ ㉖ その話はスイソクの域《いき》を出ない。（ものごとの様子をおしはかって考えること）

☐ ㉗ エジプトのユデンを見学する。（地下からせきゆのとれるところ）

☐ ㉘ ハデな色合いの洋服。（色や服装などが、はなやかで人目をひくようす）

☐ ㉙ ギョコウで栄えた町。（魚をとるふねが、出入りするみなと）

☐ ㉚ 人間がエンじるお化け屋敷《やしき》。（行う）

C 重要度

☐ ㉛ 新旧の製品がコンザイする棚《たな》。（いりまじること）

☐ ㉜ 委員でケッセン投票が行われる。（最初の投票できまらず、上位の二人について再び投票すること）

☐ ㉝ ホウチ国家。（国の定めたほうりつによって政治を行うこと）

☐ ㉞ 今の若者《わかもの》をカッシャした映画《えいが》。（生き生きとうつし出すこと）

☐ ㉟ おこづかいがゲンガクされる。（きんがくをへらすこと）

☐ ㊱ 作品から時代のチョウリュウを読み取る。（世の中のうごき）

☐ ㊲ ゲキドウの時代を生きる。（はげしくうごくこと）

☐ ㊳ 事件を先生にごチュウシンする。（事件を急いで目上の者に報告すること）

☐ ㊴ ミーティングはリュウカイになった。（かいが開けず、とりやめになること）

☐ ㊵ ご厚情《こうじょう》にシンシャします。（ふかくかんしゃし、礼を言うこと）

8日目 ごんべんとかねへんをマスター

月　日

正答数　/40

A 重要度

次の――線のカタカナを漢字に直しましょう。

答え→別冊p.14

□① 遠大な**ケイカク**を発表する。
あることをするための方法や手順を考えること

□② 申しこみ用紙に**キニュウ**する。
書きいれること

□③ **トッキョ**を申請《しんせい》する。
発明や発見などをその人のものにする権利

□④ 法廷《ほうてい》に**ショウニン**として呼《よ》ばれる。
裁判などで、自分が見たり聞いたりしたことを述べるひと

□⑤ **シアイ**は予想外の結果に終わった。
たがいにわざや力を比べて、勝ち負けを争うこと

□⑥ **ゴガク**研修でオーストラリアに行く。
がいこくごの勉強

□⑦ 納得《なっとく》のいく**セツメイ**が欲《ほ》しい。
ものごとのわけなどを、よくわかるように話すこと

□⑧ 首相が**ダンワ**を発表する。
ある問題についての意見

□⑨ 日頃《ひごろ》のご愛顧《あいこ》に**カンシャ**します。
ありがたく思うこと

□⑩ **ケンシキ**の高い人の話を聞く。
考え

□⑪ 野鳥の声を**ロクオン**する。
CD・テープなどに声やおとをきろくすること

□⑫ **ギジロク**を出席者に配る。
かいぎの内容をきろくした文書

□⑬ ダイヤの**コウセキ**をほりあてる。
役に立つ金属などをふくんでいるいし

□⑭ **ハクギン**におおわれた雪山。
雪のしろさをたとえた言葉

□⑮ 家族で**セントウ**に行く。
お金をはらって入るふろ

□⑯ **ドウセン**を巻《ま》いてコイルをつくる。
おもに電線に使う、どうでつくったはりがね

□⑰ 新しい車の購入《こうにゅう》を**ケントウ**する。
よく調べて研究すること

□⑱ 市長が**ライホウ**するのを出むかえる。
人がたずねてくること

□⑲ たくみな**ワジュツ**の男性。
はなしの仕方

□⑳ 文章に**トウテン**を入れる。
文中につけて、切れめをはっきりさせる、てん

B 重要度

□ ㉑ みがきあげられた**キョウメン**。
かがみやレンズなどのひょうめん

□ ㉒ テントを**セツエイ**する。
ある仕事をするために、建物などの準備をすること

□ ㉓ 外国の小説を**ヤクショ**で読む。
ほかの国の言葉に言いかえた本

□ ㉔ 監督《かんとく》の**ヒョウカ**が高い選手。
ものごとの値打ちを決めること

□ ㉕ **ザッシ**を立ち読みする。
決まった期間をおいて発行される本

□ ㉖ ギネスブックに**ニンテイ**される。
資格のあるなしなどをみとめて決めること

□ ㉗ 海外との通話に**カキン**させる。
費用を引き受けさせること

□ ㉘ マスコミの厳《きび》しい**ロンチョウ**。
ぎろんのちょうし

□ ㉙ 船の**シンロ**を定める。
船や飛行機が進む方向

□ ㉚ **セイテツ**所を見学する。
てつをつくること

C 重要度

□ ㉛ 父は絵画のほかに**シブン**もたしなむ。
しとぶんしょう

□ ㉜ **セイジツ**な対応に好感が持てる。
まじめで正直なようす

□ ㉝ 事実を**ゴニン**した記事。*
まちがってみとめること

□ ㉞ **ショジジョウ**により商品を値上《ねあ》げする。
いろいろなものごとのようす

□ ㉟ 創業者《そうぎょうしゃ》の**セイタン**百年を祝う。
人がうまれること

□ ㊱ 象の**チョウキョウ**師を目指す。
馬やもうじゅうなどを訓練すること

□ ㊲ 平家物語《へいけものがたり》の**コウダン**を聞く。
おもしろくちょうしをつけて、読んで聞かせる話芸

□ ㊳ 会場の**ケイビ**をまかされる。
前もって用心し、守ること

□ ㊴ **ゴケン**運動が盛《さか》んになる。
けんぽうを守ること

□ ㊵ **テッコウ**でできた船。
てつとはがね

9日目 一・二年の字と組み合わせると…

月　日

正答数　／40

A 重要度

次の――線のカタカナを漢字に直しましょう。

答え→別冊 p.15

□① 店先でアマヤドりする。
のき下や木のかげなどで、あめがやむのを待つこと

□② センカに見まわれた街。
せんそうのこと

□③ 被害者《ひがいしゃ》をキのドクに思う。
すまないと思うようす

□④ 警察《けいさつ》にシュットウする。
呼ばれた場所に行くこと

□⑤ キイトをつむぐ。*
カイコのまゆからとったままのいと

□⑥ イッチョウイッセキでは習得できない技。*
わずかなあいだ

□⑦ すぐれたセンジンに学ぶ。
昔のじんぶつ

□⑧ かつてシュクバマチだったところ。
昔、旅人がとまるやどなどがあって、栄えたまち

□⑨ 若者《わかもの》のカツジばなれが進んでいる。
本や雑誌など印刷されたもの

□⑩ クラスでキガク合奏《がっそう》をする。
がっきだけで演奏するおんがく

□⑪ 兄は就職《しゅうしょく》のためにジョウキョウした。
地方からとうきょうへ出ること

□⑫ 生年月日をサンヨウスウジで記入する。
0・1・2などのアラビアすうじのこと

□⑬ 両親のシンチュウを察する。
気持ち

□⑭ シンマイの社員を教育する。
あたらしく仲間に入って、仕事などに慣れていないこと

□⑮ 山頂《さんちょう》では夏でもヒョウテンカになる。
セ氏0度よりも低い温度

□⑯ 古代オウチョウの美術品。
おうや天皇が国を治める時代

□⑰ 無理をシいてはいけません。*
おしつける

□⑱ フウコウにめぐまれた都市。
けしき

□⑲ シケツをしたあと病院に行く。
ちが出るのをとめること

□⑳ 母は茶道《さどう》のイエモトだ。
昔から受けついだ教えを教える、いちばん上の人

B 重要度

□ ㉑ 道に迷ってウオウサオウする。
あわててあっちへ行き、こっちへ行きすること

□ ㉒ *コワネを使って電話に出る。
こえの調子

□ ㉓ ショウコウが率いる軍隊。
軍隊で階級の高い人

□ ㉔ 社長のソクジョとお見合いをする。
身分のある人のむすめ

□ ㉕ *ジョウシン書を提出する。
うわやくに意見や事情をもうしのべること

□ ㉖ *シャクドウイロのはだ。
あかぐろいいろ

□ ㉗ スピーチのソウアンを練る。
下書き

□ ㉘ テンサイに備えて避難訓練《ひなんくんれん》をする。
台風・じしんなど、自然の力で起こるわざわい

□ ㉙ ガンエンを調理に使う。
地中からとれる、しおのかたまり

□ ㉚ 生徒にエイサイキョウイクをほどこす。
能力をのばすために行う特別なきょういく

C 重要度

□ ㉛ エンジュクの境地。
わざがきたえられて、内容が豊かになること

□ ㉜ 戦況《せんきょう》をカッカに報告する。
位や身分の高い人をうやまって言う言葉

□ ㉝ 新しいチームはギョクセキコンコウだ。
よいものと悪いものとがまじり合っていること

□ ㉞ シンゲンな境内《けいだい》を写真に収める。
重々しくおごそかなさま

□ ㉟ セイカブツをあつかう店。
やさいとくだもの

□ ㊱ ヨウキュウで的を射止《いと》める。
せいよう式のゆみ

□ ㊲ マグロはカイユウギョとして知られる。
決まった季節に、広いはんいを移動するさかな

□ ㊳ フルカブが集まったクラス会。
ふるくからいる人

□ ㊴ 父はゾウエン業を営んでいる。
庭などをつくること

□ ㊵ *バクシュウの山村をスケッチする。
初夏、むぎのほがじゅくして、取り入れをするころ

10日目 画数の多さに負けるな

月　日

正答数　/40

A 重要度

次の――線のカタカナを漢字に直しましょう。

答え→別冊p.16

□① **マガオ**になって反論する。
まじめなかお

□② **ケイリン**の選手を目指す。
職業選手による自転車きょうそう

□③ 激《はげ》しい**ギロン**が交《か》わされる。
それぞれが意見を述べ合うこと

□④ **リョウシキ**のある意見が寄せられる。
ものごとを正しく判断する、すぐれた考え方

□⑤ 大雨**ケイホウ**が発令される。
危険なことが起きそうな時、人に用心させるための知らせ

□⑥ **ボウエンキョウ**で月を観測する。
とおくのものを大きくして見るのに使う道具

□⑦ **シンルイ**の家に身を寄せる。
血のつながりやけっこんしてできた関係がある人たち

□⑧ **ヨウビ**を確認《かくにん》して予定を立てる。
一週間のそれぞれのひの呼び方

□⑨ 昆虫《こんちゅう》の**カンサツ**記録を宿題にする。
気をつけてよく見ること

□⑩ 自画像を**ガクソウ**してかざる。
がくぶちに絵画などを入れてかざれる状態にすること

□⑪ 映画《えいが》の**ユウタイケン**を配る。
特別にもてなすことを目的としてわたすチケット

□⑫ 飛行機を**ソウジュウ**する。
あやつり、動かすこと

□⑬ 過去の問題が**サイネン**する。
一度解決したことがまた問題になること

□⑭ やや**コウフン**気味に話す。
気持ちが高ぶること

□⑮ **リッキョウ**工事で通行止めになる。
道や線路の上をまたがってかけわたされた、はし

□⑯ 昨夜**ロクガ**しておいた番組。
映像をDVDやビデオテープなどにきろくすること

□⑰ チョウの**ヒョウホンバコ**をかざる。
動物・植物などの実物をみほんとして集めたはこ

□⑱ 連日**ネッセン**がくりひろげられる。
いっしょうけんめいたたかうようす

□⑲ 最近の**フウチョウ**に怒《いか》りをおぼえる。
時代によって変わる世の中のようす

□⑳ **ムリナンダイ**を言わないでほしい。
とても受け入れられないようなむりな要求

B 重要度

- ㉑ **ショクレキ**をかんたんに説明する。（今までにどのような仕事についてきたかということ）
- ㉒ **カンソ**な仕組みを作る。（かざりけがないこと）
- ㉓ * **ハガネ**のようにきたえられた肉体。（かたくて強い鉄）
- ㉔ 見事なプレーを**ショウサン**する記事。（ほめたたえること）
- ㉕ 所長に大きな**ケンゲン**をあたえる。（規則・約束によってまかされたけんりを使うはんい）
- ㉖ **ヒガン**の初優勝《はつゆうしょう》を果たす。（なんとしても、やりとげようと思っているねがい）
- ㉗ **リンキオウヘン**の対応ができる。（そのときそのときに合った、上手なやり方をすること）
- ㉘ **ゲンセン**された素材を使用する。（きびしくえらぶこと）
- ㉙ **ゲキセン**を勝ち残った勇者。（はげしくたたかうこと）
- ㉚ 先生の**シャオンカイ**を開く。（受けたおんにお礼をする集まり）

C 重要度

- ㉛ 山の中に**チクジョウ**されたとりで。（しろをきずくこと）
- ㉜ **ゲキヤク**を慎重《しんちょう》にあつかう。（使う量をまちがえると命に関わるような危険なくすり）
- ㉝ **ゾウモツ**を煮込《にこ》んだ料理。（鳥・動物・魚のきも）
- ㉞ * **ショッキ**の組み立て工場。（布をおるきかい）
- ㉟ 新薬の**チケン**に参加する。（人間を対象にした、開発中の医薬品によるしけん）
- ㊱ 怒りにまかせて**ボウロン**を並《なら》べる。（らんぼうな意見）
- ㊲ **シツギオウトウ**の時間を設ける。（しつもんとそれに対するこたえ）
- ㊳ **ドウカセン**に火をつける。（かやくなどに、ひをつけるしかけのせん）
- ㊴ たばこは**カゼイ**対象です。（ぜいきんを割り当てること）
- ㊵ 王様の**ゴエイ**隊に入る。（そばにつきそって守ること）

入試問題

答え→別冊p.17

月　日
正答数　／38

❶ 次の――線部のカタカナを正しい漢字に直しなさい。［慶應義塾中等部］

① 大統領の**ソッキン**。
② **シュウサン**両院で可決される。
③ 選挙で**ミンイ**を問う。
④ **コンメイ**の度を深める。
⑤ 事実からの**スイロン**。
⑥ **キョシュウ**を明らかにする。
⑦ **キワ**どいコースに投球する。
⑧ **フジチャク**した飛行機。
⑨ **ネンピ**の良い自動車。
⑩ 神社**ブッカク**。
⑪ きれいな**ソウテイ**の本。
⑫ たき火で**ダン**をとる。
⑬ **オウネン**の名選手。
⑭ 責任を**ツウカン**した。
⑮ **ブナン**な人選。
⑯ 全作品中の**アッカン**。
⑰ うそも**ホウベン**。
⑱ **カホウ**は寝《ね》て待て。
⑲ 縁《えん》は**イ**なもの。
⑳ **アクセン**身につかず。

①	⑤	⑨	⑬	⑰
②	⑥	⑩	⑭	⑱
③	⑦	⑪	⑮	⑲
④	⑧	⑫	⑯	⑳

② 次の――線部のカタカナを漢字に直しなさい。 〔同志社香里中〕

① 会社を**ケイエイ**する。
② 友人を**ショウタイ**する。
③ 約束を**ハ**たす。
④ **キョカ**を願い出る。
⑤ 心から**シャザイ**する。
⑥ 予定が**ノ**びる。
⑦ 建物が**ソンショウ**する。
⑧ **シヤ**を広げる。
⑨ **センモン**の学者。
⑩ **ワタ**のような雪。

①	②	③	④

⑤	⑥	⑦	⑧

⑨	⑩

③ 次の――線部のカタカナは漢字に、漢字はひらがなに直しなさい。 〔啓明学院中〕

① **ジキュウ**力をつける。
② **タイド**に明るさがない。
③ 部活の**エンチョウ**のつもりでとりくむ。
④ 練習が**厳**しくなる。
⑤ 分かっている部分も**ケッコウ**多い。
⑥ 健康**カンリ**についてアドバイスをする。
⑦ 元選手がその**チョショ**で本音を語る。
⑧ あらゆる場面で**セイギカン**が活《い》かされる。

①	②	③	④

⑤	⑥	⑦	⑧

ワンポイント必勝講座②

〜ノートを活用して漢字を覚えよう〜

第1章の「必勝講座」で新しい漢字の覚え方を説明しましたが、**ノートを活用することでさらに力のつく学習ができます**。きちんと整理をして**復習しやすいノートづくり**をしましょう。

わからないものが多いときは、**ノートの余白を大きくとって、意味調べや練習をしましょう**。テストの前などにノートを見ることによって、ポイントが頭に入りやすくなります。

この問題集においても重要度を示していますが、それをさらに自分向けに特化していくのが学習のポイントです。専用《せんよう》のノートを作っておくと、最後にはみなさんだけの**「漢字最重要ノート」**ができあがりますよね。「例題」を使ってノートの一例を挙げておきます。

【例題】

1 はさみで布を**裁つ**。
2 **カイコ**から生糸をとる。
3 法に**背いて**はいけない。
4 学校の**エンカク**を学ぶ。
5 **トロウ**に終わった議論《ぎろん》。

（甲南中・改）

この問題で、1が○、3・5が△、2・4が×だったとします。次のようにノートを作りましょう。2はわからなかったものなので、正しい漢字を書いておきます。4は書いたものの×になってしまいました。

> 9月8日 甲南中入試
> ○1 た(つ) ×2 蚕 △3 そむ(いて)
> ×4 ~~円革~~ 沿革 △5 徒労
>
> 蚕(サン・かいこ) 蚕 蚕 蚕 蚕 蚕
> 養蚕《ようさん》…絹糸《きぬいと》をつくるために蚕を育てること。
> 沿革…移りかわり。歴史。
> 沿革 沿革 沿革 沿革 沿革 沿革
> 徒労…むだな労力。

漢字の練習というと、乱雑《らんざつ》でいいからたくさん書くというイメージがありますが、**後で見返して定着を深めることを目的としてノートを作る**ようにしましょう。

第3章

音訓を意識して読み書きしよう

★次の問題は、実際の入試で出題された問題です。

次の**ア**〜**オ**の中から、二つ以上の音読みを持つ漢字の組み合わせでできているものを一つ選んで、記号で答えなさい。

ア 登場　**イ** 文句　**ウ** 先生
エ 詩人　**オ** 明治

（洛南高附中）

それぞれの音読みをまとめましょう。

ア「登」トウ・ト　「場」ジョウ
イ「文」モン・ブン　「句」ク
ウ「先」セン　「生」セイ・ショウ
エ「詩」シ　「人」ジン・ニン
オ「明」メイ・ミョウ　「治」ジ・チ

よって、**オ**の「明治」が正解となります。「場」の訓読み「ば」を音と考えたり、「治」の音読みが二つ出てこないとまちがえます。このように、漢字の「音」と「訓」を意識することも重要です。

この章では、漢字の音と訓を意識しながら力をつけていきましょう。また、特別な読み方や難読熟語《なんどくじゅくご》にもチャレンジしましょう。

1日目

訓読みをマスターしよう①

月　日

正答数　/40

★ 次の――線のカタカナを漢字に直しましょう。

答え→別冊 p.18

A 重要度

□ ① 座席《ざせき》が**ア**く。　からになる

□ ② *　**イサギヨ**い態度。　思い切りがよく、さっぱりしている

□ ③ 雪を**イタダ**いた山々。　頭の上にのせる

□ ④ 漁業を**イトナ**む。　決まった仕事をする

□ ⑤ 四季の**ウツ**ろい。　だんだん変わっていくこと

□ ⑥ **キヨ**らかな川の流れ。　美しいようす

□ ⑦ **ケワ**しい山道が続く。　かたむきが急だ

□ ⑧ 明日学校に**マイ**ります。　「行く」をへりくだって言う言葉

□ ⑨ **ココロヨ**く引き受ける。　気持ちがよい

□ ⑩ 大事な点をノートに**シル**す。　書きつける

□ ⑪ コップに水を**ソソ**ぐ。　流し入れる

□ ⑫ 期待に**コタ**えた活躍《かつやく》。　むくいる

□ ⑬ ごちそうを**タイ**らげる。　たくさんの食べ物をすっかり食べてしまう

□ ⑭ 友人の家を**タズ**ねる。　人の家などへ行く

□ ⑮ たくさんの人が式典に**ツラ**なる。　その場所に出席する

□ ⑯ 教えを**ト**く。　せつめいする

□ ⑰ 異議を**トナ**える。　先に立って強く意見を言う

□ ⑱ 的を**ハズ**す。　ねらいをそらす

□ ⑲ きげんを**ソコ**ねる。　悪くする

□ ⑳ やっと仕事が**ス**んだ。　終わる

B 重要度

□ ㉑ 畑をタガヤす。
田や畑をほりかえす

□ ㉒ 富士山にツぐ高い山。
すぐ下の位にある

□ ㉓ 老人をウヤマう。
りっぱだと思い、れいぎ正しくする

□ ㉔ 心をトざす。*
他との関係をなくす

□ ㉕ 堤防《ていぼう》をキズく。
土や石を積み上げてつくる

□ ㉖ 過去の過《あやま》ちをセめる。
まちがいや罪をとがめる

□ ㉗ 湿気《しっけ》で板がソってしまった。
弓のように曲がる

□ ㉘ 旅の準備をトトノえる。*
足りないものがなく、そろう

□ ㉙ よいアイディアをネる。
考えてよりよくする

□ ㉚ 約束をハたす。
なしとげる

C 重要度

□ ㉛ 無駄《むだ》をハブく。
とりのぞく

□ ㉜ 子供《こども》をヒキいて歩く。
引き連れる

□ ㉝ スっぱい味の果実。
さんみがあること

□ ㉞ アヤうく難《なん》をのがれる。*
もう少しのところで

□ ㉟ 友人のハカらいで面会できた。
よく考えてとりあつかうこと

□ ㊱ カミヒトエの差で勝利する。*
わずかなちがい

□ ㊲ あまりの勢いにシリゾいてしまった。
後へ下がる

□ ㊳ 道のりのナカばで引き上げる。
とちゅう

□ ㊴ ユき力う人々。*
いったりきたりする

□ ㊵ 長い年月をへた彫刻《ちょうこく》。
年月が過ぎる

訓読みをマスターしよう②

月　日

正答数　/40

★次の——線のカタカナを漢字に直しましょう。

答え→別冊 p.19

A 重要度

□ ① 学問の道を**キワ**める。（深く調べる）

□ ② おたがいに努力の成果を**キソ**う。（たがいに争う）

□ ③ 仲間が**ツド**うレストラン。（あつまる）

□ ④ 父がすっかり**フ**けこんでしまった。（年寄りじみる）

□ ⑤ 先生の**トウト**い教えを守る。（うやまい、大切にするべきだ）

□ ⑥ **スミ**やかに退去してください。（すばやいようす）

□ ⑦ **スコ**やかに育つように神仏に祈《いの》る。（体がじょうぶなようす）

□ ⑧ 弟の言葉に場が**ナゴ**む。（なごやかになる）

□ ⑨ 先生を**カコ**む会。（まわりをとりまく）

□ ⑩ **ヨロコ**びをかみしめる。（うれしく思う・楽しく感じる）

□ ⑪ たくさんの言葉を**オボ**える。（頭の中に入れて忘れないようにする）

□ ⑫ 新しい手法を**ココロ**みる。（ためしにやってみる）

□ ⑬ 会社を**ヤ**める。（勤めなどからしりぞく）

□ ⑭ 大切にしていたお守りを**ウシナ**う。（なくす）

□ ⑮ 我《わ》が身《み》を**カエリ**みる時間も必要だ。（自分のしたことのよしあしを考えてみる）

□ ⑯ 不注意に**ヨ**る事故。（げんいんとする）

□ ⑰ **カヨ**い慣れた道。（行ったり来たりする）

□ ⑱ 公園の**アタ**りを散歩する。（付近）

□ ⑲ 相手の**ヨワ**みにつけこむ。（じゃくてん）

□ ⑳ 自分の考えを堂々と**ノ**べる。（口で話す）

B 重要度

□ ㉑ 説明に多くの時間を**サ**く。*
一部を分けて別のことに使う

□ ㉒ この失敗は痛恨《つうこん》の**キワ**みだ。*
この上ないところ・果て

□ ㉓ 髪《かみ》の毛《け》をきれいに**ユ**い上げる。*
むすぶ

□ ㉔ どのようなご用件でも**ウケタマワ**ります。*
「聞く」をへりくだって言う言葉

□ ㉕ 包丁《ほうちょう》を**ト**ぐ。*
はものをみがくこと

□ ㉖ 話し合いの場を**モウ**ける。
用意する

□ ㉗ **ワザワ**い転じて福となす。*
悪い出来事

□ ㉘ 十時には床《とこ》に**ツ**く。*
ある状態になる

□ ㉙ 大国を**ス**べる王様。*
治める

□ ㉚ 昔の**アヤマ**ちをわびる。*
まちがい

C 重要度

□ ㉛ **ヒトザト**はなれた山奥《やまおく》。
家が集まっているところ

□ ㉜ **ワリヤス**の商品。
品物のねうちのわりにねだんがやすいこと

□ ㉝ 無礼を**ヒラアヤマ**りする。*
ただひたすらにあやまること

□ ㉞ **ジガネ**が見える。
めっきの下のきんぞく

□ ㉟ **フルキズ**がいたむ。
前に受けたきず

□ ㊱ 祖母の形見の**タンモノ**。*
大人のきもの一着分の長さに切ってある、おりもの

□ ㊲ **ツキギメ**の駐車場《ちゅうしゃじょう》。*
ひとつきいくらという約束をすること

□ ㊳ フェリーでの**フナタビ**を楽しむ。
ふねに乗っていくりょこう

□ ㊴ **ネフダ**を確認《かくにん》して買う。
商品につける、ねだんを書いたふだ

□ ㊵ **ユキド**けが待ち遠しい。
積もっていたゆきがとけて水になること

3日目 音読みをマスターしよう①

月　日

正答数 /40

A 重要度

次の――線のカタカナを漢字に直しましょう。

答え→別冊p.20

□ ① 先生にデンゴンをお願いする。
人にたのんで相手につたえることば

□ ② 事件のシンソウをさぐる。
事件などの本当のようす

□ ③ とのさまのケライになる。
王や主人に仕えている人

□ ④ 小さなシュウラクを訪問《ほうもん》する。
人が住む家があつまったところ

□ ⑤ 高いカクリツで成功するだろう。
あることがらが起こる、たしからしさの程度

□ ⑥ おセジを並《なら》べる。
あいそよく人のきげんをとること

□ ⑦ 油断はキンモツです。
してはいけないこと

□ ⑧ アンチョクな考えでは失敗する。
気軽にするさま・いいかげんにするさま

□ ⑨ お盆《ぼん》はコウラクチが人であふれる。
けしきが美しく、遊びたのしむのに適した所

□ ⑩ ピカソの絵をモシャする。
絵や本に書いてあることをそのままうつしとること

□ ⑪ 言葉のユライを調べる。
ものごとが今までたどってきたすじ道

□ ⑫ ケイソツな行動はつつしみなさい。
かるはずみ・いいかげん

□ ⑬ その飲料はガンライ薬品だった。
もとから・はじめから

□ ⑭ 株価《かぶか》がゲラクする。
物の値打ち・値段などがさがること

□ ⑮ 父はコセンを集めるのが趣味《しゅみ》だ。
昔、用いられたお金

□ ⑯ チアンのよい国。
国や社会がうまくおさまり、おだやかなこと

□ ⑰ これはシュウチの事実だ。
みんながしっていること

□ ⑱ サッコンの電話は操作《そうさ》が複雑だ。
このごろ・近ごろ

□ ⑲ 心中にキョライする思い。
消えたり現れたりすること

□ ⑳ 気分転換《きぶんてんかん》にオクガイに出る。
建物のそと

B 重要度

□ ㉑ **カクイツテキ**なデザインの服。
何もかも同じにそろっているようす

□ ㉒ **ケットウチ**を測定する。
けつえきにふくまれている、とうぶんの量

□ ㉓ おだやかな**クチョウ**で話す。
話し方

□ ㉔ **シフク**を肥やす。
自分の利益・財産

□ ㉕ **コウセイ**に残る作品をつくる。
あとの時代

□ ㉖ 災害に備えて**サボウリン**を造る。
どしゃくずれをふせぐ、はやし

□ ㉗ 高地での暮《く》らしに、**ジュンノウ**する。
まわりの状態にしたがって、それに合うように変わること

□ ㉘ 番号が**チョウフク**する。
同じものごとがかさなること

□ ㉙ 鬼《おに》のような**ギョウソウ**で話す。
顔つき

□ ㉚ 運動場に**ザンリュウ**している児童。
あとにのこってとどまること

C 重要度

□ ㉛ ぼくのテニスは**ガリュウ**だ。*
自分勝手なやり方

□ ㉜ サーカスの**コウギョウ**。
お金を取って映画・劇などを見せること

□ ㉝ **カッコウ**の悪い姿勢《しせい》。
すがた・形

□ ㉞ 薬の**コウノウ**書きを読む。
ききめ・しるし

□ ㉟ 本日は**シュウヤ**営業です。
ひと晩中

□ ㊱ 部下の**シンボウ**が厚い社長。
人からしんようされ、たよりにされること

□ ㊲ 見事な**コウバイ**を見に行く。
こいもも色の花のさく、うめ

□ ㊳ 社会人に**モンコ**を開放している大学。
人や物の出入りを制限するもの

□ ㊴ 彼《かれ》の申し出は**ヒキ**こもごもだ。
かなしみとよろこび

□ ㊵ これは**シュッショク**のできだ。
ほかのものより、特にすぐれていること

4日目 音読みをマスターしよう②

月　日

正答数　/40

A 重要度

次の――線のカタカナを漢字に直しましょう。

答え→別冊p.21

□ ① あまり**ゴウジョウ**をはるな。* （意地がつよくて自分の考えをおし通すさま）

□ ② けがの**コウミョウ**。（てがらを立てて有名になること）

□ ③ 新聞の紙面を**サッシン**する。（悪いところを直して、まったくあたらしくすること）

□ ④ その問題には**サッキュウ**に対策が必要だ。* （非常にきゅうなようす）

□ ⑤ 子供《こども》を**インソツ**して山に登る。（人をひき連れること）

□ ⑥ **ショウガイ**の罪でつかまる。（人をきずつけること）

□ ⑦ 参加できただけで**ホンモウ**です。* （満足）

□ ⑧ **ノウリツ**を考えた仕事をする。（ある決まった時間にできる、仕事の量の割合）

□ ⑨ けがから**フッカツ**する。（もとどおりになること）

□ ⑩ ペットの**ヒンピョウ**会に出る。（できばえのよい悪いを定めること）

□ ⑪ 室内を**ブッショク**したあとがある。（たくさんの中から、よいものをさがすこと）

□ ⑫ 結婚式《けっこんしき》の**ヨキョウ**に歌を歌う。（えんかいなどをおもしろくするための歌やおどりなど）

□ ⑬ **イト**したとおりの作品になる。（ものごとをしようとするときの、もとになる考え）

□ ⑭ 細かいところは**ショウリャク**する。（簡単にするために一部分をはぶくこと）

□ ⑮ 大阪《おおさか》を**ケイユ**して移動する。（ある場所を通っていくこと）

□ ⑯ **コウクウビン**で荷物が届《とど》く。（飛行機などで物を運ぶこと）

□ ⑰ **カジン**は留守にしています。（いえのひと）

□ ⑱ **モゾウシ**で研究発表の資料をつくる。（表面がなめらかでじょうぶなかみ）

□ ⑲ **シサイ**は書面で連絡《れんらく》します。（訳・事情）

□ ⑳ **ガクタイ**で小太鼓《こだいこ》をたたく。（おんがくを演奏する人々の集まり）

B 重要度

□ ㉑ ソインを究明する。
事のおこるもと

□ ㉒ なんでも自分でやるショウブンだ。*
うまれつきのせいしつ

□ ㉓ かぜを引いてオカンがする。*
ぞくぞくとさむけがすること

□ ㉔ 遠足のテンコに遅《おく》れてしかられる。
一人一人の名前をよんで、人数を調べること

□ ㉕ セキジツのおもかげをしのぶ。*
むかし

□ ㉖ えらい人におツイショウを並《なら》べる。*
人の気に入るような言動をすること

□ ㉗ 返答をホリュウする。
その場で決めないで、しばらくのばすこと

□ ㉘ 罪をおかしてフクエキする。
けいむしょに入って仕事をすること

□ ㉙ わたしはイッコウにかまいません。
少しも・まったく

□ ㉚ 事をセイキュウに進めるのはよくない。
気が短くて、せっかちなようす

C 重要度

□ ㉛ 手紙のモンゴンを推敲《すいこう》する。
ぶんしょうの中のことば

□ ㉜ 自分に非はないとキョウベンする。
無理にりくつをつけて、いいはること

□ ㉝ ヒゴウの最期《さいご》をとげる。*
事故や災難など思いがけない死に方をすること

□ ㉞ 電子部品は日本の工業のヒットウだ。
地位や順位が一番目であること

□ ㉟ 過失をモンセキされる。
といただしてせめること

□ ㊱ ルイ十四世のチセイについて学ぶ。
ある君主がおさめていた時代

□ ㊲ 共同開発をヤクジョウする。
やくそくして取り決めること

□ ㊳ サンミの強い果物《くだもの》。
すっぱいあじ

□ ㊴ 小さなチームながらフンセンした。
力いっぱいたたかうこと

□ ㊵ 彼《かれ》の実力はシュウモクの一致《いっち》するところだ。
多くの人の観察

5日目 音読みをマスターしよう③

月　日

正答数 /40

次の――線のカタカナを漢字に直しましょう。

答え→別冊p.22

A 重要度

□① 文章のシュッテンを調べる。
昔の人がつくった言葉などのでどころ

□② 指導ジッセキがある教師。
じっさいのせいせき

□③ ケッキョク、事件は未解決のままだ。
とうとう・つまり

□④ ビンジョウ値《ね》上《あ》げは禁止されている。
うまく利用すること

□⑤ サギョウが順調にはかどる。
仕事をすること

□⑥ 化学ハンノウが起こる。
ほかからの働きを受けて起こる変化

□⑦ 人口のブンプを調べる。
わかれてあちこちにあること

□⑧ ジュンパクの雪におおわれる。
まっしろ

□⑨ *シュジョウを救うという教え。
いっさいの命

□⑩ おもしろいいたずらをカクサクする。
ひそかにけいかくをたてること

□⑪ 王にチョウヨウされた兵士。
大切な地位につけてもちいること

□⑫ ソッセンして学校の清掃《せいそう》をする。
人のさきに立ってものごとをすること

□⑬ 必要な資材をチョウタツする。
必要なお金や品物などをととのえること

□⑭ カンベンな方法で検査する。
かんたんでべんりなようす

□⑮ カンコウに従《したが》って祭りを行う。
昔からの決まったやり方としておこなわれること

□⑯ ジキヒツの手紙が届《とど》く。
その人が自分で書くこと

□⑰ 集中力をキョクゲンまで高める。
果て・終わり・かぎり

□⑱ この絵本は二人のガッサクです。
いっしょになってつくったもの

□⑲ キショウのあらい人。
きだて・せいしつ

□⑳ 台風でカオクに被害《ひがい》がおよぶ。
人が住むための建物

B 重要度

□ ㉑ ＊**ケビョウ**を使って休む。
びょうきでないのに、びょうきのふりをすること

□ ㉒ けががカ**ンチ**する。
びょうきやけがなどがかんぜんになおること

□ ㉓ 国の支援《しえん》を**セツボウ**する。
心から強くのぞむこと

□ ㉔ 要求を受け入れるよう**セットク**する。
よく話してわからせること

□ ㉕ **キュウハン**を上る。
きゅうなさか

□ ㉖ 美しい**モヨウ**のテーブル。
かざりになる、いろいろな形や絵

□ ㉗ 人間の**ソンゲン**を保つ。
とうとくおごそかなこと

□ ㉘ 作文を読み返して＊**テイサイ**を整える。
外から見たものの形

□ ㉙ **ジリキ**で脱出《だっしゅつ》する。
人にたよらないで、じぶんだけのちからでですること

□ ㉚ **シンペン**を整理する。
みのまわり

C 重要度

□ ㉛ 学問に**ショウジン**する。
いっしょうけんめい努力すること

□ ㉜ その**ツド**連絡《れんらく》してください。
そのたびごと

□ ㉝ ＊**ゲシ**はいちばん日が長い。
北半球では、最も昼が長く、夜が短い日

□ ㉞ **ギャッキョウ**に負けないでがんばる。
思うようにならず、つらく苦しい立場

□ ㉟ **コガイ**では熱中症《ねっちゅうしょう》に気をつけよう。
いえのそと

□ ㊱ ＊**ジャリ**道を走行する。
小さな石

□ ㊲ **ザユウ**の銘《めい》。
そば・自分の身近

□ ㊳ 人を＊**コウオ**で判断してはいけない。
すききらい

□ ㊴ 今までにない**カッキテキ**な発明。
新時代を開くと思われるほどに目覚ましいようす

□ ㊵ 災害から**フッコウ**する。
一度おとろえたものが、再びさかんになること

6日目 慣用表現とともに覚える音訓

月　日

正答数　/40

A 重要度

次の——線のカタカナを漢字に直しましょう。

答え→別冊 p.23

① **ヨメ**にも明るい服装《ふくそう》。
よる、暗い中で見ること

② 金の**ノベボウ**をうめる。
金属をのばして、ぼうのかたちにしたもの

③ 落とし物を**チマナコ**になって探す。*
一つのことに熱中すること

④ 事前の忠告《ちゅうこく》を**ネントウ**に置く。
心の中

⑤ **オウドイロ**のトラックが走る。
きいろがかったちゃいろ

⑥ 持論を**コワダカ**に主張する。*
こえが大きくてたかいようす

⑦ 親睦《しんぼく》のために**サワカイ**を開く。
おちゃを飲んで、はなしあうこと

⑧ 勝利のためには**ミサカイ**がなくなる。
ものごとのよしあしをみわけること

⑨ 試合の前に**ムシャ**震《ぶる》いがはしる。
戦いや重大な場面の前に気持ちが高まって体がふるえること

⑩ 活**ダンソウ**を調べる。
地面がずり落ちてできた、ちそうの食いちがい

⑪ 一生懸命赤子《いっしょうけんめい》の**セワ**をする。
めんどうをみること

⑫ 巧言《こうげん》**レイショク**。
人に気に入られようとすることばづかいや顔つき

⑬ 汚名《おめい》を**ヘンジョウ**する。
かえすこと

⑭ **ゴショウダイジ**にして使い続ける。
物を非常にたいせつにすること

⑮ **コンジョウ**の別れとなみだを流す。
この世で最後の別れ

⑯ **アイミ**たがいに心配する。
同じ立場にあるものどうしが思いやり、助け合うこと

⑰ ご**シンモツ**に人気の和菓子《わがし》。
人にしなものを差しあげること・おくりもの

⑱ **カタコト**の英語を話す。
そのことばをうまく使えない人の、不完全なことば

⑲ 髪《かみ》の毛が**サカダ**つ。
かみの毛などが、まっすぐにたつ

⑳ **ルス**をあずかる。
家の人がいない間、その家の番をすること

B 重要度

- □ ㉑ 健康に**リュウイ**して働く。
  気をつけること
- □ ㉒ 気が**ドウテン**して失敗した。
  おどろきあわてること
- □ ㉓ **ゾウサ**も無いことだ。
  めんどうなこと
- □ ㉔ **ジンケン**の入ったセーター。
  レーヨンなど、じんこうのきぬいと
- □ ㉕ **ナイジョ**の功をたたえる。
  目立たないところでたすけること
- □ ㉖ **マン**を**ジ**して発表する。
  十分に用意して機会を待って
- □ ㉗ **キ**せずして話が一致《いっち》する。
  思いがけなく
- □ ㉘ 法律家《ほうりつか》を**ココロザ**す。
  あるものになることを目指して進む
- □ ㉙ 敵に**リ**する行為《こうい》。
  りえきをあたえる
- □ ㉚ 会社で**スイトウ***係を務める。
  お金やしなものを、だしいれする

C 重要度

- □ ㉛ 自分を厳《きび》しく**リッ**する。
  規則にしたがわせる
- □ ㉜ **サカマ**く波を乗りこえて海を横断する。
  流れにさからって、はげしく波打つ
- □ ㉝ 優勝《ゆうしょう》が決まり**カンキュウ***する選手たち。
  かんげきのあまりなみだを流すこと
- □ ㉞ **セイシン**な空気があたりに満ちる。
  生き生きとして、あたらしさのあるようす
- □ ㉟ まんまと**ケイリャク**にはまる。
  はかりごと
- □ ㊱ **ソウゴウ**をくずして歓談《かんだん》する。
  喜んでにこにこする
- □ ㊲ 寝ぼけて**マノ**びした声を出す。
  ことばや動作のあいだがあきすぎて、なんとなくしまりがない
- □ ㊳ **シメイ**を帯びて異国に乗りこむ。
  自分にあたえられ、果たさなければならない役目
- □ ㊴ その話に**ソウケダ**つ。
  おそろしさなどのために、全身のけがまっすぐにたつ
- □ ㊵ 彼《かれ》の態度が**ゴウハラ***で声をあらげる。
  非常にはらが立つこと

7日目 「コウ」と「シン」

月　日

正答数　/40

A 重要度

次の――線のカタカナを漢字に直しましょう。

答え→別冊 p.24

① **コウシュウ**の面前で発表する。
世の中の人々

② 長年の**コウセキ**がたたえられる。
てがら・りっぱな働き

③ **ガイコウ**に力をいれる政治。
がいこくとのつきあいや話し合い

④ **サイコウ**を意識した建築。
部屋の中にひかりをとり入れること

⑤ **ユウコウ**期限が切れる。
ききめがあること

⑥ みなさまのご**タコウ**を祈《いの》ります。
しあわせのおおいこと

⑦ *オンコウ**な人物。
おだやかでなさけぶかい

⑧ お昼に**コウチャ**を飲む。
ちゃの木の若葉をはっこうさせ、かわかしてつくるおちゃ

⑨ **テンコウ**が回復したら登りましょう。
ある期間のてんきのようす

⑩ 新聞の文字を**コウセイ**する。
印刷したものをげんこうと比べて、文字のまちがいなどを直すこと

⑪ *コウシ**模様《もよう》のタイル。
縦・横に線が交わって、ごばんの目のようになっているもの

⑫ 畑の**コウサク**に機械を使う。
田や畑をたがやして、野菜などのさくもつをつくること

⑬ *カクテイシンコク**の書類をまとめる。
税額を決めるために一定期間の所得額などをもうし出ること

⑭ とのさまが**カシン**に命令する。
けらい・いえに仕える人

⑮ **シンゴウ**を守りましょう。
道や線路などにある、安全・危険・注意などの合図を送る機械

⑯ **シンカイ**を探査する。
うみのふかいところ

⑰ **シンリン**を守る。
木がたくさんしげっているところ

⑱ **シンキンカン**をおぼえる。
したしみがもてるかんじ

⑲ 勝利を**カクシン**する。
かたくしんじて、うたがわないこと

⑳ **コウシン**に道をゆずる。
仕事や学問などで、前の人がたどった道をあとからすすむ人

B 重要度

□ ㉑ 意味**シンチョウ**。
意味がふかくてかくれた意味や内容があること

□ ㉒ **サイコウ**をうながす。
もう一度かんがえてみること

□ ㉓ 芭蕉《ばしょう》の**コウテイ**として知れわたる。
特にすぐれた、でし

□ ㉔ 激《はげ》しい**コウセツ**で交通がまひする。
ゆきがふること

□ ㉕ **カコウ**付近で魚を釣《つ》る。
川が海・湖に流れこむところ

□ ㉖ **コウジョウシン**のある選手。
前よりもすぐれたものにしようと努力するこころ

□ ㉗ ここが今のチームの**ゼンシン**です。
まえのみぶんや仕事

□ ㉘ **シンジツ**を明らかにする。
本当のこと

□ ㉙ **ジシン**が二時を指している。
とけいのはりのうち、なんじであるかを示す短いはり

□ ㉚ **ブッシン**両面の豊かさを求める。
ものと、こころ

C 重要度

□ ㉛ **コウイキ**の避難所《ひなんじょ》。
ひろいはんい

□ ㉜ 編集**コウキ**を読む。
あとがき

□ ㉝ ご**コウセツ**に感心しました。
すぐれた意見

□ ㉞ **シンシン**ともに健康である。
こころとからだ

□ ㉟ **シンカン**におはらいをしてもらう。
じんじゃにいて、かみに仕える人・かんぬし

□ ㊱ 改善案《かいぜんあん》を**シンゲン**する。
上の役の人に意見を述べること

□ ㊲ **オンコチシン**で古い街を訪《たず》ねる。
昔のことを学び、あたらしい考えや知識を得ようということ

□ ㊳ 国会で**トウシン***する。
上の役所や上役からの質問にこたえること

□ ㊴ ハワイへ向かう**コウロ**。
船や飛行機の道すじ

□ ㊵ **チュウシン**として名高い武将《ぶしょう》。
目上の人によくしたがい、正直でまじめなけらい

8日目 音か訓かに注意しよう

月　日

正答数　／40

A 重要度

次の——線のカタカナを漢字に直しましょう。

答え→別冊 p.25

① 母が**サシズ**をして掃除《そうじ》をする。
人に言いつけてさせること・命令

② この失敗は大きな**イタデ**だ。
大きい損害

③ **ウオゴコロ**あれば水心。
相手に対する好意

④ 支払《しはら》いの**ウチワケ**を報告する。
多くのものについての名前や数を細かく分けて書くこと

⑤ 明るい**マドギワ***に机《つくえ》を置く。
まどのすぐ近く

⑥ 投球のこつを**エトク***する。
ものごとをよく理解すること

⑦ **キズグスリ**をぬる。
きずにつけるくすり

⑧ お金を**クメン**する。
いろいろくふうして、お金など必要なものを集めること

⑨ 動物園で**コゾウ**を見る。
こどものぞう

⑩ **オサナゴ**を連れて上京する。
おさないこども

⑪ プライドが**オモニ**になる。
おもすぎる仕事や役目

⑫ 仕事の**カタテマ**に油絵を描《えが》く。
おもな仕事のあいま

⑬ **スジガネ**入りの野球ファン。
考えや行動を支えるしっかりしたものがあること

⑭ 体の**グアイ**が悪いので学校を休む。
体のようす

⑮ 郵便《ゆうびん》**コヅツミ**が届《とど》く。
ちいさいつつみ

⑯ **ゾウキバヤシ**でどんぐりを拾う。
いろいろなきがまじって生えているはやし

⑰ **ツゴウ**のよい時間を連絡《れんらく》する。
ぐあい・ようす

⑱ **ハタサク**の盛《さか》んな地方。
はたけで野菜などの、のうさくもつをつくること

⑲ **チカラマカ**せに投げつける。
ちからのあるだけを出して、ものごとをすること

⑳ **チヨガミ**でつるを折る。
いろいろなもようを刷ったかみ

B 重要度

□ ㉑ これまでのものと**ニカヨ**っている。
たがいによくにている

□ ㉒ 職場に**ナミカゼ**を立てる。
もめごと

□ ㉓ 年**ソウオウ**の格好をする。
ふさわしいこと

□ ㉔ 日時を**コウトウ**で伝える。
くちで言うこと

□ ㉕ そんなこと日常**サハンジ**だ。
ごくあたりまえのこと

□ ㉖ **カブヌシ**に利益を配当する。
かぶしき会社にお金を出し、かぶけんを持っている人

□ ㉗ **シオドキ**を見て仕事を始める。
ものごとをするのにちょうどよいとき

□ ㉘ **マワタ**の入った布団《ふとん》。
くずのまゆをひきのばしてつくったわた

□ ㉙ **シンミ**になって話をする。
みうちのようにしんせつなようす

□ ㉚ 練習のつらさに**ネ**を上げる。
苦しさにがまんできないで、さけび声をあげる・降参する

C 重要度

□ ㉛ **テバタ**信号を送る。
てにもった、はた

□ ㉜ **ゲシュニン**が奉行所《ぶぎょうしょ》に引き立てられる。
ひとを殺したひと

□ ㉝ 祖父は**ミヤヅカ**えが長い。
勤めを持つこと

□ ㉞ *ナマビョウホウ**はけがのもと。
ちゅうとはんぱな知識を身につけていること

□ ㉟ **カザアナ**をあける。
かぜの通るあな

□ ㊱ **アタマカズ**をそろえる。
ひとのかず

□ ㊲ **ウチワ**もめが絶えないチーム。
家族・仲間の間でごたごたと争うこと

□ ㊳ **マゴコロ**をこめてお弁当を作る。
うそのない、本当の気持ち

□ ㊴ 海外への**タビジ**を記録に残す。
りょこうの道すじ

□ ㊵ **トウジバ**で疲《つか》れをいやす。
病気をなおすために行く温泉

9日目 難読熟語《なんどくじゅくご》にちょうせん

月　日

正答数　/40

A 重要度

次の——線のカタカナを漢字に直しましょう。

答え→別冊 p.26

□ ① あやしい*フウテイの男。
すがた・身なり

□ ② 仕事のこつは**クデン**によって残される。
最もおく深いことを、くちでつたえて教え授けること

□ ③ 建前《たてまえ》と**ホンネ**。
ほんとうの気持ちや考え

□ ④ **ジョウセキ**通りの対処法《たいしょほう》で十分だ。
ものごとを行うときのふつうに決まっているやり方

□ ⑤ **ズジョウ**に注意してください。
あたまのうえ

□ ⑥ ケガの***ウム**を調べる。
あるかないか

□ ⑦ 祖父の**リンジュウ**に立ち会う。
死ぬこと

□ ⑧ **クダモノ**で水分とビタミンを補《おぎな》う。
リンゴ・ミカンなど、草木の実でたべられるもの

□ ⑨ **ヒカク**製品をあつかう洋服店。
動物のかわに手を加えたもの

□ ⑩ 出かける***シタク**に手間取る。
用意をすること

□ ⑪ ***モメン**でできたハンカチ。
わたの実からとった糸で織った織物

□ ⑫ ***タイシャク**関係を一覧《いちらん》にする。
お金や品物をかすことと、かりること

□ ⑬ 朝から冷たい***シグレ**が降りしきる。
秋の終わりから冬の初めにかけて、ときどき降る小雨

□ ⑭ すばらしい**ケシキ**に息をのむ。
ながめ

□ ⑮ ***スジョウ**が明らかではない人。
血すじ・家がら・育ち

□ ⑯ 外国との**コウエキ**を行う。
品物を取りかえ合って商売をすること

□ ⑰ パンの***キジ**をこねる。
パンなどにするために、粉をこねあげたもの

□ ⑱ 商品に**ショウフダ**をつける。
ただしい値段を書いて品物につける、ふだ

□ ⑲ 判決の**コッシ**を述べる。
ものごとの一番大切なところ

□ ⑳ **ナマイキ**な口をきくな。
年や立場を考えず、えらそうなことを言ったりしたりするようす

B 重要度

□㉑ エタイのしれない人が近づいてくる。
本当のすがたや性格がわからない

□㉒ 職人のデシ*になる。
先生にしたがって教えを受ける人

□㉓ フゼイ*のある庭。
上品な味わい・おもむき

□㉔ 古代のホウギョクが発掘《はっくつ》される。
たからとなるほうせき

□㉕ 地震《じしん》のチョウコウを読み取る。
ものごとの起こる前ぶれ・きざし

□㉖ 古い雨具をナヤ*にしまう。
物を入れておく、こや

□㉗ ザンセツが美しい山。
春になってもまだのこっているゆき

□㉘ 費用はセッパンしましょう。
はんぶんずつ分けること

□㉙ 父はマジメ*な人柄《ひとがら》だ。
まごころをこめるようす

□㉚ 用件をテミジカに話す。
簡単なようす

C 重要度

□㉛ シイカに親しむ。
し・たんか・はいくなどをまとめた呼び方

□㉜ 寺社をコンリュウ*する。
寺やとうなどをたてること

□㉝ しばらくはジチョウして家にいなさい。
自分の行いをつつしんで、軽はずみなことをしないこと

□㉞ 無駄《むだ》なセッショウ*はひかえる。
いきものをころすこと

□㉟ 黒いショウゾク*に身を包む。
身じたくをするための着物

□㊱ 修行のためにダンジキ*をする。
ある決まった期間、たべものをたべないこと

□㊲ 相手のマネ*をしてダンスを覚える。
ほかのものにならって同じようにすること

□㊳ 蛇《へび》にかまれてゲドク*剤《ざい》を飲む。
体の中のどくをのぞくこと

□㊴ 古代のショウケイモジが見つかる。
もののかたちをまねてつくったもじ

□㊵ ジョウミャク*に注射をする。
体の中のよごれた血を心臓に運ぶ血管

10日目 特別な読み方を覚えよう

月　日

正答数　/40

A 重要度

次の——線の漢字をひらがなに直しましょう。

答え→別冊p.27

□ ① **明日**にご連絡《れんらく》いたします。
　きょうの次の日

□ ② **小豆**をゆでてぜんざいをつくる。
　あんなどをつくるのに使われる、黒っぽい赤色の豆

□ ③ 古くから**海女**の伝統が残る海岸。
　海にもぐって貝などをとることを仕事にしている人

□ ④ そんな**意気地**のないことでどうする。
　ものごとをやりとげようとする気力

□ ⑤ **田舎**の暮《く》らしにあこがれる。
　都会から遠くはなれたところ

□ ⑥ 大**海原**をのりこえて島にたどりつく。
　広々とした海

□ ⑦ **昨日**のことなのに思い出せない。
　きょうの一日前の日

□ ⑧ **布団**にもぐって出てこない。
　布でつくったおおいの中に、綿などを入れたもの

□ ⑨ 生きた**心地**がしなかった。
　気分・感じ

□ ⑩ 兄が**音頭**をとって計画を立てる。
　みんなをまきこんで何かをする

□ ⑪ 彼《かれ》は趣味《しゅみ》については**一言居士**だ。
　何事にも自分の意見をひとこと言わなければ気のすまない人

□ ⑫ **雑魚**が甲板《かんぱん》に打ち上げられる。
　いろいろな種類の入り混じった小さい魚

□ ⑬ 父は職人**気質**の男だった。
　同じ身分の人が共通して持つ性質

□ ⑭ **竹刀**で練習する。
　割った竹を合わせて刀の形につくったもの

□ ⑮ **清水**のわく山道。
　地下からわき出る、きれいな水

□ ⑯ 今日《きょう》もいい**日和**だ。
　よく晴れた天気

□ ⑰ **若人**の集まる喫茶店《きっさてん》。
　若い人

□ ⑱ **眼鏡**を新調する。
　レンズを使って見えやすくしたりする道具

□ ⑲ **素人**とは思えない歌声。
　そのことを専門にしていない人

□ ⑳ **行灯**を提《さ》げて夜道を行く。
　昔の照明器具

B 重要度

□ ㉑ ＊**乳母**に育てられる。
母親にかわって、赤んぼうに乳を飲ませ、育てる人

□ ㉒ お＊**神楽**を見学する。
神を祭るために神前で行う、おどりや音楽

□ ㉓ ＊**師走**のあわただしい空気。
十二月の古い呼び名

□ ㉔ 立ち＊**退**きを命じられる。
今までいた場所をはなれて、よそへうつること

□ ㉕ ＊**波止場**に船がとまる。
港で船をとめるために海に細長くつき出してつくったところ

□ ㉖ **迷子**を警察《けいさつ》に連れて行く。
道にまよったり、親にはぐれたりした子供

□ ㉗ ＊**浴衣**で花火を見にいく。
ふろあがりや夏に着る、裏地のついていない着物

□ ㉘ 彼の強さには＊**太刀打**ちできない。
相手になること・競争すること

□ ㉙ 関西は＊**梅雨**入りした。
六月から七月にかけて降り続く雨

□ ㉚ ＊**行方**をたずねるはり紙。
行った先

C 重要度

□ ㉛ 神殿《しんでん》に＊**御神酒**をあげる。
神にそなえる酒

□ ㉜ ＊**築山**で遊ぶ。
公園や庭などに土をもりあげてつくった小さな山

□ ㉝ ＊**川面**に映《うつ》る顔。
川の水面

□ ㉞ 境内《けいだい》に＊**読経**の声がひびく。
声を出して経を読むこと

□ ㉟ 結婚式《けっこんしき》に＊**祝詞**をあげる。
神を祭るときに、神主が神前で唱える言葉

□ ㊱ この時間では＊**最早**間に合わない。
今となっては・もう

□ ㊲ ＊**寄席**を見る。
客を集め、お金をとって、落語などを聞かせるところ

□ ㊳ ＊**野良**仕事に精を出す。
田や畑

□ ㊴ うわさが＊**流布**する。
世の中に広まること

□ ㊵ 全国を＊**遊説**する。
政治家などが自分の意見を人々に説明して回ること

入試問題

答え→別冊p.28

月　日　正答数　／28

1 次の熟語の読みの組み合わせとして、適切なものを後のア〜エの中からそれぞれ選んで、記号で答えなさい。
［桃山学院中］

① 天窓　② 合図　③ 身内

④ 正夢　⑤ 実現　⑥ 晴天

ア 音と音　イ 音と訓　ウ 訓と訓　エ 訓と音

①	②	③	④	⑤	⑥

2 次の①〜④について、——線の漢字が一つだけ異なるものがあります。それぞれア〜オの中から選び記号で答えなさい。
［芝浦工業大柏中］

①
ア 意味**シン**長な微笑《びしょう》を浮《う》かべる。
イ **シン**刻な事態を迎《むか》える。
ウ **シン**海魚の生態を研究する。
エ **シン**剣に取り組む。
オ **シン**夜に火事が起きる。

②
ア 未来の世界を空**ソウ**する。
イ 独自の手法を**ソウ**造する。
ウ 雑誌が**ソウ**刊される。
エ **ソウ**立記念日を迎える。
オ 演出に**ソウ**意をこらす。

③
ア レジで会計を**セイ**算する。
イ 文章を作**セイ**する。
ウ **セイ**巧な機械を作る。
エ 彼《かれ》は物理学に**セイ**通している。
オ 玄米《げんまい》を**セイ**米する。

④
ア 発**テン**途上国《とじょうこく》を援助《えんじょ》する。
イ **テン**覧会のチケットを買う。
ウ 物語の**テン**開を読み取る。
エ 新しい町へ**テン**居する。
オ **テン**望台から海を見渡《みわた》す。

①	②	③	④

3

次の――線部のカタカナを漢字に直し、漢字は読みを答えなさい。 ［淑徳与野中］

① 事故をミゼンに防ぐ。
② レキダイの首相の名前。
③ サイシンの注意を払《はら》う。
④ 合格のロウホウを待つ。
⑤ みんなのサンドウを得る。
⑥ 新しく支店をモウける。
⑦ 美しい音色をカナでる。
⑧ 制服を貸与する。
⑨ 穀倉地帯が広がる。
⑩ 雌雄を決する。
⑪ 練習に時間を割く。
⑫ 変化が著しい。
⑬ 華《はな》やかさを競う。

①	⑤	⑨	⑬
②	⑥	⑩	
③	⑦	⑪	
④	⑧	⑫	

4

次の①～⑤の□には、二つの音読みを持つ一つの漢字が入ります。例にならって、それぞれにふさわしい漢字を答えなさい。 ［東京都市大付中・改］

(例) 過□年 → 過去年 かこ・きょねん

① 人□面
② 自□心
③ 名□策
④ 生□配
⑤ 正□下

①
②
③
④
⑤

ワンポイント必勝講座③

～音と訓をきちんと区別しよう～

音読みを覚える近道は、**熟語《じゅくご》づくり**です。熟語の読み方については「**音＋音**」が非常に多いので、熟語をたくさん覚えて音読みを習得するのがよいでしょう。

【例】 野外（**ヤガイ**）　野草（**ヤソウ**）　分野（**ブンヤ**）

同じく、訓読みについても「**訓＋訓**」になっている熟語を覚えておくと区別がつきやすいですよ。

【例】 枯野（**かれの**）　野原（**のはら**）　野焼き（**のやき**）

訓読みのない漢字には注意しましょう。「**茶**（**チャ**）」、「**絵**（**エ・カイ**）」など伝わった時点で、訓読みがあたえられなかった字や、「**肉**（**ニク**）」のように、訓読みより音読みのほうが意味が通じやすい字については訓読みがありません（少なくとも小学校では習いません）。

音と訓をまちがえやすいものもあります。**音読みのように聞こえる訓読みには注意**しましょう。

【例】 初春（**はつはる**）…「**はつ**」は**訓読み**。**音読み**は「**ショ**」。
場所（**ばショ**）……「**ば**」は**訓読み**。**音読み**は「**ジョウ**」。

漢和辞典で「かくれた訓読み」を調べてみましょう。小学校では訓読みを習わなくても、実は訓読みを持っている字があります。漢和辞典などで調べると漢字の意味が深く理解できます。

【例】 徒労（**とろう**）＝役に立たないことに力をつくすこと。

「徒」を調べると、音読みは（ト）、訓読みは（いたずら・ただ）。「いたずら」という読みには、「むだに」「むなしく」の意味があることがわかります。

漢字の意味が理解できると漢字は格段《かくだん》におもしろくなります。くわしくは次の講座（→p.100）でお話ししましょう。

第4章

意味に注意して熟語《じゅくご》を練習しよう

★次の問題は、実際の入試で出題された問題です。

A ～ D に入る適当な漢字を（　）から選びなさい。

① 角 A ・ B 角

（ア 会　イ 頭　ウ 続　エ 党　オ 界）

② 待 C ・ D 待

（ア 優　イ 起　ウ 揮　エ 説　オ 機）

（神戸女学院中学部）

［答え］　① A＝オ「界」（角界）　B＝イ「頭」（頭角）

「角界」の「角」とは「すもう（角力）」のことです。

② C＝オ「機」（待機）　D＝ア「優」（優待）

「待」には「優待」のように「もてなす」という意味があります。

この章では、こうした音訓だけではわからない、ちょっと深い漢字の学習をしましょう。漢字は簡単《かんたん》でも意味が難《むずか》しいものや慣用表現、三字熟語、四字熟語などをあつかっています。

1日目

意外な意味の漢字①

月　日

正答数　／40

A 重要度 ★ 次の――線のカタカナを漢字に直しましょう。

答え→別冊p.29

□ ① さまざまな**キョクセツ**があって完成した。
こみいった事情

□ ② 帝王《ていおう》として**クンリン**する。
くんしゅとして国を治めること

□ ③ くわしい説明は**カツアイ**します。*
なくしたくないと思いながら思い切って捨てること

□ ④ **ハクチュウ**に起こった事件。
まひる・にっちゅう

□ ⑤ 大学を**シュセキ**で卒業する。
成績のいちばんよい人

□ ⑥ えらい先生に**シジ**する。
教えを受けること

□ ⑦ 身の**ケッパク**を証明する。
心・行いが正しくて、少しも悪いことをしていないようす

□ ⑧ 苦境を**ダカイ**する方法を考える。
進んでいく道を切りひらくこと

□ ⑨ これまでの努力が**トロウ**に終わる。
役に立たないくろう

□ ⑩ 相手に**コウジツ**をあたえてしまう。
言い訳

□ ⑪ **キョクゲン**すれば問題なしということだ。
思ったことをずばりということ

□ ⑫ **シシン**に従《したが》って勉強をすすめる。
ものごとをする目的・手引き

□ ⑬ 新聞に**シャザイ**広告を出す。
まちがいやつみをあやまること

□ ⑭ 問題の**カクシン**をついた指摘《してき》。*
ものごとの中心となる大切なこと

□ ⑮ 昔の失敗を**コクハク**する。
かくさずにうちあけること

□ ⑯ **ハクアイ**の精神を大切にする。
すべての人々を同じように広く、あいすること

□ ⑰ 新しい**シュショウ**が任命《にんめい》される。
ないかくそうりだいじんの別のよび名

□ ⑱ 頂上《ちょうじょう》からのながめは**ゼッケイ**だ。
非常にすばらしいけしき

□ ⑲ 手続きの**イニン**状を作成する。
仕事を人にまかせること

□ ⑳ 新しいプロジェクトに**サンカク**する。
事業などのけいかくに加わること

B 重要度

㉑ **レキゼン**とした差がある。
はっきりしているようす

㉒ ビルが**リンリツ**する都会。
はやしの木のように、多くのものが並びたつこと

㉓ あまりのショックに**ソットウ**する。*
急に気を失ってたおれること

㉔ 姉は**キリョウ**のよい女性だ。
顔立ち・すがた形

㉕ 事故による**フウヒョウ**被害《ひがい》が深刻《しんこく》だ。
世の中のうわさ

㉖ 社長が**オウリョウ**の罪に問われる。
人のお金や物をよこどりすること

㉗ これまでの**ツウセツ**がくつがえる。
世の中にふつうにみとめられている考え方

㉘ 手紙の最後に**ケイグ**とそえる。
ていねいな手紙の最後にそえる言葉

㉙ 会社は**エイリ**団体である。
お金をもうけようとすること

㉚ 庭が**サップウケイ**なので花を植える。
おもしろみや味わいがないようす

C 重要度

㉛ 輸入品が市場を**サンショク**している。
カイコがたべるように、だんだんとしんりゃくしていくこと

㉜ ごみを放置するのは**ハイトク**行為《こうい》だ。
どうとくに逆らって、したがわないこと

㉝ 長年の疑問が**ヒョウカイ**する。
こおりがとけるように、疑いなどがなくなること

㉞ **ジュウゼン**通りの対応をする。
今まで

㉟ **ハタイロ**が悪いので負けを覚悟《かくご》する。
戦いや試合での勝ち負けのようす

㊱ その言葉こそ**シジョウ**の喜びです。
このうえもないこと

㊲ **イサイ**を文書にて伝える。
くわしいこと・こまかい事情

㊳ 大学は最高**ガクフ**である。
がくもんをするところ・がっこう

㊴ 今度の転校生は**キコクシジョ**だ。
長年海外で過ごして、自分のくにかえってきたこども

㊵ **キウ**壮大《そうだい》の心構え。
ものごとに対する心構えが大きくりっぱなこと

2日目 意外な意味の漢字②

月　日

正答数　/40

次の――線のカタカナを漢字に直しましょう。

答え→別冊p.30

A 重要度

□ ① **シュウシン**雇用制度《こようせいど》。
一生の間・死ぬまで

□ ② **チュウドク**を起こして入院する。
食べ物・薬などの、どくにあたること

□ ③ 結婚式《けっこんしき》に**シュクデン**が届《とど》く。
いわいのでんぽう

□ ④ **センレン**された考えを持つ。
人がらや考え方、または文章などを上品にすること

□ ⑤ 多数の意見を**ハンエイ**させる。
考え・性質などがほかのものにえいきょうすること

□ ⑥ 祖父の財産を**ソウゾク**する。
財産・権利などを受けつぐこと

□ ⑦ **タカン**な年ごろ。
ちょっとしたことにもかんじやすいさま

□ ⑧ 友人の**チュウコク**を聞き入れる。
まごころをもって相手の欠点を注意すること

□ ⑨ **トウロン**をかわす。
ある問題について、意見を述べ合うこと

□ ⑩ **ニンイ**で事情を聞く。
その人の思いのままにすること

□ ⑪ **タンシン**で乗りこむ。
一人

□ ⑫ 怒《いか》りにまかせて**ボウゲン**をはく。
らんぼうで失礼なことをいうこと

□ ⑬ **アンソク**の日々が訪《おとず》れる。
しずかに休むこと

□ ⑭ **モクソク**で距離《きょり》をはかる。
めで見ただけで、長さや深さをはかること

□ ⑮ **キテン**をきかせて脱出《だっしゅつ》する。
ものごとにあわせて、ちえが働くこと

□ ⑯ このままでは電力不足は**ヒッシ**だ。
かならずそうなること

□ ⑰ とんだ**シッタイ**をさらしてしまう。
みっともないしっぱいをすること

□ ⑱ 多くの**ヘンテン**を経た作品。
移りかわること

□ ⑲ 勝利の**セイサン**がたたない。
ものごとがうまくいく見こみ

□ ⑳ **ジセキ**の念にかられる。
じぶんでじぶんのあやまちや失敗をせめること

B 重要度

□ ㉑ 上司が**ホシン**に走る。
じぶんの地位などを守ること

□ ㉒ あまえる心を**ジョチョウ**する。
悪い方向へのかたよりを強めること

□ ㉓ **ダンコ**として反対する。
きっぱりとするようす

□ ㉔ ヨーロッパの**ツウカ**は統一されている。
その国で使われているお金

□ ㉕ 会社に対する**ハイニン**行為《こうい》。
その人にまかされたつとめに逆らって従わないこと

□ ㉖ **ナンキョク**を乗りこえる。
非常にむずかしい出来事

□ ㉗ **メイウン**が尽《つ》きてしまった。
めぐりあわせ・うんめい

□ ㉘ **ニクガン**でもわかる星。
めがねなどを使わない、そのままのめ

□ ㉙ 国から**ジョセイ**金が給付される。
事業・研究などがやりとげられるようにたすけること

□ ㉚ 新しい物質が**セイセイ**された。
物ができること

C 重要度

□ ㉛ 英国の**シュフ**はロンドンです。
その国の政治を行う場所がある都市

□ ㉜ 新しい部署が**ソウセツ**される。
初めてつくること

□ ㉝ **ジソンシン**を傷つけられる。
じぶんのことをりっぱだと思うこころ

□ ㉞ **タクハイ**サービスのある会社。
新聞・荷物などを一けん一けんの家にくばり届けること

□ ㉟ けんかの**チュウサイ***をする。
争っている人々の間に入って、なかなおりさせること

□ ㊱ **リャクシキ**の起訴《きそ》を受ける。
かんたんで手軽なやり方

□ ㊲ **リンバンセイ**で世話係を決める。
じゅんばんを決めてかわるがわるものごとをすること

□ ㊳ **ルイジ***の事件を調査する。
たがいによくにていること

□ ㊴ 健康のため**セッセイ**した暮《く》らしを送る。
ひかえめにすること

□ ㊵ 資料をご**サシュウ**ください。
よく調べて受け取ること

3日目 打ち消しを使いこなそう

月　日

正答数 /40

A 重要度

次の——線のカタカナを漢字に直しましょう。

答え→別冊p.31

① **イッシンフラン**に勉強する。
こころをひとつのことに向けて、ほかのことは考えないさま

② **フシギ**な気持ちになる。
ふつうでは考えられないようす

③ 選挙の**ムコウ**を求めて裁判《さいばん》を起こす。
ききめがないようす

④ **ムシン**に遊ぶ。
むじゃきなようす

⑤ **ムゲン**に続く闇《やみ》。
かぎりがないようす

⑥ 兄は**フゲンジッコウ**の人だった。
あれこれいわないで、するべきことをおこなうこと

⑦ 会社に**ヒナン**の声が寄せられる。
欠点やあやまちをせめること

⑧ **ミカイ**のジャングル。
土地がまだ切りひらかれていないこと

⑨ **ミメイ**に起こった事件。
夜あけ前・あけ方

⑩ 相手がけがをして**フセンショウ**になった。
たたかわないで試合にかつこと

⑪ **コウヘイムシ**の態度をつらぬく。
自分の利益や都合を考えず平等なさま

⑫ チーム内の**フブンリツ**を知る。
はっきりと書かれていない決まり

⑬ **ミセイネン**の飲酒は禁止されています。
大人になっていないこと

⑭ **ネンジュウムキュウ**で営業しています。
一ねんの間に一度もやすまないこと

⑮ この店は**フテイキュウ**です。
やすみはあるけれど、決まった日にやすみがないこと

⑯ 彼《かれ》は**フデブショウ**で、年賀状もこない。
めんどうくさがって手紙や文章を書かない人

⑰ **フトウ**な判決に抗議《こうぎ》する。
正しくないようす

⑱ 判定に**フフク**そうな態度をとる。
ふまんに思うこと・納得しないようす

⑲ **ヒドウ**な行いは目をおおうばかりだ。
人のみちに外れているようす・むごいようす

⑳ **ムジョウ**観にとらわれる。
すべてはたえず移りかわって一定ではないということ

B 重要度

□ ㉑ 新製品が周囲の**フヒョウ**を買う。
ひょうばんがよくないこと

□ ㉒ **ムザイ**を主張する。
つみのないこと

□ ㉓ **ムゾウサ**に放り投げる。
深く考えず、気軽にやってしまうようす

□ ㉔ **オヤフコウ**者としかられる。
おやをいいかげんにとりあつかうこと

□ ㉕ **ヒジョウ**な采配《さいはい》に賛否両論《さんぴりょうろん》があった。
人間らしい気持ちをもたないようす

□ ㉖ 事故を**ミゼン**に防ぐ。
ものごとがまだ起こらないうち

□ ㉗ これは**ミショリ**の書類です。
まだかたづけていないこと

□ ㉘ **ゼンダイミモン**の出来事。
今までにきいたこともない、めずらしい出来事

□ ㉙ **ミレン**がましい態度をとる。
あきらめきれないこと

□ ㉚ **フセイシュツ**の才能。
めったに現れないほどすぐれていること

C 重要度

□ ㉛ 父は**ヒバン**なので家にいます。
とうばんでないこと

□ ㉜ 大学の**ヒジョウキン**講師となる。
毎日ではなく、決まった日や時間だけつとめること

□ ㉝ **フドウ**の四番打者。
しっかりしていて、うごかないこと

□ ㉞ 企業《きぎょう》への**フバイウンドウ**が起こる。
特定の品物をかわないようにすること

□ ㉟ 展示用なので**ヒバイヒン**です。
ふつうの人には、うらない物

□ ㊱ まちがいは**ゼツム**とは言えない。
まったくない

□ ㊲ **フテキ**な笑《え》みをうかべる。
だいたんで相手をおそれないようす

□ ㊳ 彼はコーチには**フテキカク**だ。
必要な能力やしかくをそなえていないこと

□ ㊴ **ムホウモノ**を退治する。
決まりに従わないで、乱暴な人

□ ㊵ 世話になった人に**フギリ**をするな。
ものごとの正しいすじ道からそむき外れるさま

4日目 数字を使いこなそう

月　日

正答数　/40

A 重要度

次の――線のカタカナを漢字に直しましょう。

答え→別冊 p.32

□ ① 学費の**イチジョ**とする。
少しのたすけ

□ ② 今日はさわやかな**サツキバ**れだ。*
ごがつの空がよくはれていること

□ ③ **バンゼン**の準備をととのえる。*
少しの手落ちもなく、かんぜんなようす

□ ④ 母は**センリガン**の持ち主だ。
ずっと先まで見通す力をもっている人

□ ⑤ 敗戦の**イチイン**はぼくにもある。
ひとつのげんいん

□ ⑥ **ニソクサンモン**で買いたたかれる。
数が多いわりにねだんが非常に安いさま

□ ⑦ 後半に追いついて**ゴブ**に持ちこむ。
両方の力にあまりちがいがないこと

□ ⑧ **サミダレ**が降りしきる。*
今のこよみで、六月から七月ごろに降る長雨

□ ⑨ **ロッポウゼンショ**を熟読《じゅくどく》する。
主なほうりつや命令を収録した本

□ ⑩ **シチフクジン**をかたどった置物。
幸せをさずけると信じられている、七人のかみさま

□ ⑪ **ハッポウビジン**は結局損をする。
だれに対しても気に入られるようにふるまう人

□ ⑫ 監督《かんとく》と選手は**イッシンドウタイ**だ。
二人以上の人が気持ちをひとつにして行動すること

□ ⑬ メンバーは**ジュウニントイロ**だ。
好みや考えがその人その人によってみんなちがうこと

□ ⑭ **アタイセンキン**の同点ゴールを決める。*
高いかちのあること

□ ⑮ **サンカンシオン**の気候になる。
三日ぐらいさむくて四日ほどあたたかいという冬の気候

□ ⑯ 彼《かれ》は**ウミセンヤマセン**の強者だ。
いろいろな経験を積み、ずるがしこい人

□ ⑰ **センペンバンカ**の世の中。*
いろいろにかわること

□ ⑱ **シチテンハッキ**の精神で努力する。
何度くじけても勇気を出してやり直すこと

□ ⑲ ここからのながめは**イチボウセンリ**だ。
ずっと遠くまで、ひと目でながめられること

□ ⑳ **シロクジチュウ**試合のことを考えている。
いつも・常に

B 重要度

□ ㉑ **シカクシメン**の世の中はかたくるしい。
かたくるしいようす

□ ㉒ 父は釣《つ》りに関しては**イッカゲン**ある。
ふつうよりすぐれている意見

□ ㉓ 父に**サンパイキュウハイ**する。
何度も頭を下げてたのむこと

□ ㉔ **シイ**が海に面している。
まわり

□ ㉕ **シチリン**で魚の干物《ひもの》をあぶる。
土を焼き固めてつくった、こんろ

□ ㉖ 試合で**ヤオチョウ**が発覚した。
前もって勝敗を決めておき、うわべだけの勝負をすること

□ ㉗ **ジュウネンヒトヒ**の思い。
長い間、変わることなく同じ状態であること

□ ㉘ **イッシュクイッパン**の恩義を感じる。
一晩とめてもらい、一度食事をふるまわれること

□ ㉙ 大阪《おおさか》の街は道が**シツウハッタツ**している。
道路などがあちらこちらへつうじていること

□ ㉚ 試合が終わり***バンカン**の思いがよぎる。
心にうかぶさまざまな思い

C 重要度

□ ㉛ コップが割《わ》れて**シサン**する。
ちりぢりになること

□ ㉜ 日本では**ニインセイ**を導入しています。
国の議会がふたつに分かれている仕組み

□ ㉝ **サンケンブンリツ**を守る。
国家のけんりょくを立法、司法、行政の三つにわけること

□ ㉞ 校内で**ゴシ**に入る俊足《しゅんそく》の持ち主。
第一位から第五位まで

□ ㉟ **ダイロッカン**で進路を決める。
ものごとをするどくかんじとる心の働き

□ ㊱ **キュウカンチョウ**をかごで飼う。
人の言葉をまねるのがうまい、黒色の鳥

□ ㊲ **キュウギュウ**の一毛《いちもう》。
多数の中のほんの一部分

□ ㊳ **ジュウゼン**の策《さく》を講じる。
少しの欠けたところもなく、かんぜんなさま

□ ㊴ ***トエハタエ**の布を並《なら》べる。
いくえにもかさなっていること

□ ㊵ そんな言い訳は***ショウシセンバン**だ。
ばかばかしくて、とてもおかしいこと

か・ぜん・てき・せい

月　日

正答数 /40

A 重要度

次の――線のカタカナを漢字に直しましょう。

答え→別冊p.33

□① コウリテキな考えではうまくいかない。
自分が得をすることだけを考えて、ものごとを行うようす

□② カンジュセイの豊かな人。
ものごとからうける印象をかんじとる力

□③ ボッカテキな詩歌《しいか》。
のどかなふんいき

□④ シンポテキな考えの人。
その時代の社会よりもすすんでいこうとしているさま

□⑤ ブツリテキに不可能な設計。
ものごとを数量に置きかえられる面からとらえるさま

□⑥ カノウセイを追求する。
実現できる見こみ

□⑦ 努力した人には勝利はヒツゼンだ。
かならずそうなること

□⑧ 運動場にセイゼンと並《なら》ぶ。
きちんと正しくととのっているようす

□⑨ ザツゼンとした部屋。
まとまりのないようす

□⑩ 問題がヒョウメンカする。
ものごとがおもてにあらわれてくること

□⑪ 思い出をビカする。
実際よりもうつくしいものとして考えること

□⑫ 町内のリョッカ運動にかかわる。
草や木を植えて、みどりの多いけしきにすること

□⑬ キンダイカの進んだ都市。
古いやり方をやめて、新しいやり方に変えること

□⑭ ホウシャセイの金属。
物質がほうしゃのうをもっていること

□⑮ ショウシカによる問題。
こどもの数がすくなくなること

□⑯ 設定をショキカする。
記録内容を消去し、使い始めの状態にすること

□⑰ 運動機能がタイカする。
しんぽする前の状態にあともどりすること

□⑱ 熱湯にヘイゼンとつかる。
へいきなようす

□⑲ ジンドウテキな配慮《はいりょ》が求められる。
人の平等をみとめ、幸福にくらすことを目的にすること

□⑳ キョウチョウセイに欠ける人。
相手とうちとけて力を合わせることができる能力

B 重要度

□ ㉑ **コテンテキ**な名作を舞台《ぶたい》にする。
昔のものを重んじ、伝統や形式を尊ぶさま

□ ㉒ **コウアツテキ**な態度に出る。
強い力で相手をおさえつけ、従わせようとするようす

□ ㉓ 汚染《おせん》は**フクジテキ**な問題だ。
主なものに付き従うもの

□ ㉔ アドバイスで**ゲキテキ**に上達する。
げきを見るように感動をおぼえるようす

□ ㉕ **コウテキ**な機関に相談する。
おおやけであるようす

□ ㉖ **シテキ**情緒《じょうちょ》にあふれた風景。
しのような、おもむきのあるようす

□ ㉗ **ゴウリセイ**に欠ける手順。
むだがなく能率的に行われること

□ ㉘ **ジシュテキ**に練習する。
じぶんで考えてものごとをやっていくようす

□ ㉙ **ナイコウテキ**な性格。
うちきで考え深いが、実行力が足りないようす

□ ㉚ 字がうすくて**ハンゼン**としない。
はっきりしているようす

C 重要度

□ ㉛ **ジリツテキ**に動くロボット。
じぶんの決まりに従い、ほかからしばられないようす

□ ㉜ **セイリテキ**に受けつけない生き物。
りくつではなく本能的であるさま

□ ㉝ **ケンセツテキ**な意見が出る。
よりよくしていこうと積極的な態度でのぞむさま

□ ㉞ **ジュンゼン**たる事実だ。
まさしくそれにちがいないさま

□ ㉟ 経営の**タカクカ**に乗り出す。
おおくの方面、分野にわたるように大きくすること

□ ㊱ 濃霧《のうむ》で**シニンセイ***が悪くなる。
目で見たときのかくにんのしやすさ

□ ㊲ 結論は**リュウドウテキ**だ。
常に移りかわるさま

□ ㊳ 命令の**イチゲンカ**をはかる。
いくつかに分かれている問題などを統一すること

□ ㊴ 願望を**グゲンカ**する。
実際の形やものとしてあらわすこと

□ ㊵ **イッカセイ**の流行にすぎない。
現象が一時的であること

6日目 慣用表現として覚えよう

月　日

正答数　/40

A 重要度

次の――線のカタカナを漢字に直しましょう。

答え→別冊 p.34

□① ユウシュウの美をかざる。
ものごとをおわりまでりっぱにやりとおすこと

□② テシオにかけて育てた人材。
自分で苦労して大切に育て上げる

□③ トウダイもと暗し。
身近なことはかえってわかりにくいことのたとえ

□④ シラハのヤが立つ。
たくさんの中から、とくに見こまれて選ばれる

□⑤ 準決勝がセキのヤマだ。
これ以上はできないというぎりぎりのところ

□⑥ 奇術師としてセイケイを立てる。
暮らしをしていく

□⑦ 交通事故をマの当たりにする。
めの前で直接見る

□⑧ 彼《かれ》の才能はトクヒツに値《あたい》する。
とくべつに取り上げて書く値打ちがある

□⑨ トトウを組んでもたいしたことがない。
よくないことを行うために集団をつくる

□⑩ アオスジを立てて怒《おこ》る。
かんかんにおこる

□⑪ 話のガンモクをおさえる。
大事なところ

□⑫ うそもホウベンと出まかせを言う。
うまく運ぶために、時にはうそも必要であるということ

□⑬ 予算をケイジョウする。
あるものを全体の予算の中にふくめて数えあげる

□⑭ 父がシンケツを注いで作った作品。
ありったけの力で、あることに打ちこむ

□⑮ 新しい部署《ぶしょ》でトウカクを現す。
学問・才能などがほかの人よりすぐれていて、目立つ

□⑯ 失敗をタザンの石として教訓にする。
たにんのよくない言動でも、自分の役に立てる

□⑰ 結婚《けっこん》してショタイを持つ。
家庭をつくる

□⑱ 落ちついてリロセイゼンと話す。
話などのすじ道がはっきりしているようす

□⑲ ジタともに認《みと》める文学少年だ。
だれもがそうだと受け入れる

□⑳ 仕事でムリムタイを並《なら》べる。
いやがるのをむりにさせること

B 重要度

□ ㉑ **ウゴ**のたけのこのように店がつくられる。
似たようなものごとが次々と現れることのたとえ

□ ㉒ 叱《しか》られないように**クチウラ**を合わせる。
前もって相談して話の内容がぴったりとあうようにする

□ ㉓ 選手に**ハッパ**をかける。
激しい言葉ではげましたり、気合いを入れたりする

□ ㉔ 新社長が**ショシン**を表明する。
自分がしんじていることをはっきりとあらわす

□ ㉕ 強攻策《きょうこうさく》で**ケツロ**を開《ひら》く。
さんざん苦労してようやく困難を切りぬける

□ ㉖ 相続で**コツニク**の争いが始まる。
親子・兄弟・姉妹などで争うこと

□ ㉗ *****バンサク**つきたところに助けが入る。
できるかぎりのあらゆる手段がなくなる

□ ㉘ 兄の会社が株式《かぶしき》を**ジョウジョウ**する。
株を売買取引の対象にすること

□ ㉙ ここぞとばかりに**ドクゼツ**をふるう。
人をふゆかいにするような、悪口や皮肉を言う

□ ㉚ クレオパトラは**ゼッセイ**の美女だった。
比べるものがいないほど、うつくしい女性

C 重要度

□ ㉛ **キシン**矢のごとし。
家のかえろうとするこころ

□ ㉜ *自ら**ボケツ**をほって負けてしまった。
自分の行いが原因で身をほろぼす

□ ㉝ **シアン**に暮《く》れるが解決できない。
どうしたらよいのか、考えが決まらないで迷う

□ ㉞ **コシキ**ゆかしい行事。
昔からのやり方にならっていて、なつかしいようす

□ ㉟ 長い戦いに**セイ**も**コン**もつきはてた。
ものごとをする気力がすっかりなくなる

□ ㊱ 小田原《おだわら》**ヒョウジョウ**で結論をもちこす。
いつまでたっても結論の出ない会議・相談

□ ㊲ 強情《ごうじょう》な彼も**グンモン**にくだった。
戦争・試合・競争に負けて降参する

□ ㊳ 初戦で**イッパイ**地にまみれる。
二度と立ち上がれないほど、ひどく負ける

□ ㊴ 境内《けいだい》は立錐《りっすい》の**ヨチ**もない状態だ。
人がたくさん集まって、少しのすきまもない

□ ㊵ ご**タブン**にもれず神仏にすがる。
ほかと同じように・例外ではなく

7日目 意味まで言えてホンモノ①

月　日

正答数　/40

A 重要度

次の——線のカタカナを漢字に直しましょう。

答え→別冊p.35

① 胃薬を**フクヨウ**する。
薬を飲むこと

② **ゲンロン**の自由を保障する。
考えを述べたり文章に書いたりすること

③ 勝利と言っても**カゴン**ではない。
いいすぎ

④ 責任者がテレビで**カイケン**を行う。
前もって場所や時間を決めて公式に人にあうこと

⑤ 自分の意見を**コシュ**する。
かたくまもること

⑥ **ミツヤク**をかわす。
ひそかにやくそくを結ぶこと

⑦ 料理の腕前《うでまえ》は**ジフ**するところだ。
じぶんの才能や能力に自信をもち、ほこらしく思うこと

⑧ 色を正確に**シキベツ**するカメラ。
見分けること

⑨ 彼《かれ》の作品は**アッカン**だった。
もっともすぐれている部分

⑩ 中国の詩を**アンショウ**する。
書いたものを見ないで、口に出して言うこと

⑪ **ボウリ**をむさぼる。
不当に多いもうけ

⑫ **キュウチ**の間柄《あいだがら》。
昔からのしりあい

⑬ **キリツ**正しい生活をする。
人の行いの基準となる決まり

⑭ **ケンゼン**な運営を目指す。
考えや行いが正しく、しっかりしていること

⑮ **ケンアク**なふんいきになる。
よくないことやきけんなことが起こりそうなようす

⑯ **フクシン**の部下。
こころから信じることができて、何でも相談できる人

⑰ ますますご**ケンショウ**のことと存《ぞん》じます。
手紙文で用いる言葉で、体がじょうぶで元気なようす

⑱ 自説を**コジ**してゆずらない。
意見や信念などを、かたくもちつづけて変えないこと

⑲ 姉は近所で評判の**サイジョ**だ。
頭のよい、おんなの人

⑳ **サイダイ**もらさず報告する。
こまかいこともおおきいこともすべて

B 重要度

□ ㉑ 地方の名品をショウミする。
食べ物のおいしさをあじわうこと

□ ㉒ ソラミミが聞こえる。
音がしないのに、音がしたように感じること

□ ㉓ 国会でドウギを出す。
予定にないぎだいを出すこと

□ ㉔ つまらないことでコウロンになる。
いいあらそい

□ ㉕ 厳《きび》しくセッキョウされる。
かた苦しい注意をすること

□ ㉖ うぬぼれてゾウチョウする。
調子に乗って勝手気ままなことをすること

□ ㉗ ハカクの値段《ねだん》で発売される。
決まりや今までの例から、外れていること

□ ㉘ 友人にカンカされて油絵を始める。
人にえいきょうをあたえて、考えなどを変えさせること

□ ㉙ キョクチ的な大雨にみまわれる。
かぎられた場所

□ ㉚ サイテイがくだる。
ものごとのよい悪いを判断して決めること

C 重要度

□ ㉛ ハンコツ精神を忘《わす》れない。
権力などに逆らう、強い気持ち

□ ㉜ ヒルイ無き画才の持ち主。
くらべるもの

□ ㉝ 時事ホウダン。
いいたいことを自由に話すこと

□ ㉞ チョウチョウハッシのやりとりが続く。
はげしく議論をたたかわせるさま

□ ㉟ アフリカでのセンエキ*を報道する。
せんそう

□ ㊱ 敵にトウコウをうながす。
たたかうことをやめて、こうさんすること

□ ㊲ 部下のゾウハンに苦しむ。
組織や体制に逆らうこと

□ ㊳ ケッソウを変えて外に出る。
顔のようす

□ ㊴ 当時ケンセイをほこった国王。
けんりょくをもっていて、いきおいがあること

□ ㊵ 神社でシュウゲン*を挙げる。
けっこんしき

8日目

意味まで言えてホンモノ②

月　日

正答数　／40

次の――線のカタカナを漢字に直しましょう。

答え→別冊p.36

A 重要度

□ ① 願いが*ジョウジュする。（願いがかなうこと）

□ ② 努力がケツジツする。（りっぱなけっかが出ること）

□ ③ エイダンをくだす。（思い切ってものごとを決めること）

□ ④ 日頃《ひごろ》の*コウジョウに感謝する。（深い思いやりの気持ち）

□ ⑤ 諸国《しょこく》をレキホウする。（いろいろな土地や人を次々にたずねること）

□ ⑥ 他人からのチュウショウになやむ。（ありもしないことを言って、人のめいよをきずつけること）

□ ⑦ チョクゲンを聞き入れる。（思っていることをえんりょなく、いうこと）

□ ⑧ ジンドウに外れた行い。（ひととして守らなければならない、正しいこと）

□ ⑨ ソンゲンシについて意見がかわされる。（人間としてのとうとさを守ったまま死をむかえること）

□ ⑩ 若手《わかて》が一軍にタイドウする。（いっしょに連れていくこと）

□ ⑪ コウハツの安価《あんか》な医薬品。（あとからはじめること）

□ ⑫ 容疑者《ようぎしゃ》は外国にボウメイした。（自分の生まれた国からにげ出して、外国へ行くこと）

□ ⑬ ヤエイのためテントを張る。（のはらなどにテントを張ってとまること）

□ ⑭ 被害額《ひがいがく》をサンテイする。（けいさんして決めること）

□ ⑮ 母ジキデンの味付け。（ちょくせつにつたえられたこと）

□ ⑯ *メンボクを保つ。（世間での評判）

□ ⑰ 友人にサイクンを紹介《しょうかい》する。（自分の妻）

□ ⑱ ゲンカクな父に教えをこう。（きびしいようす）

□ ⑲ カイキョをなしとげる。（胸がすっとするような、りっぱな行い）

□ ⑳ 授業のヨダンに思い出を語る。（本すじからはなれた話・ほかの話）

B 重要度

□ ㉑ **マイキョ**にいとまがない。
一つ一つ数えられないほど多い

□ ㉒ 古代の**モッカン**が発掘《はっくつ》される。
昔、文字を書き記すのに使われた、ふだ

□ ㉓ へたの長**ダンギ**。
たいくつでつまらない話

□ ㉔ 不注意に**キイン**する事故。
ものごとのおこるげんいんとなること

□ ㉕ **レンザ**の責任を問う。
他人の犯罪により、いっしょにばつを受けること

□ ㉖ **ショクツウ**もうなる味。
料理の味や知識についてくわしいこと

□ ㉗ いい**アンバイ**＊に味がしみこむ。
味のつけ方

□ ㉘ 彼《かれ》の**ノウベン**ぶりには舌をまく。
話が上手でよくしゃべるさま

□ ㉙ 芸術に**シンエン**な美しさを見いだす。
はかりしれないほどおくぶかいようす

□ ㉚ 村に伝わる**インシュウ**を取材する。
古くから行われてきたやり方

C 重要度

□ ㉛ **エコウ**＊のために寄付をする。
死んだ人のために、お経をあげたりして、いのること

□ ㉜ **ヨギ**に盆栽《ぼんさい》をたしなむ。
専門にやっていることのほかにできるわざ

□ ㉝ **ジョウリ**をつくして説明する。
思いやりの気持ちと正しいすじ道

□ ㉞ **ブッコ**会員の知らせ。
人が死ぬこと

□ ㉟ **ジケツ**をよしとしない。
じぶんでじぶんの命を絶つこと

□ ㊱ **ハイソウ**する敵を追う。
戦いに負けてにげること

□ ㊲ 突然《とつぜん》の**スイサン**をわびる。
じぶんのほうから相手のところに出かけて行くこと

□ ㊳ 法案を**キソウ**する。
げんこうやその下書きなどを書くこと

□ ㊴ **ユイノウ**＊をかわす。
けっこんの約束のしるしにお金や品物をとりかわすこと

□ ㊵ 行政の**ササツ**が入る。
規則通りに行われているかどうかを調べること

9日目

三字熟語《じゅくご》にちょうせん

月　日

正答数　/40

次の――線のカタカナを漢字に直しましょう。

答え→別冊p.37

A 重要度

□ ① 作家人生の**シュウタイセイ**。
たくさんのものをあつめて、一つにまとめあげること

□ ② **ゼンゴサク**を講じる。
事件などの後始末についての手立てや方法

□ ③ **トキョウソウ**で一番になる。
はしる速さをきそうこと

□ ④ **ユウランセン**で観光する。
見物人を乗せて、けしきのよいところなどを回るふね

□ ⑤ **ザダンカイ**を開く。
人々があることについて話し合う集まり

□ ⑥ 優勝《ゆうしょう》して**ウチョウテン**になる。
喜びでむちゅうになるようす

□ ⑦ **カチカン**の違《ちが》いを乗りこえる。
何にどういうねうちを認めるかという判断

□ ⑧ **イチモクサン**に逃《に》げる。
わきめもふらず、必死に走っていくさま

□ ⑨ **シセイカツ**は公開したくない。
その人の個人としてのせいかつ

□ ⑩ 打線が**ゼッコウチョウ**で勝利する。
具合やなりゆきが、さいこうによい状態

□ ⑪ **ジッシャカイ**のおきてに苦しむ。
じっさいに働いて生活していかなければならない世の中

□ ⑫ **ショセイジュツ**に長《た》けた人。
世間で生活していくための方法

□ ⑬ *＊***ミジタク**をととのえる。
きちんとみなりをととのえること

□ ⑭ **センジュウミン**に伝わる神話。
さきにその地域にすんでいた人々

□ ⑮ **ショタイメン**の人でもうちとける。
はじめて会うこと

□ ⑯ 相場が＊**アオテンジョウ**になる。
どこまでも上がり続けること

□ ⑰ **サンセイウ**による環境破壊《かんきょうはかい》。
動植物などに害をあたえる、さんせい度の強いあめ

□ ⑱ 友人と国の**ショウライゾウ**を語り合う。
これから先に、こうあるべきとして目指す姿

□ ⑲ 危機《きき》を乗りこえるのが**シンコッチョウ**だ。
そのものの本来の姿

□ ⑳ 会の盛《も》り上《あ》がりは**サイコウチョウ**だ。
ものごとの状態や気持ちが、もっともたかまったとき

B 重要度

□ ㉑ **ゲバヒョウ**をくつがえして優勝する。
直接関係のない人たちがするうわさなど

□ ㉒ 父は昔**タイショクカン**だったそうだ。
たくさんたべる人

□ ㉓ 国から**キュウフキン**が出る。
役所からあたえられるおかね

□ ㉔ 個展《こてん》が成功し**カンムリョウ**だ。
はかり知れないほど身にしみてかんじること

□ ㉕ 効果を**ギモンシ**する声。
うたがわしくかんじること

□ ㉖ ＊**サイシンエイ**の機械を導入する。
いちばんあたらしく現れて、すぐれているもの

□ ㉗ **コンリンザイ**つきあいはありません。
絶対に

□ ㉘ **シンフゼン**で病院に運ばれる。
しんぞうが肺や全身に血液を送り出せない状態

□ ㉙ **ナマハンカ**な努力では成功しない。
十分でないようす・ちゅうとはんぱ

□ ㉚ 携帯電話《けいたいでんわ》が**シミンケン**を得る。
広く世に行われて全体的に通用すること

C 重要度

□ ㉛ 国内有数の**ケイショウチ**。
けしきのよい場所

□ ㉜ 会社の**シナンヤク**になる。
ものごとを教え導く人

□ ㉝ ＊**チョウコウゼツ**をふるう。
ながながとしゃべり続けること

□ ㉞ 友人に＊**スケダチ**する。
争っている人の一方に力を貸すこと

□ ㉟ 知人の**コウケンニン**になる。
まだ一人前でない人を助け、世話をする人

□ ㊱ 弟はずっと＊**ブッチョウヅラ**だ。
ふきげんな顔

□ ㊲ どんな批判《ひはん》にも**テツメンピ**でとおす。
はじしらずで、厚かましいこと

□ ㊳ **ムヘンサイ**の宇宙《うちゅう》。
はてしなく広いこと

□ ㊴ **ナガチョウバ**の戦いになりそうだ。
一つのことがらが終わるまでに、ながい時間のかかること

□ ㊵ **キョウコウグン**でみんな疲《つか》れ果《は》てた。
時間的に無理な計画で、ものごとを進めること

10日目

四字熟語《じゅくご》にちょうせん

月　日

正答数　/40

A 重要度

次の——線のカタカナを漢字に直しましょう。 答え→別冊p.38

□ ① **クウゼンゼツゴ**の大記録。
今までにもなく、これからもないだろうと思われること

□ ② アイディアを**ジガジサン**する。
じぶんでじぶんのしたことをほめること

□ ③ **シジョウクウゼン**のスケール。
れきしの上で、今までに例のないこと

□ ④ **ゼッタイゼツメイ**のピンチ。
追いつめられて、とてもにげられないこと

□ ⑤ *\ **ムガムチュウ**で走る。
ほかのことをわすれて、いっしょけんめいになるようす

□ ⑥ **メイロウカイカツ**な人柄《ひとがら》。
あかるくほがらかで元気なさま

□ ⑦ **サンピリョウロン**がまきおこる。
さんせいとはんたいの二つの意見

□ ⑧ **アッコウゾウゴン**を並《なら》べ立《た》てる。
いろいろなわるぐちをいうこと

□ ⑨ **キショクマンメン**の笑《え》みをうかべる。
よろこびを顔いっぱいに表すこと

□ ⑩ **ジコマンゾク**ではうまくいかない。
じぶんじしんに、じぶんでまんぞくすること

□ ⑪ **キシカイセイ**の同点シュート。
ダメな状態から、よい状態へ立て直すこと

□ ⑫ **タントウチョクニュウ**に話そう。
前置きはやめて、すぐに問題の中心にふれていくこと

□ ⑬ **ジモンジトウ**をくりかえす。
じぶんにたずねて、じぶんでこたえること

□ ⑭ **セイテンハクジツ**の身となる。
無実であることがはっきりすること

□ ⑮ **ヘイシンテイトウ**で謝った。
体をふせ、あたまを下げて、申し訳なく思うこと

□ ⑯ **ヒンコウホウセイ**な青年。
ふだんのおこないがただしいこと

□ ⑰ **イッシンイッタイ**の病状です。
よくなったり悪くなったりすること

□ ⑱ 友人と**イキトウゴウ**して遊びに行く。
相手と気持ちがぴったりとあうこと

□ ⑲ 図書室の勉強は**イッキョリョウトク**だ。
ひとつのことをして同時に二つの利益を手に入れること

□ ⑳ *\ **ロウニャクナンニョ**が集《つど》うコンサート。
年取った人もわかい人もおとこもおんなもすべて

B 重要度

□ ㉑ ケイキテイメイの打開策《だかいさく》。
けいきのよくない状態が続いていること

□ ㉒ 頭を打ってジンジフセイにおちいる。
意識を失って何もわからなくなってしまうこと

□ ㉓ 父は話を聞いてハガンイッショウした。*
かおをほころばせて、にっこりわらうこと

□ ㉔ どの作品もドウコウイキョクだ。
外見はちがうようだが、内容は同じであること

□ ㉕ イチイセンシン、研究にうちこむ。
ほかを考えず、その事だけに気持ちを集中すること

□ ㉖ ドクダンセンコウで事業を進める。
じぶんだけの考えで決めて、勝手にものごとを行うこと

□ ㉗ ジュウコウチョウダイな小説。
どっしりとして、ながくおおきいさま

□ ㉘ イチゴイチエの精神で面談する。*
一生に一度かぎりのであい

□ ㉙ クラスにフキョウワオンが流れる。
調和しない状態にあること

□ ㉚ コウダイムヘンの砂漠《さばく》。
かぎりなくひろくて、おおきいようす

C 重要度

□ ㉛ キショウドウブツを保護する。
すくなくてめずらしいどうぶつ

□ ㉜ 手術直後でメンカイシャゼツです。
人とあうのを断ること

□ ㉝ チョウサンボシの言葉にだまされる。
うまい言葉で人をだますこと

□ ㉞ イッシソウデンの伝統芸能。
最も大切なことがらをわが子の一人にだけつたえること

□ ㉟ キマツコウサに向けて勉強する。
学校のがっきの最後に行われる試験

□ ㊱ コウウンリュウスイの思いにふける。
ものごとにこだわらず、なりゆきにまかせて行動すること

□ ㊲ モノミユサンに出かける。*
ものごとを見物してあそび回ること

□ ㊳ 兄はハクランキョウキの人だ。
ひろく本を読み、ものごとをよく覚えていること

□ ㊴ メンジュウフクハイの態度。
表ではしたがうふりをして、心の中では逆らうこと

□ ㊵ ハンカンハンミンの組織。
政府とみんかんが共同で事業を経営すること

入試問題

答え→別冊p.39

月　日　正答数　／24

1 次の熟語の――線部の漢字と、同じ意味で使われている漢字に――線が附されている熟語を、後のア～エの中からそれぞれ一つずつ選び、その記号を答えなさい。［大妻多摩中］

① 食料
ア 原料　イ 料金　ウ 給料　エ 無料

② 報復
ア 報告　イ 警報　ウ 吉報　エ 報酬

③ 待遇
ア 待望　イ 招待　ウ 待機　エ 期待

④ 望郷
ア 希望　イ 欲望　ウ 眺望　エ 人望

⑤ 救済
ア 共済　イ 返済　ウ 決済　エ 未済

①	②	③	④	⑤

2 次のA・Bそれぞれの（　）に共通する漢字一字を書き入れ、それぞれの慣用句の意味として最もふさわしいものをあとから選び、記号で答えなさい。［大谷中］

A

①（　）を割ったよう
ア おこりっぽい性格　イ さっぱりした性格
ウ いじわるな性格　エ おとなしい性格。

②（　）馬の友
ア おさな友達　イ いたずら友達
ウ 親しい友達　エ けんか友達

B

① 手（　）にかける
ア 全力をつくす　イ 大切に育てる
ウ 二つのものを比べる　エ 料理をつくる

② 敵に（　）を送る
ア 敵と仲直りをする　イ 敵をだます
ウ 敵と戦う　エ 困っている敵を助ける

3 次の（　）に漢数字を入れて四字熟語を完成しなさい。

［江戸川女子中］

① （　）発（　）中
② （　）変（　）化
③ （　）転（　）倒
④ （　）死（　）生
⑤ （　）寒（　）温

① ・	② ・
③ ・	④ ・
⑤ ・	

	A	B
①		
②		

4 次の――線部の読み方をひらがなで答えなさい。

［昭和女子大附昭和中］

① 春に畑を**耕**す。
② 源平の**興亡**を語る。
③ **複製**品を展示されている。
④ **綿密**に打ち合わせる。
⑤ カーテンを**束**ねる。
⑥ ベートーベンの**胸像**がある。
⑦ 夕方から**粉雪**が降った。
⑧ 背中を**反**らす。

①	⑤
②	⑥
③	⑦
④	⑧

ワンポイント必勝講座④

～漢字の意味を深く理解しよう～

「読書」がなぜ「本を読むこと」なのか、という質問を受けたことがあります。「書」には、「書く」だけでなく、「本」という意味があることを説明すると納得《なっとく》してくれました。

漢字は音と訓、部首だけを覚えればいいというわけではありません。**それぞれの漢字がどのような意味を持っているかが大切になるのです。**

簡単《かんたん》な字に見えていろいろな意味で使われるものがあります。

【例】 姉はイロジロな人だ。（色白）
身のケッパクを証明する。（潔白）
ハクジツのもとにさらされる。（白日）
犯人がジハクする。（自白）

それぞれ「白」という字を使いますが、意味がすべてちがいます。「白」がどんな意味を持つかを調べてみると、次のような意味があります。

① しろい色。 … 例 色白・紅白《こうはく》
② 正しい。汚《よご》れていない。 … 例 潔白
③ 太陽が照って明るい。 … 例 白日・白昼《はくちゅう》
④ 言う。話す。 … 例 自白・白状《はくじょう》

特に、「自白」のように「白」を「言う・話す」の意味で使うのはおもしろいですね。

漢字の練習をしていると、このように見慣れた漢字を変わった意味で用いるものに出会います。

もう少し例を挙げてみましょう。

【例】 校正…印刷物の誤《あやま》りを原稿《げんこう》と照らし合わせて正すこと。
※「校」には「調べて正す」という意味があります。

入試問題として出題される字は、高学年で習うものばかりではありません。低学年で習う字でも、熟語の意味のレベルが上がれば頭を悩《なや》ませる問題に早変わりします。

書き取りを一通り練習したら、それぞれの漢字の意味についても考えてみましょう。知っている訓読みを手がかりに漢字の意味を考えて、知らないものがあったらノートに書きこんでおいてもいいでしょう。

第5章

いろいろな角度から漢字を学ぼう

★次の問題は、実際の入試で出題された問題です。

社長の①イコウを聞いてから、新制度に②イコウしようと考えております。

お盆で③キセイする車が多すぎて、高速道路の通行量が④キセイされたらしいよ。（大阪桐蔭中）

［答え］　①意向……考えていること
②移行……移りゆくこと
③帰省……故郷に帰ること
④規制……規則で制限すること

意味はまったくちがうのに、読みは同じ、同音異義語の問題です。

しかし、実際の入試では、出題している漢字に同音異義語などがあることを知らせてくれないものも多くあります。

そこで、この章では、同音異義語・同訓異字などを並《なら》べずに別々に出題しています。解答ではそれらをまとめていますので、まずは実戦に近い形で演習しましょう。

1日目 同義語の組み合わせ

月　日

正答数　/40

次の――線のカタカナを漢字に直しましょう。

答え→別冊 p.40

A 重要度

□ ① 去年より**シュウニュウ**が増えた。
自分のものとして手にはいるお金

□ ② 辞表を出して**シンタイ**を明らかにする。
仕事にとどまることと、やめること

□ ③ 力を**カゲン**してブレーキをかける。
ほどよくすること

□ ④ ステレオの音量を**チョウセツ**する。
ほどよくととのえること

□ ⑤ 遠足の**ヨウイ**をする。
前もって必要なものを整えること

□ ⑥ **ジュンビ**万端《ばんたん》抜《ぬ》かり無しだ。
あることにすぐにとりかかれるようにしておくこと

□ ⑦ お得意様に**オウタイ**する。
相手になって受け答えをすること

□ ⑧ 大切なお客様を**セッタイ**する。
客をもてなすこと

□ ⑨ これは**カンタン**な問題だ。
やさしいようす

□ ⑩ 地図を見れば**ヨウイ**にわかる。
やさしいようす・たやすいようす

□ ⑪ **リユウ**も無く父と話したくなった。
ものごとがそのようになったわけ

□ ⑫ **ベンリ**な道具に囲まれて工夫を忘《わす》れる。
役に立つようす

□ ⑬ **シンセツ**な少女が荷物を持ってくれた。
ていねいで思いやりのあるようす

□ ⑭ 遅刻《ちこく》した事情に**ナットク***できない。
よく理解して、引き受けること

□ ⑮ 母は私《わたし》の外国旅行を**ショウチ**した。
聞き入れること

□ ⑯ 全員の**ドウイ**を得たので計画を進める。
人の考えに賛成すること

□ ⑰ 目的達成のため最適な**シュダン**を考える。
目的を実現するための具体的なやり方

□ ⑱ 実験の**ホウホウ**がまちがっていた。
目的を果たすためのやり方

□ ⑲ 事故にあった者同士で**ブジ**を喜ぶ。
元気でいるようす

□ ⑳ 大物の映《えい》画《が》俳《はい》優《ゆう》が**シキョ**した。
しぬこと

B 重要度

□ ㉑ **キョウミ**のある学問を追究する。
ものごとにこころをひかれておもしろいと感じること

□ ㉒ 国民の**ショトク**を増やす。
ある決まった期間に、えたもうけ

□ ㉓ 古い友人の**ショウソク**を知りたい。
便り・知らせ

□ ㉔ ハンカチはキャンプで**チョウホウ**する。
べんりだと思って使うこと

□ ㉕ ご**コウイ***に甘《あま》えておじゃまします。
まごころのこもったしんせつ

□ ㉖ その話を聞いて**ガッテン**がいった。
よくわかってなっとくすること

□ ㉗ 百歳《ひゃくさい》の祖父は郷里《きょうり》で**ケンザイ**です。
元気でぶじにくらしていること

□ ㉘ ダニが病気を**カンセン**させる。
病気がうつること

□ ㉙ 虫の生態に**カンシン**を寄せる。
こころをひかれること

□ ㉚ 待望の新刊が**シュッパン**される。
本などを印刷して売りだすこと

C 重要度

□ ㉛ 文学全集の**カンコウ**が始まる。
本などを印刷して売りだすこと

□ ㉜ 有名選手の**キョシュウ**がうわさに上る。
役目や地位をさることと、とどまること

□ ㉝ 旅立った友達からの**オンシン**が途絶《とだ》えた。
便り・手紙

□ ㉞ 我《わ》が校《こう》を志望した**ドウキ**を聞きたい。
ものごとをするきっかけ

□ ㉟ お父上は**ソクサイ**でいらっしゃいますか。
病気をしないで、元気なようす

□ ㊱ 祖母は高齢《こうれい》だが目も耳も**タッシャ**だ。
じょうぶなようす

□ ㊲ 不衛生な環境《かんきょう》では**デンセン**病が広がる。
病気がうつること

□ ㊳ 先生が**タカイ**して一年になる。
人がしぬこと

□ ㊴ **ジミ**な色合いの服を着る。
はなやかでないようす

□ ㊵ 山間の村で**シッソ**な暮《く》らしをする。
ぜいたくをしないようす

2日目 対義語に気をつけよう

月　日

正答数　/40

A 重要度

次の――線のカタカナを漢字に直しましょう。

答え→別冊p.41

□ ① 今まで**カショウ**に評価されていた作家。
ちいさすぎるようす

□ ② 自分を**キャッカン**的に見る。
自分だけの考えではなく、ありのままに受けとめること

□ ③ **シュカン**ばかりの意見を述べる。
自分一人の考え

□ ④ 万引きは店の**リエキ**を損なう。
もうけ

□ ⑤ **ゼッタイ**の美などこの世にはない。
ほかに比べるものがないこと

□ ⑥ 成績のよしあしは**ソウタイ**的なものだ。
ほかのものと関わり合って成り立っていること

□ ⑦ **ゲンジツ**の厳《きび》しさを目《ま》の当《あ》たりにする。
じっさいにあること

□ ⑧ **リソウ**的な学校生活を考える。
考えられるかぎりのいちばんよい状態

□ ⑨ 非常時でも**リセイ**を保つ。
すじ道を立ててよい悪いなどを正しく判断する働き

□ ⑩ **カンジョウ**をおさえて話し合う。
喜び・悲しみ・いかりなど、ものごとにかんじて動く気持ち

□ ⑪ 紅茶《こうちゃ》の**セイサン**国を三つ挙げよ。
せいかつに必要なものをつくり出すこと

□ ⑫ 日本の小麦の**ショウヒ**量を調べる。
お金や品物などを使ってなくすこと

□ ⑬ 自転車での来校を**キンシ**する。
とめること・やらせないこと

□ ⑭ **キョカ**を取ってから取材する。
ゆるすこと

□ ⑮ **セイシン**を集中して作業をする。
人の心

□ ⑯ きたえぬかれた**ニクタイ**のボクサー。
生きている人間のからだ

□ ⑰ 午前九時に駅に**シュウゴウ**する。
一つの場所にあつまること

□ ⑱ **カイサン**しても寄り道せずに帰宅《きたく》する。
あつまっていた人たちが別れること

□ ⑲ **フクザツ**な道順を地図無しで覚える。
入りまじって、こみいっているようす

□ ⑳ **タンジュン**な仕組みで動く機械。
かんたんなようす

B 重要度

□ ㉑ 食欲《しょくよく》カタで食べすぎてしまう。
おおすぎるさま

□ ㉒ 試合でコイに相手の足を蹴《け》った。
わざとするようす

□ ㉓ 筆箱を割《わ》ったのはカシツによるものだ。
うっかりやってしまったあやまちやしっぱい

□ ㉔ 有能な人物が辞《や》めるのはソンシツだ。
そんをすること

□ ㉕ 実験は成功するだろうとラッカン視《し》する。
ものごとがうまくいくだろうと安心すること

□ ㉖ 彼女《かのじょ》に嫌《きら》われるとヒカン的になるな。
ものごとがうまくいかないで、望みをうしなうこと

□ ㉗ ホシュ的な高齢《こうれい》の世代と若者《わかもの》が対立する。
昔からの習慣などを大切にして、まもろうとすること

□ ㉘ カクシン的な技術の進歩があった。
古い決まり・やり方を変えて、あたらしくすること

□ ㉙ 昔は無口がビトクとされた。
よい行い・りっぱな心がけ

□ ㉚ 金がもうかればよいというアクトク商人。
人の道から外れたわるい心・行い

C 重要度

□ ㉛ クラスの仕事にノウドウ的に関わる。
自分の方からほかに働きかけるようす

□ ㉜ ジュドウ的な勉強では身につかない。
ほかからの働きをうけるようす

□ ㉝ 人間のキドアイラク*を活写した映画《えいが》。
よろこび・いかり・悲しみ・たのしみ

□ ㉞ リガイトクシツを計算して事に当たる。
手に入れたものと、うしなったもの

□ ㉟ 彼《かれ》が人気があるのはユウメイムジツだ。
評判ばかりでじっさいの中身がともなわないこと

□ ㊱ ズカンソクネツを心がける。
あたまを冷たく、あしをあたたかくすること

□ ㊲ ジョウイカタツの会社組織。
うえにたつ者の命令を、したの者に伝えること

□ ㊳ 取材でナンセンホクバの毎日を送る。
あちこち旅行すること

□ ㊴ ココントウザイの偉人《いじん》の伝記を読む。
昔からいままで、世界のどこでも

□ ㊵ チョウレイボカイの指示にとまどう。
方針などがいつも変わること

3日目 さまざまな分野のことば①

月　日

正答数　/40

★次の——線のカタカナを漢字に直しましょう。

答え→別冊p.42

A 重要度

□① 年の離《はな》れたいとこをアニキと呼《よ》んで慕《した》う。
あにをうやまって、または、親しんで言う言葉

□② ガクドウのための遊び場を作る。
しょうがっこうに通っている子供

□③ ニュウジを預かる保育所。
生まれてから一年ぐらいまでの子供

□④ 同窓会《どうそうかい》でキュウコウを温める。
昔からのともだちづきあい

□⑤ 彼《かれ》は十年来のチキだ。
自分の心や考えをよくしってくれている人

□⑥ 父とあの人はチクバの友だ。
ともにたけうまで遊んだころからのともだち

□⑦ 騎馬戦《きばせん》のシキカンを務める。
命令して人々を動かす役目の人

□⑧ セタイヌシの署名《しょめい》が必要だ。
同じ家に住む一つの家族の中心となる人

□⑨ 父は大学のキョウジュだ。
大学で学生におしえる人

□⑩ 生け花のコウシをお招きする。
たのまれて特に専門のことだけをおしえる人

□⑪ 書道のタイカが筆を構えた。
学問・芸術などについて特にすぐれた人

□⑫ ソウジュクな才能の持ちぬしが現れた。
年のわりに心や体の発育がはやいさま

□⑬ マンシンの力をこめて持ち上げた。
からだぜんたい

□⑭ ノウテンを直撃《ちょくげき》するようなショック。
あたまのてっぺん

□⑮ ほおのウブゲ*が夕焼けに照らされる。
やわらかく、うすい、け

□⑯ 周りの人にハクガンシされる。
冷たいめつきで見ること

□⑰ 感動的な話にメガシラが熱くなる。
めのはしの、鼻に近いほう

□⑱ コテサキの技術に頼《たよ》らない。
ちょっとした努力で、ものごとをすること

□⑲ うまいもうけ話にショクシが動く。
あることを自分のものにしたいという気持ちが起こること

□⑳ ムナザンヨウ*がはずれる。
心の中で、だいたいの見積もりを立てること

B 重要度

□ ㉑ 日米の**シュノウ**会談が行われる。
国・会社などでもっとも中心になる人

□ ㉒ 都道府県の**チジ**が一堂に会する。
都道府県の政治を行う、いちばん上の位の人

□ ㉓ 国家**ゲンシュ**へのインタビュー。
国を代表する人

□ ㉔ 十歳《じっさい》でモーツァルトを弾《ひ》きこなす**シンドウ**。
非常にすぐれている子供

□ ㉕ **ソウシン**の毛もよだつような体験。
からだぜんたい

□ ㉖ **ワカゾウ**がしゃしゃり出る幕《まく》ではない。
わかい者・みじゅくな者をばかにして呼ぶ言葉

□ ㉗ **スイギョ**の交わりとも言える良き仲間。
非常に親密な友情

□ ㉘ お年寄りは人生の**センダツ**だ。
さきに立って案内する人

□ ㉙ **ホネミ**を削《けず》って芸術に打ちこむ。
からだ

□ ㉚ 大きな**ズウタイ**でのんびり動く。
からだ

C 重要度

□ ㉛ **ロウコツ**にむち打ってがんばる。
年取ったからだ

□ ㉜ **ボウユウ**の思い出を語り合う。
死んだともだち

□ ㉝ **トウリョウ**の器《うつわ》にふさわしい人物。
人々をまとめおさめる人

□ ㉞ 政界の**チョウロウ**。
年をとって世の中のありさまをよく知っている人

□ ㉟ 地方自治体の**シュチョウ**が会議を開く。
地方自治体の最高責任者

□ ㊱ 父が**ザチョウ**を務める劇団《げきだん》。
しばいなどのいちばん上に立つ人

□ ㊲ **コサン**の兵士が顔をそろえる。
ずっと前からいる人

□ ㊳ **アッカン**を打ち負かすヒーロー。
わるもの

□ ㊴ 血相を変えて**ムナグラ***をつかむ。
着物のえりの重なり合う部分

□ ㊵ 七十歳で賞を取るとは**タイキバンセイ**型だ。
すぐれた人は年を取ってからりっぱになるということ

4日目 さまざまな分野のことば②

月　日

正答数　／40

A 重要度

次の——線のカタカナを漢字に直しましょう。

答え→別冊p.43

☐ ① 人材が抜《ぬ》けて組織が**ジャクタイ**化する。
たよりないようす

☐ ② **ノウコウ**の起源《きげん》をさぐる。
田や畑をたがやすこと

☐ ③ 先生の骨折《こっせつ》は**コウショウ**と認定《にんてい》された。
国や地方の役所などの、おおやけの仕事で受けたきず

☐ ④ 患者《かんじゃ》の**ヨウダイ**が安定する。
びょうきの具合

☐ ⑤ **ジュウタイ**患者が生還《せいかん》する。
びょうきやけががおもいこと

☐ ⑥ **オウキュウテアテ**のかいがあって助かる。
いそがなければいけないとき、間に合わせでするてあて

☐ ⑦ しっかり**ヨウジョウ**してください。
びょうきなどが治るように、体をよく休めること

☐ ⑧ 妻は**ウイザン**の不安もないようだ。
はじめて子供をうむこと

☐ ⑨ **アンザン**のお守りをもらった。
無事に子供がうまれること

☐ ⑩ **ナンザン**で苦しんだが、無事生まれた。
ふつうよりも苦しんで子供をうむこと

☐ ⑪ **ミジュク**な考えをたしなめられる。
十分に成長してないこと

☐ ⑫ 児童を健《すこ》やかな環境《かんきょう》で**ヨウゴ**する。
けがやびょうきをしないように、やしない守ること

☐ ⑬ 大学で必要な課程を****シュウリョウ**する。
決められたはんいの勉強をおえること

☐ ⑭ 総得点が足りなくて**ラクダイ**した。
成績が悪くて上の学年に進めないこと

☐ ⑮ **ジョウオン**の保存《ほぞん》が可能な食品。
ふつうのおんど

☐ ⑯ **テキオン**でクーラーを使う。
ちょうどよいおんど

☐ ⑰ 部屋の湿度《しつど》を**ケイソク**する。
きかいを使って、数・量・重さ・長さなどをはかること

☐ ⑱ **カクダイキョウ**の扱《あつか》いを確認《かくにん》する。
とつレンズで物の形をおおきくして見せる道具

☐ ⑲ 水産物の**トウケイ**を見て答える。
同じ種類のものを調査・整理し、数字でようすを表すこと

☐ ⑳ **ザンショ**がきびしく食欲《しょくよく》が無い。
こよみの上で秋がきた後、まだのこるあつさ

B 重要度

☐ ㉑ モンゴルの草原で暮《く》らす**ユウボクミン**。
草や水のあるところを次々と回りながら牛やひつじを飼う人々

☐ ㉒ 日本に帰国して高校に**フクガク**した。
生徒がふたたびもとのがっこうにもどること

☐ ㉓ **フカデ**を負った侍《さむらい》が温泉《おんせん》で傷《きず》をいやす。
ふかいきず・大けが

☐ ㉔ **ジュウケイショウ**者の数を数える。
おもいきずとかるいきず

☐ ㉕ 病状が**カイフク**の方向に向かう。
びょうきが治ること

☐ ㉖ 彼《かれ》は**シュウセイ**自分の家族を愛した。
死ぬまでの間

☐ ㉗ 子供《こども》を**カホゴ**に育てる。
子供などを必要以上に大事に育てること

☐ ㉘ 今年は**ゲントウ**だという予報が出た。
さむさのきびしいふゆ

☐ ㉙ ****ゴッカン**の地で命を落としかける。
きびしいさむさ

☐ ㉚ 仮説の証明のために**コウサツ**を加える。
ものごとを明らかにするために深くかんがえ、調べること

C 重要度

☐ ㉛ 汗《あせ》をかくと**キカネツ**で体が冷やされる。
液体から気体に変わるときに必要とするねつ量

☐ ㉜ 女性も**サンセイケン**を持つ。
せいじにさんかするけんり

☐ ㉝ ごみ**ショリジョウ**を見学する。
片付けるばしょ

☐ ㉞ 戦場で**ショウビョウヘイ**を救助する。
けがをしたりびょうきにかかったりした、へいし

☐ ㉟ **シンメイ**を投げ打って復興に努める。
からだといのち

☐ ㊱ **ジッケンキキ**の管理を任される。
じっけんにつかう道具

☐ ㊲ **ニサンカタンソ**を集める方法。
ものがもえたときや動物の呼吸によってできる気体

☐ ㊳ **チュウワハンノウ**を確かめる。
どちらの性質もあらわさなくなること

☐ ㊴ **デンキカイロ**の銅線を切る。
でんりゅうの流れるひとまわりの道すじ

☐ ㊵ **ホウイジシン**が正しく北を指す。
南北をさす性質を利用した、ほうがくを知るための道具

5日目 同訓異字《いじ》を書き分けよう

月　日

正答数 /40

A 重要度

次の——線のカタカナを漢字に直しましょう。

答え→別冊p.44

□ ① 国民が税金を**オサ**める。
お金などをはらいこむ

□ ② 優秀《ゆうしゅう》な成績を**オサ**める。
手に入れる

□ ③ **アタタ**かいお言葉に感謝します。
思いやりがある

□ ④ 料理が**サ**めてしまう。
つめたくなる

□ ⑤ はるかアルプスを**ノゾ**む景勝の地。
遠くをながめる

□ ⑥ 定規で箱の寸法《すんぽう》を**ハカ**る。
長さ・深さ・高さを調べる

□ ⑦ 長距離走《ちょうきょりそう》のタイムを**ハカ**る。
数を数えて調べる

□ ⑧ 不注意から大けがを**オ**う。
自分の体に受ける

□ ⑨ 墓前に花を**ソナ**える。
神・仏に差しあげる

□ ⑩ 大男が姿《すがた》を**アラワ**した。
今まで見えなかった姿や形を見えるようにする

□ ⑪ 気持ちを言葉に**アラワ**す。
考えや気持ちを言葉などに置きかえる

□ ⑫ **ヤサ**しい問題から解き終えた。
わかりやすい・たやすい

□ ⑬ 市役所に**ツト**める兄。
決まった場所で働く

□ ⑭ 夢の実現に**ツト**める。
力をつくす

□ ⑮ 新しいノートに電話番号を**ウツ**す。
文や絵をもとのとおりにまねてかく

□ ⑯ 駅の方を**サ**して道を教える。
ゆびをその方へ向ける

□ ⑰ 姿勢《しせい》のゆがみを**ナオ**す。
正しくする

□ ⑱ 頭痛薬《ずつうやく》が**キ**いてきた。
ききめがある

□ ⑲ 犬は鼻が**キ**く。*
よく働く

□ ⑳ 配慮《はいりょ》に**カ**けたことば。
足りない

B 重要度

□ ㉑ 生物学をオサめて卒業する。 学問などを身につける
□ ㉒ 新国王は国を平和にオサめた。 世の中を支配する
□ ㉓ 朝の光に自然に目がサめた。 ねむりの状態が終わる
□ ㉔ ますを使ってお米をハカる。 ものの重さなどを調べる
□ ㉕ サし支《つか》えなければお話しください。 都合が悪くなる
□ ㉖ *ヤサしい先生の思い出。 思いやりがある
□ ㉗ 音楽会で司会をツトめた。 役目を受け持つ
□ ㉘ 手をアげて質問に答える。 手やうでなどをうえにやる
□ ㉙ 新しく会社をオコす。 始める
□ ㉚ 大国の軍事力の均衡《きんこう》がヤブれる。 こわれる

C 重要度

□ ㉛ 今日《きょう》は春らしくアタタかい日だ。 暑くもなく寒くもなくちょうどよい
□ ㉜ 高校生活最後になる試合に*ノゾむ。 向かいあう
□ ㉝ 問題の解決を*ハカる。 計画する・工夫する
□ ㉞ 最後の望みも、もはやタたれた。 それ以上続かなくする
□ ㉟ 退路をタって敵を迎《むか》え撃《う》つ。 ひとつながりのものをとちゅうで切りはなす
□ ㊱ 大きな布をはさみで*タつ。 衣服をつくるために、布を切る
□ ㊲ 鏡に姿をウツして身だしなみを整える。 光を照らして、物のかげをほかの物の上にあらわす
□ ㊳ 新入社員をトる。 やとう
□ ㊴ 鳥の行方《ゆくえ》を気にトめる。 後まで心に残す
□ ㊵ *アヤマって器具を破損する。 やりそこなう・まちがえる

6日目 同音異義語《いぎご》を書き分けよう①

月　日

正答数　/40

A 重要度

次の――線のカタカナを漢字に直しましょう。

答え→別冊p.45

□ ① 新薬の**コウカ**を実験で確かめる。 ききめ

□ ② 父の**サイゴ**を見とどける。 人が死ぬとき

□ ③ ノーベル文学賞を**ジタイ**する。 すすめられたことなどをえんりょして断ること

□ ④ そこには酸素がないと**カテイ**する。 もしもこうであったらと、かりに決めること

□ ⑤ 低学年を**タイショウ**とした本。 働きかけの目当てとするもの

□ ⑥ 人に育てられても**ヤセイ**が残っている。 自然のままのせいしつ

□ ⑦ 献血《けんけつ》のビラを**ハイフ**する。 広く行きわたるようにくばること

□ ⑧ 歌手の**トウシンダイ**のポスター。 人間と同じくらいのおおきさ

□ ⑨ 外国での幼《おさな》い日々を**カイソウ**する。 過ぎ去ったことを思い返すこと

□ ⑩ ご質問の**カイトウ**は後日いたします。 質問・要求にこたえること

□ ⑪ 迷い犬の身元を**ショウカイ**する。 問い合わせて確かめること

□ ⑫ 言い争いが高じて友人と**ゼッコウ**した。 つき合いをやめること

□ ⑬ その政治家は**シジ**が広がらず落選した。 考えに賛成して、あとおしすること

□ ⑭ 親友が大会社の**ヨウショク**に就《つ》く。 責任の重い大事な役目

□ ⑮ 争っていた国と**ユウコウ**条約を結ぶ。 親しくつき合うこと

□ ⑯ **タヨウ**な生物の命が息づく地球。 いろいろな種類があること

□ ⑰ 作業を入《い》れ替《か》えて**コウリツ**を上げる。 仕事の量に対する成果の割合

□ ⑱ **セイキ**の資格を取る。 きそくなどで決められていること

□ ⑲ 一点**センセイ**して逃《に》げ切《き》る。 相手よりさきに行うこと

□ ⑳ 決勝戦に万全《ばんぜん》の**タイセイ**で臨《のぞ》む。 身構え・準備

B 重要度

㉑ 月は地球のエイセイである。
わくせいの周りを回るほし

㉒ 次々と奇抜《きばつ》なセイサクを打ち出す。
せいじの方針・方法

㉓ 兄弟なのに性格がタイショウ的だ。
二つのものを比べ合わせて見ること

㉔ カクチョウ高い映画《えいが》を見る。
詩・文章などに備わっている上品な味わい

㉕ 人事イドウで部長に昇進《しょうしん》した。
職場での地位・担当がかわること

㉖ カッコたる信念を持って計画を進める。
考え・気持ちなどがしっかりしていてゆれ動かないこと

㉗ 「シンテン」と書かれた封筒《ふうとう》。
手紙で、あて名の本人に開けて読んでほしいときに使う語

㉘ ガラス瓶《びん》などのセイブツを写生する。
止まっていて動かないもの

㉙ 鳥の仮面をかぶったイギョウの男。
ふつうとはちがう、あやしいすがた

㉚ 学生がカンコウ庁《ちょう》を見学する。
国と地方こうきょう団体

C 重要度

㉛ キショウ予報士の発表を待つ。
空の様子・風の具合など、たいき中のいろいろなありさま

㉜ 医者にはシュヒ義務がある。
ひみつをまもること

㉝ 学力とはコウテン的に身につけるものだ。
生まれたあとで身につくこと

㉞ 積極的な上司のもとで部下のシキが上がる。
いきごみ

㉟ 社会ツウネンからしてそれはまちがいだ。
みんながふつうだと思っている考え方

㊱ 母も寄る年波でヨウショクがおとろえた。
顔かたち

㊲ 話を聞いてほしいと彼《かれ》の家にニッサンした。
まいにち同じところに通うこと

㊳ 入院したことが人生のテンキになった。
別の状態に変わるきっかけ

㊴ 数のセイフによって結果が変わる。
ゼロより大きい数と小さい数、プラスとマイナス

㊵ 多くの国のコウボウがあった。
さかんになることと、ほろびること

第5章 いろいろな角度から漢字を学ぼう

7日目 同音異義《いぎご》語を書き分けよう②

月　日

正答数 /40

★次の――線のカタカナを漢字に直しましょう。

答え→別冊p.46

A 重要度

□ ① 火事の現場でキュウメイ第一に努めた。
いのちをすくうこと

□ ② 外国からのシシャを迎《むか》え入《い》れる。
つかいのもの

□ ③ 祖父からシサンを相続した。
お金・土地・品物など、値打ちのある持ち物

□ ④ 次の指示までここでタイキする。
準備をして時が来るのをまつこと

□ ⑤ 赤い花と白い花をタイヒさせて描《えが》く。
二つのものをくらべること

□ ⑥ あこがれの学校のセイフクを着る。
着るように決められたふく

□ ⑦ ついに婚約《こんやく》をカイショウした。
約束・関係・状態などをなくすこと

□ ⑧ 半世紀前の規則をカイセイする。
あらため直すこと

□ ⑨ 新制度へイコウする。
ほかの状態にうつっていくこと

□ ⑩ 競技場にファンがシュウケツした。
一か所にあつまること

□ ⑪ 交通安全を呼《よ》びかけるヒョウゴ。
意見・注意などをわかりやすく表した短い言葉

□ ⑫ 俳句《はいく》の団体が発行するキカンシ。
団体・組織が宣伝などのために出すざっし

□ ⑬ ケンザイを選《えら》び抜《ぬ》いて家をたてる。
たてものをつくるためのざいりょう

□ ⑭ マラソンで先頭からシュウカイ遅《おく》れになる。
まわりをまわること

□ ⑮ 同窓会《どうそうかい》のカイホウが郵送《ゆうそう》される。
かいに関することをメンバーに知らせるための印刷物

□ ⑯ 首相のドウコウが報道される。
人・社会のうごき

□ ⑰ 帽子《ぼうし》が無いのでトウチョウ部が暑い。
あたまのてっぺん

□ ⑱ カンショウ用の熱帯魚。
美しいものなどを見て楽しむこと

□ ⑲ 船の針路《しんろ》を南にテンカイする。
くるっとまわって方向を変えること

□ ⑳ トウブンを取り過ぎると体が疲《つか》れる。
とう類のせいぶん

B 重要度

□ ㉑ 違反《いはん》した者に**セイサイ**を加える。
決まりを破った人をこらしめること

□ ㉒ 弁当とお茶を**ジサン**する。
もっていくこと

□ ㉓ メンバーで**シンコウ**を深める。
したしいつき合い

□ ㉔ 福利**コウセイ***の一環《いっかん》。
人々のくらしを健康で豊かなものにすること

□ ㉕ さんまが**フリョウ**で水揚《みずあ》げ量《りょう》が少ない。
りょうで、魚・貝などのえものが少ないこと

□ ㉖ 軍部の**センセイ**政治が行われている。
他人の意見を聞かず自分一人で決めて思うままに行うこと

□ ㉗ 足首を回して**カンセツ**をほぐす。
骨と骨がつながり合っていて曲げることのできる部分

□ ㉘ 事故の後に現場**ケンショウ**を行う。
調べてしょうめいすること

□ ㉙ 大きな車ほど**シカク**が多い。
何かにさまたげられて見えないはんい

□ ㉚ **シュウギョウ**規則に従《したが》う。
仕事にとりかかること

C 重要度

□ ㉛ お寺に全財産を**キシャ**する。
寺・神社・貧しい人などに進んで寄付すること

□ ㉜ そでふりあうも**タショウ**の縁《えん》。
何度もうまれ変わること

□ ㉝ 公海上の航路の安全を**ホショウ**する。
安全であるように守ること

□ ㉞ 山の様子を**セイサイ**に描写《びょうしゃ》する。
くわしくてこまかいこと

□ ㉟ **グンシュウ**心理で人々は出口に殺到《さっとう》した。
大勢の中で人々につられて正しく判断できなくなる状態

□ ㊱ 詩人の**コウエンカイ**でよい話を聞いた。
あるテーマで話されるのを大勢の人が聞く集まり

□ ㊲ **シンコウ**住宅地《じゅうたくち》に住む。
あたらしくできた、家のたくさん集まっている場所

□ ㊳ 新聞の**ソウカンゴウ**を調べる。
新聞・ざっしなどで第一番めに出される一さつ

□ ㊴ **シケン**だがその仮説はまちがっている。
自分だけの考え

□ ㊵ 子の財産を管理するのも**シンケン**の一つだ。
父母が未成年の子供に対して持つけんり・義務

同音異義語《いぎご》を書き分けよう③

月　日

正答数　／40

A 重要度

次の――線のカタカナを漢字に直しましょう。

答え→別冊 p.47

□ ① どこに行けばよいか**ケントウ**もつかない。
だいたいの予想

□ ② 帰国したい思いを**ジセイ**できない。
じぶんの気持ちをじぶんでおさえること

□ ③ 図星を突《つ》かれたが**ヘイセイ**を装《よそお》った。
しずかで落ち着いていること

□ ④ 警備員《けいびいん》が暴走車を**セイシ**した。
他人の言動をおさえとめること

□ ⑤ 無名の歌手だが**カショウ**力がある。
うたうこと

□ ⑥ **フソク**の事態に備える。
よそくできないこと

□ ⑦ 日本中の野球場を**テンセン**する。
あちこち場所を変えてたたかうこと

□ ⑧ 江戸《えど》時代の**カイウン**について調べる。
うみを通って船で人や荷物をはこぶこと

□ ⑨ 名女優《めいじょゆう》の**ハンセイ**が本になる。
いっしょうのはんぶん

□ ⑩ 研究の**セイカ**を発表する。
よいけっか

□ ⑪ **セイカイ**の大物へ単独取材する。
せいじに関係する人々の社会

□ ⑫ ここは成り行きを**セイカン**しよう。
行動を起こさずに成り行きをしずかに見守ること

□ ⑬ 問題の**セイゴ**を点検する。
ただしいことと、あやまっていること

□ ⑭ 仮説と実験結果の**セイゴウ**性を取る。
食いちがうことなく、きちんとそろっていること

□ ⑮ 政府が**セイメイ**を発表する。
意見をはっきりと出すこと

□ ⑯ ジャングルに**セイソク**するカエル。
いきること・すむこと

□ ⑰ 会員の**ソウイ**をもって決定する。
全員のいけん

□ ⑱ 設立したときの熱意が**ソウキ**される。
過ぎ去ったことを思いおこすこと

□ ⑲ 容疑者《ようぎしゃ》の**チョウショ**をまとめる。
しらべたことを記したしょるい

□ ⑳ このことは**コウガイ**しないでくれ。
他人に話すこと

B 重要度

□ ㉑ 白砂青松《はくしゃせいしょう》のメイショウ地を訪《たず》ねる。
けしきがすぐれている所

□ ㉒ 本物シコウで豆からコーヒーを入れる。
あるほうこうに、心がむかうこと

□ ㉓ シショウ者が多数出ている模様《もよう》だ。
しんだり、けがをしたりすること

□ ㉔ 政府のコウカンからの情報。
たかい地位についている役人

□ ㉕ その計画にショウサンはあるのか。
かてる見こみ

□ ㉖ 二十世紀ショトウの大事件。
ある時代・時期のはじめのころ

□ ㉗ ごセイウンをお祈《いの》りしております。
さかえるうんめい

□ ㉘ ますますごセイエイのことと存《ぞん》じます。
健康でさかえること

□ ㉙ ビヨウセイケイの手術を受ける。
顔などの見た目をととのえること

□ ㉚ ソウランの絶えない国。
あらそいのために世の中がみだれること

C 重要度

□ ㉛ 男の子はカンダンなくしゃべり続けた。
とぎれること

□ ㉜ この小説は人生へのサンカと言える。
ほめたたえるうた

□ ㉝ 岩石のセイインが判明する。
物事ができあがるげんいん

□ ㉞ 投票日の前にセイケン放送を見る。
せいじについてのいけん

□ ㉟ 気温と湿度《しつど》はソウカン関係にある。
たがいにかかわり合っていること

□ ㊱ 日頃《ひごろ》の学習がソウコウして満点を取る。
効果を現すこと

□ ㊲ 全国の道路状況《じょうきょう》をソウランする。
全体に目を通すこと

□ ㊳ お互《たが》いに貸し借りした金をソウサイする。
差し引きしてたがいに損得がないようにすること

□ ㊴ 日本銀行のソウサイに就任《しゅうにん》する。
政党・団体などの長として全体を取りまとめる役

□ ㊵ お手数をかけますがごカイヨウください。
相手のあやまちを許すこと

9日目 筆順に気をつけよう

月　日

正答数　/40

次の――線のカタカナを漢字に直しましょう。

答え→別冊 p.48

A 重要度

① 新しく会が**ホッソク**する。
会社などがつくられて、活動を始めること

② **ジケン**を起こした張本人が来る。
問題となるできごと

③ よその製品にはない**トクショク**がある。
ほかのものとちがっていて、とくにすぐれているところ

④ 動物の**キョクゲイ**を見て楽しむ。
サーカスなど、ふつうの人にはできない、とくべつなわざ

⑤ 腹痛《ふくつう》に襲《おそ》われて**ヤッキョク**を探《さが》す。
資格を持つ人がくすりを作ったり売ったりするところ

⑥ トラックより**ジョウヨウシャ**の数が多い。
人がのるために使うじどうしゃ

⑦ **キボウ**に満ちた人生が開ける。
願いのぞむこと

⑧ **ヒッシュウ**科目のテストを受ける。
かならずしなくてはいけないもの

⑨ 晴れて**ムジツ**の身となった。
罪をおかしていないのに罪があるとされること

⑩ **ロウゴ**の楽しみに取っておく。
年をとったあと

⑪ **タイガ**の一滴《いってき》にすぎない。
おおきなかわ

⑫ 二十年ぶりの**サイカイ**を喜ぶ。
ふたたびあうこと

⑬ **ヒリキ**な身ですが精一杯《せいいっぱい》努力します。
ちからが弱いこと

⑭ **カンシュウ**の声援《せいえん》にこたえる。
スポーツなどを見ている人

⑮ ありあわせの**シヘン**にメモを取る。
かみきれ・かみの切れはし

⑯ **ユウビン**制度に信頼《しんらい》を置く。
はがき・手紙・荷物などをとどける仕事

⑰ **リンジ**のバスが出る。
定まったものではなく、そのときどきに応じて行うこと

⑱ **ヨウジ**を思い出したので帰る。
しなければならないこと

⑲ **ナニゴト**も心がけが大切だ。
どんなこと

⑳ 教会が**ボタイ**になった慈善《じぜん》団体。
発展するものの元になるもの

B 重要度

□ ㉑ バジュツの国際大会で優勝《ゆうしょう》する。
うまを乗りこなすわざ

□ ㉒ 自己《じこ》中心的で周囲のハンカンを買う。
相手に逆らう気持ち

□ ㉓ 成績よりも人間性をジュウシする。
じゅうようなものとして見ること

□ ㉔ 世界中の物産を取引するショウシャ。
品物の売買を仕事とするかいしゃ

□ ㉕ 民族によって生活ヨウシキが異《こと》なる。
一定の方法・けいしき

□ ㉖ 本社ビルのラクセイ式に出席する。
建築や工事ができあがること

□ ㉗ 女王を守るエイヘイに志願する。
見張りや用心のために置くへいし

□ ㉘ 男女のヒリツを均等にする。
二つ以上の数や量をくらべた割合

□ ㉙ 立候補者《りっこうほしゃ》がバイシュウして捕《つか》まる。
お金などをあたえて、自分の味方につけること

□ ㉚ 地上のラクエンと呼《よ》ばれるリゾート地。
たのしみが満ちあふれているところ

C 重要度

□ ㉛ 総理ダイジンに任命する。
国の政治をあつかう、重要で責任ある役目の人

□ ㉜ ハクブツカンに見学に行く。
自然・歴史などに関する資料を集めて展示するところ

□ ㉝ 流言ヒゴが広がる。
こんきょのないうわさ

□ ㉞ ブドウの修行を重ねる。
ぶしとして身につけなければならないわざ

□ ㉟ 夫婦そろってカンゲキに出かける。
しばいをみること

□ ㊱ タンザクに願い事を書きこむ。
細長い長方形の紙

□ ㊲ やかんの水がジョウハツする。
液体が表面から気体に変化すること

□ ㊳ スイスのヤマナみを写生する。
やまがたくさんならんで続いていること

□ ㊴ ランパクをあわだてる。
たまごのしろ身

□ ㊵ 赤ちゃんのセイチョウが著《いちじる》しい。
育つこと

同じ意味・反対の意味

月　日

正答数　／40

A 重要度

★ 次の――線のカタカナを漢字に直しましょう。

答え→別冊p.49

□ ① 事の**ケイチョウ**を考えて発言する。
大事なことと、大事でないこと

□ ② **オウフク**切符《きっぷ》を買う。
行きと帰り

□ ③ **トウダ**にひいでたすばらしい選手。
野球で、なげることと、うつこと

□ ④ **ソウゴウ**優勝《ゆうしょう》を果たす。
いろいろなものをまとめること

□ ⑤ **イショク**足りて礼節を知る。
着ることと、たべること

□ ⑥ けんかの**コクビャク**をつける。*
ものごとのよしあし

□ ⑦ **キョウダイ**な力をもった国。
つよくておおきいようす

□ ⑧ **カンレイ**前線が北からやってくる。
気温が低くてさむいこと

□ ⑨ **コウフク**の王子の心臓《しんぞう》は割《わ》れた。
しあわせ

□ ⑩ **ソウコ**に荷物を入れる。
物をしまっておくための建物

□ ⑪ **カイガ**のコンクールに出品する。
え

□ ⑫ **ジドウ**の登下校の安全を守る。
子供、特に小学生

□ ⑬ **ショウハイ**にこだわらないプレー。
かちまけ

□ ⑭ **カイヨウ**探査船《たんさせん》が出港する。
広いうみ

□ ⑮ 長年**クラク**を共にした仲。
くるしいことと、たのしいこと

□ ⑯ 簡単《かんたん》に**チャクダツ**できる救命道具。*
きたりぬいだりすること

□ ⑰ 努力したかどうかで**メイアン**が分かれた。
幸せと不幸せ

□ ⑱ 一人では**ソウバン**音を上げるだろう。
そのうちに

□ ⑲ **チョウタン**を補《おぎな》って一人一人の力を生かす。
よい点と悪い点

□ ⑳ **サユウ**に広がって歩いてはいけない。
ひだりとみぎ

B 重要度

☐ ㉑ 宇宙人《うちゅうじん》の**ソンザイ**を信じるかね。
人や物があること

☐ ㉒ 選手の**シンキュウ**交代が進んでいる。
あたらしいことと、古いこと

☐ ㉓ 問題の**ナンイ**度によって対策《たいさく》を変える。
むずかしいことと、やさしいこと

☐ ㉔ 線路は**タンプク**すべて新しいレールにする。
たんすうと、ふくすう

☐ ㉕ 酸素の**ネンショウ**実験。
もえること

☐ ㉖ **カンイ**な仕組みのシャワー。
かんたんで手軽なこと

☐ ㉗ **ゼンアク**の基準をゆるがせにしない。
よいことと、わるいこと

☐ ㉘ **ジュンギャク**を誤《あやま》って、人望を失った。
正しい道にしたがうことと、そむくこと

☐ ㉙ 不正な**キンセン**の授受が発覚した。
おかね

☐ ㉚ **サッソク**店に行って買ってみた。
すぐに

C 重要度

☐ ㉛ **カンダン**の差が激《はげ》しい土地。
さむさとあたたかさ

☐ ㉜ **チョウヨウ**をわきまえる。
年上と年下

☐ ㉝ 敵の**ドウセイ**をさぐる。
ものごとの様子

☐ ㉞ **セイフク**二通の書類を用意する。
せいしきのものと、そのひかえとなるもの

☐ ㉟ 社長と私《わたし》は強い**シュジュウ**関係にある。
中心となるものと、それにしたがうもの

☐ ㊱ 小学校を閉校《へいこう》にする**カヒ**を論《ろん》じる。
よいか悪いか

☐ ㊲ ゲームの**コウザイ**を教育者が論《ろん》じる。
よい点と悪い点

☐ ㊳ **エンキン**法を活《い》かした写真をとる。
とおいことと、ちかいこと

☐ ㊴ 中央の動きに地方が**コオウ**する。
一方がよびかけて、もう一方が答えること

☐ ㊵ **リツリョウ**政治は古代の法治政治だ。
なら時代や平安時代の政治についての決まり

入試問題

答え→別冊p.50

月　日
正答数　/26

1

次の①～③の熟語について、類義語にあたる熟語としてそれぞれの空らんに当てはまる漢字一字を正確に記しなさい。

［法政大二中・改］

① 美点 ＝ （　）所
② 発達 ＝ （　）歩
③ 重要 ＝ （　）切

①	②	③

2

次の①・②の対義語を書きなさい。

［東海大付浦安高等学校中等部］

① 拡大 ↔ □
② 理想 ↔ □

①	②

3

次の――線部のカタカナをそれぞれ漢字に直しなさい。

［星野学園中］

1
① **シコウ**期間を経て、発売する。
② 冷静な**シコウ**をめぐらせる。

2
① これはわたし**コジン**の問題だ。
② **コジン**のめい福をいのる。

3
① 小学生を**タイショウ**にした本を買う。
② コンクールで**タイショウ**をいただいた。

4
① 「おくのほそ道」は有名な**キコウ**文だ。
② 旅行に行く国の**キコウ**を調べる。

	1	2	3	4
①				
②				

4 **次の（　）には共通の言葉が入ります。それぞれ漢字一字で答えなさい。**〔獨協中〕

① a お前の出る（　　）ではない。
b 江戸（　）府。
c 光がもれないよう暗（　　）を張る。

② a 家族で食卓を（　　）む。
b （　）碁のルールがわからない。
c 身長と胸（　）を測る。

③ a 雨（　）れの音を聞く。
b （　）直な線を引く。
c 実るほど頭《こうべ》を（　）れる稲穂《いなほ》かな。

①	②	③

5 **次の文には言葉の使い方に間違いがあります。間違って使われている漢字一字を抜き出し、正しい漢字に直しなさい。**〔明治大付中野中〕

① もうしないと言ったのは舌の先もかわかないうちに、けんかを始めた。

② あの人の話は間に受けない方がよい。

③ 弟は受験勉強にようやく肩を入れるようになった。

④ あなたは何にでも顔をつっこみ過ぎだ。

⑤ 私には都会の土は合わなかった。

①	②	③	④	⑤
↓	↓	↓	↓	↓

6 **次の（　）に当てはまる漢字一字を自分で考えて答えなさい。**〔芝中〕

① 両親は旅館を（　　）んでいる。

② 誕生日を盛大に（　）う。

③ 猫《ねこ》の（　）ほどのせまい庭。

④ 選手団を（　）いて入場する。

⑤ 暑さ寒さも彼（　）まで。

①	②	③	④	⑤

ワンポイント必勝講座⑤

～同音異義語《どうおんいぎご》・同訓異字《どうくんいじ》の覚え方～

入試においても、同音異義語が考えられるものは出題のねらい目になります。**同音異義語は、漢字の意味や例文を使って覚えましょう。**たとえば「使用」「仕様」「私用」であれば、

【例】 使用…「**使(つかう)＋用(もちいる)**」
仕様…「**仕(おこなう)＋様(ようす)**」
私用…「**私(わたくし)＋用(ようじ)**」

というふうに考えるとちがいが理解できます。
また、実際の文章でどのように使われるかも、使い分けを覚える重要なポイントになります。たとえば「対象」と「対照」であれば、

【例】 小学生を対象にしたテキスト。**(対象＝相手・目的)**
対照的な性格の二人。**(対照＝ちがいがはっきりしていること)**

というふうに使われる文脈がまったく異《こと》なります。

この問題集では、同音異義語をまとめて練習するようには配列していません。同音異義語であることを示されなくても、「あ、これには同音異義語があるな。訓読みや使い方に気をつけて書かなくては」と反応できるようになりましょう。

同訓異字は熟語《じゅくご》を使ったり、対義語を使ったりして覚えます。たとえば「熱い」「暑い」「厚い」であれば、対義語を考えてみると、細かなちがいがわかります。

【例】 「熱い」…**対義語は「冷たい」**
「暑い」…**対義語は「寒い」**
「厚い」…**対義語は「うすい」**

その他、「**熱湯**」「**猛暑《もうしょ》**」のように熟語を作ることでも漢字の使い分けが身につけられます。

書き取りも読み方も、**基本は「手を動かして書く、声に出して読む、意味を調べて使う」のくりかえし**です。
次の第6章は、いよいよ入試にチャレンジです。これまでの講座で学んだ学習法を使って実力をみがいてください。

第6章

入試で力試し

★次の問題は、実際の入試で出題された問題です。

郷里の祖父母を①**タズ**ねた。近くのK温泉は山並みが美しく、②**ケイショウ**の地として有名だ。温泉③**ガイ**に出向き、父と二人で湯を④**ア**びると、長い⑤**タビジ**の疲《つか》れもすっかり癒《い》えた。

（開成中）

［答え］

① 訪……六年生で習う漢字
② 景勝……「勝」の意味がわかっているか
③ 街………
④ 浴………｝字の形が正確に書けるか
⑤ 旅路……「路」の訓読みを知っているか

さすが開成中学という見事な出題です。今まで学習したポイントがおさえられています。

第6章は実際の入試問題を使っての力試しです。それぞれの問題の着眼点は解答に示してあります。レベルは全部で十段階。健闘《けんとう》を祈《いの》る！

なお、章末の「入試問題」には、パズル的なものも収録しました。チャレンジしてみてください。

1日目

レベル①

月　日

正答数　/40

次の――線のカタカナを漢字に、漢字をひらがなに直しましょう。

答え→別冊 p.51

A 重要度

① はっと**ワレ**にかえる。［多摩大目黒中］

② **アヤマ**った方法で実験した。［多摩大目黒中］

③ 不用品を家庭から**カイシュウ**する。［大谷中］

④ **テチョウ**に記入する。［栄光学園中］

⑤ 伝統的な日本**カオク**を建てる。［桜美林中］

⑥ **ヨビ**の電池を用意する。［関東学院六浦中］

⑦ **イキオ**いのあるチーム。［栄光学園中］

⑧ 全員に**フンキ**をうながす。［鎌倉学園中］

⑨ **ケンアク**なムードになる。［鎌倉学園中］

⑩ 監督《かんとく》の**シジ**に従う。［帝塚山学院泉ヶ丘中］

⑪ 新しい制度に**イコウ**する。［帝塚山学院泉ヶ丘中］

⑫ 研究の成果を**ハッピョウ**する。［慶應湘南藤沢中等部］

⑬ ドイツは九つの国と**コッキョウ**を接する。［獨協中・改］

⑭ **キミ**が悪い怪談話《かいだんばなし》。［大宮開成中］

⑮ 手のひらを**カエ**す。［大宮開成中］

⑯ きのうまでの**ケシイン**が有効だ。［慶應義塾中等部］

⑰ 増税に**便乗**して値上げする。［高輪中］

⑱ **イガイ**と難しい。［学芸大附世田谷中］

⑲ 荷物の**メカタ**を量る。［桜美林中］

⑳ みな**イクドウオン**に彼《かれ》が悪いといった。［かえつ有明中］

B 重要度

□ ㉑ **イシンデンシン**でつうじる間柄《あいだがら》。〔関東学院六浦中〕

□ ㉒ **コウメイセイダイ**な人。〔かえつ有明中〕

□ ㉓ 必死の**形相**で走るランナー。〔日大豊山女子中〕

□ ㉔ **引責**処分をうける。〔鎌倉学園中〕

□ ㉕ 私の両親はともに**ケンザイ**です。〔帝京大中〕

□ ㉖ 傷が**カンチ**する。〔日大豊山女子中〕

□ ㉗ 化学**ヒリョウ**を使わない作物を買う。〔明治大附中野中〕

□ ㉘ 尺度を**トウイツ**する。〔聖学院中〕

□ ㉙ あと二、三日で**ハツガ**するだろう。〔獨協中〕

□ ㉚ **コナユキ**が冬の空を美しく舞《ま》った。〔埼玉栄中〕

C 重要度

□ ㉛ 新しいチームが**発足**する。〔慶應湘南藤沢中等部〕

□ ㉜ 陸上**キョウギ**の大会。〔栄光学園中〕

□ ㉝ **ハクサイ**のおつけもの。〔慶應義塾中等部〕

□ ㉞ 薬の**フクサヨウ**。〔芝浦工業大中〕

□ ㉟ 年賀状を**インサツ**する。〔獨協中〕

□ ㊱ **サイシン**の注意をはらう。〔浦和実業学園中〕

□ ㊲ すぐれた**セイセキ**で卒業する。〔獨協中〕

□ ㊳ みんなの意見を**カミ**して、案を練り直す。〔明治大附中野中〕

□ ㊴ 戦争は家族を引き離《ひはな》す**ヒジョウ**なものだ。〔高輪中・改〕

□ ㊵ 親しい友人には**弱音**をはける。〔獨協中〕

2日目

レベル②

月　日

正答数　／40

次の——線のカタカナを漢字に、漢字をひらがなに直しましょう。

答え→別冊 p.52

A 重要度

① 選挙のトウヒョウに行く。［栄光学園中］

② ショウボウショに通報する。［栄光学園中］

③ シュクガカイを催《もよお》す。［市川中］

④ イフクをととのえる。［明星中］

⑤ 問題がヤサしい。［かえつ有明中］

⑥ ゴールのスンゼンでぬかれた。［大阪桐蔭中］

⑦ 選挙のタイセイが決した。［須磨学園中］

⑧ 相手のイコウを聞く。［法政大二中］

⑨ 手をカす。［関東学院六浦中］

⑩ 指示にシタガう。［関東学院六浦中］

⑪ ヤッキョクで働く。［自修館中等教育学校］

⑫ イチョウが丈夫《じょうぶ》な人。［自修館中等教育学校］

⑬ フトウな扱《あつか》いをうける。［慶應義塾中等部］

⑭ ヨクジツまでは待てなかった。［大阪桐蔭中］

⑮ ジップツのニホンカモシカを見る。［江戸川女子中］

⑯ *ガデンインスイの話しぶりにあきれる。［かえつ有明中］

⑰ 監督《かんとく》と選手はイッシンドウタイだ。［関東学院六浦中］

⑱ キシカイセイのホームラン。［関東学院六浦中］

⑲ ニソクサンモンの価値しかない。［関東学院六浦中］

⑳ 子孫を残す。［学芸大附世田谷］

B 重要度

□ ㉑ **口頭**できびしく注意する。［開智中］

□ ㉒ ***机上**の空論。［鎌倉学園中］

□ ㉓ 宅配便の倉庫で荷物の**シュウサン**を行う。［慶應義塾中等部・改］

□ ㉔ ***イチゴイチエ**の精神で人にあう。［かえつ有明中］

□ ㉕ ご***コウイ**にあまえてばかりいる。［城北中］

□ ㉖ **ゼイムショ**に行く。［自修館中等教育学校］

□ ㉗ **サイジツ**は閉店しています。［大宮開成中］

□ ㉘ **カンマン**の差が大きい。［成城中］

□ ㉙ こんなに安くしては**サイサン**が取れない。［明治大附中野中］

□ ㉚ **トクギ**をいかした仕事をする。［大阪桐蔭中］

C 重要度

□ ㉛ ***一対**の手袋《てぶくろ》。［かえつ有明中］

□ ㉜ 盲導犬《もうどうけん》を**クンレン**する。［明星中］

□ ㉝ 広い***境内**は静けさで溢《あふ》れていた。［高輪中］

□ ㉞ 自宅まで行ったのに**イルス**を使われた。［巣鴨中・改］

□ ㉟ この先の**テンボウ**を述べる。［桜美林中］

□ ㊱ 新聞社の**ヨロン**調査に協力する。［埼玉栄中］

□ ㊲ 時代**ハイケイ**を考える。［法政大二中］

□ ㊳ **キゲン**までの三日間でじっくり考える。［甲陽学院中］

□ ㊴ **シュウギイン**の選挙が行われた。［関東学院六浦中］

□ ㊵ 鳥の**セイタイ**を調査する。［関西大一中］

3日目 レベル③

月　日

正答数　/40

次の――線のカタカナを漢字に、漢字をひらがなに直しましょう。

答え→別冊p.53

A 重要度

□ ① 同じ形を**ツラ**ねる。［西遠女子学園中］

□ ② 名所を**タズ**ねる。［関東学院六浦中］

□ ③ 私に**マカ**せなさい。［淳心学院中］

□ ④ 勝利を**カクシン**する。［法政大二中］

□ ⑤ **チャバタケ**を見学する。［関西学院中学部］

□ ⑥ **貧**しい才能。［育英西中］

□ ⑦ 快く**ショウチ**する。［栄東中］

□ ⑧ 多数の**シジ**を得る。［浦和実業学園中］

□ ⑨ 建物の**キコウシキ**を行う。［慶應義塾中等部］

□ ⑩ **キョウイ**を測定する。［大阪桐蔭中］

□ ⑪ あまりのショックに**キゼツ**した。［慶應義塾中等部］

□ ⑫ **キテン**を利かせる。［慶應義塾中等部］

□ ⑬ **ジョウキ**機関車。［プール学院中］

□ ⑭ 火星の表面の**エイゾウ**が送られてきた。［國學院大久我山中］

□ ⑮ 国会の会期が**ノ**びる。［國學院大久我山中］

□ ⑯ 彼は優勝**コウホ**の一人だ。［親和中］

□ ⑰ **キショウテンケツ**を意識して作文を書く。［開智中］

□ ⑱ 水郷地帯を**視察**する。［聖学院中］

□ ⑲ **居間**に集まって話す。［関西大倉中］

□ ⑳ お金の**クメン**をする。［栄東中］

B 重要度

□ ㉑ 大学院で医学を**オサ**めるのが兄の夢だ。［専修大松戸中］

□ ㉒ 小学生を**ノゾ**いて、料金は頂きます。［専修大松戸中］

□ ㉓ 休み時間を長く**モウ**ける。［埼玉栄中］

□ ㉔ 新しい薬品を**セイセイ**する。［慶應義塾中等部］

□ ㉕ 気が**ドウテン**する。［同志社中］

□ ㉖ 美術品を**テンジ**する。［穎明館中］

□ ㉗ **モッカ**のところ調査中。［栄東中］

□ ㉘ 正月に神社に**サンパイ**する。［専修大松戸中・改］

□ ㉙ よく**コ**えた土地なので農業に適している。［埼玉栄中］

□ ㉚ **ゼンダイミモン**の出来事だ。［かえつ有明中］

C 重要度

□ ㉛ 証明書を受け取るために市役所を**訪**＊れる。［湘南学園中］

□ ㉜ **ジュドウ**喫煙《きつえん》が問題視される。［慶應義塾中等部］

□ ㉝ **キュウトウ**室から茶を運ぶ。［奈良学園中］

□ ㉞ 別荘で**セイヨウ**する。［自修館中等教育学校］

□ ㉟ 全員が**ダンケツ**する。［大阪桐蔭中］

□ ㊱ 親が**ホウニン**主義で育てる。［慶應義塾中等部］

□ ㊲ 最新機械の**ソウサ**方法を覚える。［湘南学園中］

□ ㊳ **チイキ**ぐるみで町の美化につとめる。［國學院大久我山中］

□ ㊴ 私たちは自然の**オンケイ**＊を受けている。［埼玉栄中］

□ ㊵ 美しい**夕映**＊え。［浦和実業学園中］

4日目 レベル④

月 日

正答数 /40

次の——線のカタカナを漢字に、漢字をひらがなに直しましょう。

答え→別冊 p.54

A 重要度

① **ネットウ**でやけどする。［淳心学院中］

② 政治家の**セキム**をはたす。［成城中］

③ **オモニ**を背負う。［栄東中］

④ **ユウキ**農業を推進する。［明治大附中野中］

⑤ 敗北は**ヒッシ**だ。［多摩大附聖ヶ丘中］

⑥ **リコテキ**な考えは良くない。［浦和実業学園中］

⑦ **センモンカ**の意見を聞いて参考にする。［湘南学園中］

⑧ 足がカモシカのようだと**ケイヨウ**する。［江戸川女子中・改］

⑨ **ムギブエ**を作って遊ぶ。［自修館中等教育学校］

⑩ **トクイマンメン**の笑みをうかべる。［桜蔭中］

⑪ 買って来た野菜を**レイゾウコ**に入れる。［湘南学園中］

⑫ 施設《しせつ》を広げて**シュウエキ**をあげる。［関西大一中］

⑬ 体の**イヘン**に気付く。［奈良学園中］

⑭ まるで**絵画**のような世界。［学芸大附世田谷中］

⑮ 民族**コユウ**の文化。［学芸大附世田谷中］

⑯ 医薬品の開発は**ニッシンゲッポ**だ。［日大二中］

⑰ **無作法**なふるまいをする。［開智中］

⑱ *****貴**い資料。［浦和実業学園中］

⑲ **縮尺**五十万分の一の地図で調べる。［専修大松戸中］

⑳ 時には**雑木林**を探検することもある。［奈良学園登美ヶ丘中］

B 重要度

□ ㉑ 自分で**シュシャ**選択《せんたく》をする。 ［栄東中］

□ ㉒ **カンソ**な住まい。 ［栄東中］

□ ㉓ 国民の**ギム**を果たす。 ［かえつ有明中］

□ ㉔ **ザッシ**を毎月買う。 ［聖望学園中］

□ ㉕ 新たに作られた役職に**ツ**く。* ［湘南学園中］

□ ㉖ 日曜日に建物の棚《たな》の**ホシュウ**をする。 ［湘南学園中］

□ ㉗ 事故の原因を状況《じょうきょう》から**スイソク**する。 ［湘南学園中］

□ ㉘ **ハンドク**できない文字。 ［大妻嵐山中］

□ ㉙ 旅行して**ケンブン**を広める。 ［学習院女子中等科］

□ ㉚ 布を**織**るための機械が発明された。 ［専修大松戸中］

C 重要度

□ ㉛ **ユウシ**以来の出来事。 ［浦和実業学園中］

□ ㉜ 名前を**レンコ**したが返事はなかった。 ［埼玉栄中］

□ ㉝ 人口の**スイイ**を見守る。 ［立教池袋中］

□ ㉞ あそこにいる人は有名な**ハイユウ**だ。 ［湘南学園中］

□ ㉟ 手軽さはものを選ぶ**ドウキ**の一つである。 ［大妻中野中］

□ ㊱ **セビョウシ**が日やけする。 ［実践女子学園中］

□ ㊲ **ジュヒョウ**が美しい。 ［多摩大附聖ヶ丘中］

□ ㊳ **イホウ**な行為《こうい》は罰《ばっ》せられる。* ［聖望学園中］

□ ㊴ とても**鋭**い刃物。* ［聖望学園中］

□ ㊵ この作品の**由来**をたずねる。 ［賢明女子学院中］

月　日

正答数　/40

次の――線のカタカナを漢字に、漢字をひらがなに直しましょう。

答え→別冊p.55

A 重要度

□① **ツウカイ**な出来事。［日大一中］

□② 留守番をしてくれてお**リコウ**だったね。［共立女子中］

□③ **ヒキ**こもごもの反応である。［多摩大附聖ヶ丘中］

□④ **ユダン**大敵。［大宮開成中］

□⑤ 念仏を**唱**える。［多摩大附聖ヶ丘中］

□⑥ **コウカク**泡《あわ》を飛ばしてけんかする。［慶應義塾中等部］

□⑦ お話の**セッテイ**を知る。［光塩女子学院中等科］

□⑧ 身元を**ショウカイ**する。［神戸女学院中学部］

□⑨ 朝五時に**キショウ***しないと間に合わない。［神奈川学園中］

□⑩ 彼《かれ》を委員長に**推***す。［開智中］

□⑪ 運動会の**トキョウソウ**。［学芸大附世田谷中］

□⑫ **カンセツ**的な表現でわかりにくい。［淳心学院中］

□⑬ 成分を**ケンサ**する。［淳心学院中］

□⑭ **シンミ**になって働く。［栄東中］

□⑮ 友人を**ショウタイ**する。［淳心学院中］

□⑯ 重大な**キョクメン**に立たされる。［淳心学院中］

□⑰ 互《たが》いに人間としての**ケンリ**を守る。［國學院大久我山中］

□⑱ お盆《ぼん》は実家に**キセイ**する。［大宮開成中］

□⑲ 学級委員を**ツト**める。［淳心学院中］

□⑳ 家族を**ヤシナ**う。［淳心学院中］

B 重要度

□ ㉑ あの問題を解くのは**シナン**の業《わざ》だ。 [同志社中]

□ ㉒ 一つのミスで**ケイセイ**が逆転する。 [淳心学院中]

□ ㉓ 彼の発言はこの問題に**一石**を投じた。 [奈良学園登美ヶ丘中・改]

□ ㉔ チームを**ヒキ**いるキャプテン。 [淳心学院中]

□ ㉕ 馬が急に**暴**れ出した。 [開智中]

□ ㉖ 時間を**割**く。* [浦和実業学園中]

□ ㉗ 新しい作品のアイディアを**練**る。 [同志社中]

□ ㉘ 縁起《えんぎ》を**担**ぐ。* [かえつ有明中]

□ ㉙ 事件は**公**に発表された。* [聖望学園中]

□ ㉚ 放課後は**路地**や公園で遊ぶ。 [奈良学園登美ヶ丘中]

C 重要度

□ ㉛ 団体を目的地へ**センドウ**する。 [桜美林中]

□ ㉜ 薬の**コウノウ**を調べる。 [鎌倉学園中]

□ ㉝ **キミツ**書類を運ぶ。 [多摩大附聖ヶ丘中]

□ ㉞ 日頃《ひごろ》から防災用品を**ジョウビ**する。 [大妻多摩中]

□ ㉟ 古墳《こふん》について**ショセツ**入り乱れる。 [立教池袋中]

□ ㊱ 若い選手が**タイトウ**する。 [学習院女子中等科]

□ ㊲ 飛行機の**カンセイ**業務につく。 [多摩大附聖ヶ丘中]

□ ㊳ 父が**コウケンニン**になる。 [日大二中]

□ ㊴ 力士が**ドヒョウ**に上がる。 [関西大中等部]

□ ㊵ この地域では**養蚕**が盛んに行われている。 [専修大松戸中]

6日目 レベル⑥

月　日

正答数　/40

★次の――線のカタカナを漢字に、漢字をひらがなに直しましょう。

答え→別冊 p.56

A 重要度

□① それが事実だと**カテイ**して話をすすめる。［帝塚山学院泉ヶ丘中］

□② **ムニ**の親友。［市川中］

□③ あの本は**コウヒョウ**発売中です。［神奈川学園中］

□④ **ジショ**をこまめに調べる。［実践女子学園中］

□⑤ **サイバンショ**を見学する。［かえつ有明中］

□⑥ プラモデルの**モケイ**作りに熱中する。［湘南学園中］

□⑦ 荷物を**セオ**う。［学芸大附世田谷中］

□⑧ **コショウ**したテレビを修理に出した。［湘南学園中］

□⑨ **ホウフ**な知識。［香蘭女学校中］

□⑩ 結果よりも今までの**カテイ**を大事にする。［帝塚山学院泉ヶ丘中］

□⑪ 古い校舎の**カイシュウ**工事がはじまった。［大谷中］

□⑫ ニュースで見た所に**ジッサイ**に足を運ぶ。［香蘭女学校中］

□⑬ 詩ならではの**トクイ**な表記。［四天王寺中］

□⑭ **フキソク**な生活を改める。［相模女子大中学部］

□⑮ 周囲の環境《かんきょう》に**テキオウ**する。［相模女子大中学部］

□⑯ 夏休み前に母の**セイカ**に帰省した。［大谷中］

□⑰ **モヨ**り駅はどこですか。［西遠女子学園中］

□⑱ 体力の**ゾウキョウ**をはかる。［同志社国際中］

□⑲ 駅のホームで**ノジュク**する。［関西学院中学部］

□⑳ 文化のより**ケンゼン**な発展をめざす。［吉祥女子中］

B 重要度

㉑ もとは**単一**の機能を複合する。［吉祥女子中］

㉒ 記録を**ジュリツ**する。［聖望学園中］

㉓ **ハイスイ**の陣《じん》を敷《し》く。［成城中］

㉔ リサイクル運動を**スイシン**する。［晃華学園中］

㉕ 報道**キカン**からの情報。［法政大二中］

㉖ **シンキイッテン**して仕事にはげむ。［帝塚山学院泉ヶ丘中］

㉗ 社員十名を**シンキ**に採用する。［帝塚山学院泉ヶ丘中］

㉘ 役割を**ハ**たす。［四天王寺中］

㉙ かわいい**ザッカ**屋さんをのぞく。［香蘭女学校中］

㉚ 友人の**胸中**をおもいやる。［湘南白百合学園中］

C 重要度

㉛ **無下**にことわれない。［学習院女子中等科］

㉜ この**街道**＊沿いには歴史ある建物が多い。［神奈川学園中］

㉝ 国の**存亡**を左右する。［逗子開成中］

㉞ 高原で**ツノブエ**をふく。［関西学院中学部］

㉟ **ゴクボソ**のペンで書く。［西遠女子学園中］

㊱ 海外のチームに**ショゾク**する選手。［慶應湘南藤沢中等部］

㊲ **ツウセツ**にこだわった対応しかできない。［慶應義塾中等部］

㊳ この製品は**キカク**外である。［関西大中等部］

㊴ オリンピックの**セイカ**がともされる。［大谷中］

㊵ 大阪に**シンキョ**を建てる。［明星中］

第6章 入試で力試し

7日目 レベル⑦

月　日

正答数　／40

次の――線のカタカナを漢字に、漢字をひらがなに直しましょう。
答え→別冊p.57

A 重要度

□① ケイカイなリズム。［品川女子学院中等部］

□② テキビしい指摘《してき》があった。［筑波大附中］

□③ 流れにギャッコウして泳ぐ。［西遠女子学園中］

□④ 水は温度が上がるとジョウハツする。［女子聖学院中］

□⑤ 立方体のヨウセキを計算する。［女子聖学院中］

□⑥ この絵のコウズはすばらしい。［女子聖学院中］

□⑦ 期間をゲンテイする。［女子聖学院中］

□⑧ 以前とドウヨウの事件。［青山学院中等部］

□⑨ セーターをアむ。［市川中］

□⑩ この盆地《ぼんち》は一日のカンダンの差が激しい。［湘南学園中］

□⑪ 寺社を建立する。［樟蔭中］

□⑫ グンタイを組織する。［女子聖学院中］

□⑬ 友人の意見にキョウメイする。［聖セシリア女子中］

□⑭ 世間話に花が咲く。［聖セシリア女子中］

□⑮ 友達のアンピを気遣《きづか》う。［浦和実業学園中］

□⑯ 雲が湖にウツる。［浦和実業学園中］

□⑰ そのお寺のハイカンリョウを調べた。［清泉女学院中］

□⑱ ショウカキカンの検査をする。［お茶の水女子大附中］

□⑲ 磯遊《いそあそ》びにネッチュウする。［玉川聖学院中］

□⑳ 霊園《れいえん》のアンナイバンを見る。［田園調布学園中等部］

B 重要度

□ ㉑ 校庭を住民に**カイホウ**する。［東京家政学院中］

□ ㉒ **ジンケンヒ**を節約する。［大阪桐蔭中］

□ ㉓ チームを**束**ねるキャプテン。［市川中］

□ ㉔ **雨垂**れの音がする。［浦和実業学園中］

□ ㉕ **ジョウレイ**を制定する。［女子聖学院中］

□ ㉖ 病気の祖母は**ショウコウ**を保っている。［清泉女学院中・改］

□ ㉗ **ジョウシキ**ある行動をとる。［女子聖学院中］

□ ㉘ **コウフン**冷めやらぬ状態。［青山学院中等部］

□ ㉙ 日本を**ジュウダン**した台風。［市川中］

□ ㉚ 野菜を**キザ**む。［浦和実業学園中］

C 重要度

□ ㉛ 過去の**古傷**が痛む。［田園調布学園中等部］

□ ㉜ 山から**シガイ**地を見下ろす。［親和中］

□ ㉝ 世間の**ジモク***を集めるできごと。［市川中］

□ ㉞ 卒業式で**シュクジ**を読む。［市川中］

□ ㉟ 会場の**ケイビ**をする。［品川女子学院中等部］

□ ㊱ はじめて電話を**セッチ**した。［四天王寺中］

□ ㊲ **フクセイヒン**が展示される。［昭和女子大附昭和中］

□ ㊳ 村中**ソウドウイン**で祭りの準備をする。［清泉女学院中］

□ ㊴ 制服を**貸与***する。［淑徳与野中］

□ ㊵ 祖父は家族ひとりひとりに**遺言***を残した。［湘南学園中］

8日目 レベル⑧

次の――線のカタカナを漢字に、漢字をひらがなに直しましょう。

答え→別冊p.58

月　日

正答数 /40

A 重要度

□ ① 病気が**カイホウ**に向かう。 〔市川中〕

□ ② 雨のため、試合は**ジュンエン**となった。 〔専修大松戸中〕

□ ③ 番組を**ロクガ**する。 〔淳心学院中〕

□ ④ 電池を**ヘイレツ**につなぐ。* 〔聖学院中〕

□ ⑤ 長年、会長として**クンリン**してきた。 〔神戸女学院中学部〕

□ ⑥ 会社の**ギョウセキ**が伸《の》びた。 〔湘南白百合学園中〕

□ ⑦ いつの時代にも変わらない**シンリ**。 〔北鎌倉女子学園中〕

□ ⑧ 陰《かげ》であれこれ**画策**する。 〔自修館中等教育学校〕

□ ⑨ **シャレイ**は辞退します。 〔国府台女子学院中学部〕

□ ⑩ **ヨウリョウ**を覚えて仕事が楽になる。 〔香蘭女学校中〕

□ ⑪ 独自の**キョウチ**を開く。 〔実践女子学園中〕

□ ⑫ 合格の**ロウホウ**を待つ。 〔淑徳与野中〕

□ ⑬ みなの**サンドウ**を得る。 〔淑徳与野中〕

□ ⑭ 野生の馬の**タイグン**。 〔湘南白百合学園中〕

□ ⑮ 水分を**ホキュウ**する。 〔湘南白百合学園中〕

□ ⑯ 他の学年と**交**わる。 〔学芸大附世田谷中〕

□ ⑰ 新しい方法を**試**みる。 〔学芸大附世田谷中〕

□ ⑱ みんなが視線を**注**ぐ。 〔学芸大附世田谷中〕

□ ⑲ **ヘイシンテイトウ**しておわびする。 〔大阪桐蔭中〕

□ ⑳ 二十年前とは**時世**がちがう。 〔明治大附中野中〕

B 重要度

㉑ 私の部長就任が会議でショウニン*された。［神奈川学園中・改］

㉒ ジシャクを使って実験する。［相模女子大中学部］

㉓ 昔話のデンショウ。［晃華学園中］

㉔ 着物のウラジ。［青山学院中等部］

㉕ なかなかのランボウモノだった。［カリタス女子中］

㉖ 縦横無尽《むじん》に活躍《かつやく》する。［自修館中等教育学校］

㉗ 不注意にキインする事故。［東大寺学園中］

㉘ 毛が縮れる。［実践女子学園中］

㉙ カチョウフウゲツを描《えが》いたびょうぶ。［かえつ有明中］

㉚ 気力を奮って立ち上がる。［自修館中等教育学校］

C 重要度

㉛ 数十年をへて変わっていく。［四天王寺中］

㉜ 京都で多くのシャジを見学した。［大谷中］

㉝ 学校でうさぎをシイクする。［淳心学院中］

㉞ 将来の夢はツウヤクだ。［関西大一中］

㉟ 小学校の教育カテイを終える。［湘南白百合学園中］

㊱ 裁判員のシュヒ義務。［晃華学園中］

㊲ タれマクをとりつける。［晃華学園中］

㊳ レキダイの首相の名前。［淑徳与野中］

㊴ 音楽家のキョウゾウがある。［昭和女子大附昭和中］

㊵ 秋の夕暮れはつい感傷的な気持ちになる。［湘南学園中］

9日目

レベル⑨

月　日

正答数　/40

A 重要度

次の――線のカタカナを漢字に、漢字をひらがなに直しましょう。

答え→別冊 p.59

□① ケガを恐《おそ》れて主力選手を**オンゾン**する。［湘南学園中］

□② **ボッカ**的な詩を書く作家。［市川中］

□③ 今年の米を**ヒンピョウ**する。［多摩大附聖ヶ丘中］

□④ **モウサイケッカン**のしくみを調べる。［お茶の水女子大附中］

□⑤ **ユウビンキョク**にいく。［関西大中等部］

□⑥ 難民の**キュウサイ**に全力をつくす。［穎明館中］

□⑦ ****メンボク**がたたない。［東京家政学院中］

□⑧ **ゲンジュウ**に注意する。［東京家政学院中］

□⑨ **ホウガイ**な額の絵画。［四天王寺中］

□⑩ 雨で**ヒョウド**が流される。［富士見中］

□⑪ 基盤整備《きばんせいび》に**トウシ**する。［富士見中］

□⑫ 成分を**ケンチ**する機械。［富士見中］

□⑬ **ガイトウ**に立って演説する。［雙葉中］

□⑭ 美しい**ヨウシ**の女性を見つめる。［聖学院中］

□⑮ **セイコウウドク**。［大阪桐蔭中］

□⑯ ****朗**らかに笑う。［北鎌倉女子学園中］

□⑰ **カイソク**の電車に乗る。［聖園女学院中］

□⑱ **著名**な作家の作品を読む。［開智中］

□⑲ **穀物**を倉庫に保存する。［浦和実業学園中］

□⑳ 空手の型を**デンジュ**する。［立教池袋中］

B 重要度

□ ㉑ 国連**ケンショウ**を読む。［帝京大中］

□ ㉒ 態度を**ホリュウ**にする。［穎明館中］

□ ㉓ これはクラス委員の**役得**だ。［同志社国際中］

□ ㉔ 電車の中が**コンザツ**している。［淳心学院中］

□ ㉕ 荷物を**ユソウ**する。［東京家政学院中］

□ ㉖ 賞賛に**値***する。［東京家政学院中］

□ ㉗ その場の空気を**和***らげる。［東京家政学院中］

□ ㉘ **ユウイギ**な時間を過ごす。［聖園女学院中］

□ ㉙ 文化の**サイテン**。［フェリス女学院中］

□ ㉚ 主人に**ジュウジュン**な犬。［雙葉中］

C 重要度

□ ㉛ 昔の日用品も今では**キショウカチ**がある。［帝塚山学院泉ヶ丘中］

□ ㉜ 江戸**バクフ**をたおした。［関西大中等部］

□ ㉝ 小笠原《おがさわら》**ショトウ**でクジラを見たい。［逗子開成中］

□ ㉞ **キショウ**予報士をめざす。［帝塚山学院泉ヶ丘中］

□ ㉟ これは**ゴクジョウ***の品だ。［トキワ松学園中］

□ ㊱ 彼《かれ》の**ハイシン**行為《こうい》は許しがたい。［豊島岡女子学園中］

□ ㊲ 作業を**ショウリョクカ**する。［富士見中］

□ ㊳ 校庭に記念の**ショクジュ**をする。［浦和実業学園中］

□ ㊴ 薩摩《さつま》と長州《ちょうしゅう》が**メイヤク**を結ぶ。［普連土学園中］

□ ㊵ 判断の**尺度**が異なる。［浦和実業学園中］

10日目

レベル⑩

月　日

正答数 /40

次の――線のカタカナを漢字に、漢字をひらがなに直しましょう。
答え→別冊 p.60

A 重要度

□① 実験で虫を**コウハイ**させる。［多摩大附聖ヶ丘中］

□② **テシオ**にかけて育てた選手。［大谷中］

□③ 映画の**ヒヒョウ**を読む。［日大一中］

□④ 実力**コウシ**にうったえる。［同志社国際中］

□⑤ 足りないところを**オギナ**う。［桜美林中］

□⑥ 大学の**ソウシシャ**。［市川中］

□⑦ **ナンイド**の高い技を決める。［親和中］

□⑧ ケガをして**キュウゴ**室に行く。［栄東中］

□⑨ 現状を**ダハ**する策を練る。［市川中］

□⑩ 町で**エキシャ**に手相をみてもらった。［東大寺学園中］

□⑪ 質問に**ソクザ***に答える。［逗子開成中］

□⑫ 今シーズンのプロ野球が**カイマク**した。［湘南学園中］

□⑬ **キハツセイ**のある薬品。［浦和実業学園中］

□⑭ 需要《じゅよう》と**キョウキュウ**のバランス。［専修大松戸中］

□⑮ **センリョウ***で色をつけた。［関西大中等部］

□⑯ 彼《かれ》は**ジダイ**を担う棋士《きし》として期待される。［東大寺学園中・改］

□⑰ 一日かけて山頂に**トウタツ***した。［逗子開成中］

□⑱ なくなった人の**ボヒョウ**を立てた。［関西大中等部］

□⑲ **ジキュウリョク**がない。［穎明館中］

□⑳ 彼は私の兄よりも**上背**がある。［奈良学園登美ヶ丘中］

B 重要度

□ ㉑ 政府の**カクギ**で決定した。［関西大中等部］

□ ㉒ お世話になった人に**シャジ**を述べる。［大谷中］

□ ㉓ **ヨウジンボウ**にやとわれる。［多摩大附聖ヶ丘中］

□ ㉔ ヨーロッパ諸国を**レキホウ**する。［帝京大中］

□ ㉕ 新しい**コウクウキ**が飛んできた。［淳心学院中］

□ ㉖ 休日に**果樹園**に行く。［北鎌倉女子学園中］

□ ㉗ 図書館の**蔵書**数は三万冊ある。［浦和実業学園中］

□ ㉘ 空中から**ササツ**する。［穎明館中］

□ ㉙ 先生の家に**キシュク**する。［穎明館中］

□ ㉚ 新しい部署に**ハイゾク**された。［慶應湘南藤沢中等部］

C 重要度

□ ㉛ 水は**ホウエン**の器《うつわ》にしたがう。［慶應義塾中等部］

□ ㉜ **セツリ**をたてて説明する。［大宮開成中］

□ ㉝ 悠々《ゆうゆう》**ジテキ**の生活を送る。［大宮開成中］

□ ㉞ 駅の**ジョヤク**を務める。［同志社国際中］

□ ㉟ なるべく**ゼンショ**して対応する。［桜美林中］

□ ㊱ 身軽な*__ショウゾク__で表れる。［関西大中等部］

□ ㊲ 国を*__オコ__す。［関西大中等部］

□ ㊳ **ジョウリ**をつくして説明する。［東大寺学園中］

□ ㊴ *__仁王__立ちして行く手をはばむ。［相模女子大中学部］

□ ㊵ **車窓**からの風景をぼんやり見ていた。［奈良学園登美ヶ丘中］

第6章 入試で力試し

答え→別冊p.61

月　日　正答数　／26

1

次の①から⑧のカタカナの語を漢字に書き改め、⑨から⑫の漢字は読みをひらがなで書きなさい。 ［東大寺学園中］

① 連戦連敗で弱気になっている選手に**ハッパ**をかける。

② 海外で成功をおさめた日本人の例は**マイキョ**にいとまがない。

③ 有名な座長の**ヒキ**いる劇団の全国公演が始まった。

④ これだけ長い間のつきあいだから、君とぼくは**ムニ**の親友だ。

⑤ あの人はすぐ上司に**チュウシン**するから気をつけたほうがいいよ。

⑥ すばらしい家族にかこまれて、君はほんとうに**カホウモノ**だよ。

⑦ モーツァルトは**フセイシュツ**の音楽家として知られている。

⑧ その分野に関してはまったくの**モンガイカン**が適当なことを言っている。

⑨ このままだと、当初の計画が失敗してしまうのは**必定**だ。

⑩ それくらいのものは子供でも**造作**なく仕上げることができる。

⑪ 目標を達成するには、なにより**平生**の心がけが重要だ。

⑫ 約束を守らないのだから、かれにはもう**金輪際**かかわりたくない。

①	②	③	④
⑤	⑥	⑦	⑧
⑨	⑩	⑪	⑫

2

次の文字に共通して付けることができる部首を考えて書きなさい。 ［跡見学園中］

(例) 反　寸　二　→　［答え］イ

① 几　各　票

② 朝　夜　先

③ 寺　免　央

④ 田　丁　尧

⑤ 也　或　竟

①	②	③	④	⑤

③ **次の［　　］の中の五つを、すべて漢字の一部として組み合わせて使い、二字の熟語を作ります。その二字の熟語の対義語となる熟語をそれぞれ一つずつ選び、記号で書きなさい。**［共立女子中］

(例) 立　木　七　見　刀

ア 冷淡　イ 円満　ウ 延長　エ 許可

答え ア

「立」と「木」と「見」で「親」、「七」と「刀」で「切」、となるため、「親切」という二字熟語ができます。「親切」の対義語はアの「冷淡」ですから、答えはアとなります。

① 月　糸　王　色　亡

ア 希望　イ 明白　ウ 目標　エ 絶対

② 牛　刀　角　刀　八

ア 過失　イ 添加　ウ 暗黒　エ 合成

③ 木　王　目　心　里

ア 原因　イ 現実　ウ 社会　エ 本能

④ 日　口　皿　力　月

ア 退場　イ 食事　ウ 脱退　エ 肯定

①	②	③	④

④ **次の①～⑤について、二字熟語が四組完成するように、例に倣《なら》って□に入る漢字を答えなさい。矢印の向きに注意しなさい。**［灘中］

(例) 欠↓　会→□←議　↑末　［答え］席

① 悲↓　志→□←念　↑大

② 力↓　解→□←自　↑学

③ 求↓　博→□→児　↓情

④ 送↓　分→□→人　↓格

⑤ 真↓　論→□→想　↓性

①	②	③	④	⑤

ワンポイント必勝講座 ⑥

～「出題者の目」を持とう～

漢字パズル形式の問題が苦手という人がいます。漢字の書き取りはそこそこできても、パズルになると思考が止まるというわけです。そういう人は**「出題者の目」**を持つことをおすすめします。

出題者が、どんな漢字をパズル形式で出したくなるかというと、**「意外性」があるとき**です。ただ複雑・難解《なんかい》なだけではおもしろくありません。解けたときに「あっ、そうだったのか」という気づきが必要なのです。

漢字をながめていると、その使われ方に「意外性」があることに気づくときがあります。

【例】 終結　海洋　討議

これらの熟語を見ると、「あ、共通の部首が使われている」と気づきます。しかも、部首以外の形もそれだけで漢字になっています。こういう気づきから次のようなパズル形式の問題を思いつくというわけです。

【例題】 次の漢字に、それぞれ共通の部首をつけて熟語にしなさい。

1 冬吉　〔　終結　〕

2 毎羊　〔　海洋　〕

3 寸義　〔　討議　〕

おもしろいですね。

また、漢字をながめていて、それぞれのパーツが「カタカナ」に似ているものがあります。

【例】 花 … サ イ ヒ

加 … カ ロ

これも「次のカタカナを使ってできる漢字を書きなさい」などという問題が作れそうです。

パズル形式の問題に強くなるには「出題者の目」を持つこと。どんな意外性に気づいて問題ができているのかを考えましょう。その感覚をみがけばパズル形式の問題で頭を悩《なや》ますことがなくなりますよ。

巻末付録

語彙《ごい》をきたえる200

★次の問題は、実際の入試で出題された問題です。

「……」から うかがえる「僕《ぼく》」の様子として最もよいものを次から選びなさい。

ア 不満と要求　イ 迷いと妥協《だきょう》　ウ 混乱と依頼《いらい》

エ 葛藤《かっとう》と決断　オ 遠慮《えんりょ》と交渉《こうしょう》

（穎明館中・改）

たとえ文章の内容が読み取れても、それぞれの選択肢《せんたくし》の語句の意味がわからないのでは手も足も出ません。

● 妥協《だきょう》……おたがい意見をゆずりあうこと

● 葛藤《かっとう》……心の中で迷うこと

など、小学校で習わない漢字を使っているので読みがなはついているものの、意味までは教えてくれません。

ここでは、入試の文章で使われていることばで、知っておくとよいものを集めました。これらのことばの意味を覚えて、語彙を増やしていきましょう。

	語彙	意味	用例
1	示唆《しさ》する	それとなく教える	テストの実施《じっし》を示唆する。
2	安堵《あんど》する	うまくいって安心する	無事との報せに安堵した。
3	没頭《ぼっとう》する	夢中になる	研究に没頭する。
4	抑制《よくせい》する	おさえて制限する	経費を抑制する。
5	支援《しえん》する	助ける	被災地《ひさいち》の復興を支援する。
6	恐縮《きょうしゅく》する	申し訳ないと思う	手厚いもてなしに恐縮する。
7	興《きょう》ざめする	おもしろくなくなる	過剰《かじょう》な演出に興ざめする。
8	普及《ふきゅう》する	広くいきわたる	携帯《けいたい》電話が普及する。
9	歓喜《かんき》する	非常に喜ぶ	初優勝に歓喜する。
10	断念《だんねん》する	あきらめる	悪天候で登頂を断念する。

	語彙	意味	用例
11	度外視《どがいし》する	無視する	採算を度外視する。
12	威圧《いあつ》する	おどしておさえつける	大きな音で敵を威圧する。
13	寄与《きよ》する	役立つ	経済の発展に寄与する。
14	流布《るふ》する	世の中に広まる	うわさが流布する。
15	着目《ちゃくもく》する	目をつける	気温の変化に着目する。
16	動揺《どうよう》する	気持ちが落ち着かない	急な知らせに動揺する。
17	落胆《らくたん》する	がっかりする	逆転負けに落胆する。
18	懸念《けねん》する	心配する	景気の悪化を懸念する。
19	嘲笑《ちょうしょう》する	ばかにして笑う	クラスで嘲笑される。
20	依存《いそん》する	ほかのものをたよる	電力に依存する。

	語彙	意味	用例
21	逆《さか》なでする	気にさわることを言う	他人の神経を逆なでする。
22	暴露《ばくろ》する	秘密をみんなに知らせる	過去を暴露する。
23	口論《こうろん》する	言い合いをする	友達と口論する。
24	徹底《てってい》する	すみずみまでいきわたる	機材の点検を徹底する。
25	削減《さくげん》する	減らす	二酸化炭素を削減する。
26	様相《ようそう》をおびる	傾向《けいこう》が強くなる	長期戦の様相をおびる。
27	斜《しゃ》に構《かま》える	皮肉な態度でのぞむ	斜に構えた態度。
28	虫酸《むしず》が走《はし》る	いやでたまらなくなる	ひどいことばに虫酸が走る思いだ。
29	均衡《きんこう》を破《やぶ》る	バランスをくずす	一本のヒットが試合の均衡を破った。
30	柔和《にゅうわ》な	やさしくおとなしい	祖父は柔和な顔つきだ。

	語彙	意味	用例
31	真摯《しんし》な	まじめでひたむき	真摯な態度で仕事に臨む。
32	謙虚《けんきょ》な	ひかえめでつつましい	謙虚な姿勢を忘れない。
33	抽象的《ちゅうしょうてき》な	具体的でなくわかりにくい	抽象的な話についていけない。
34	一途《いちず》な	ひとつのことにうちこむ	一途な思いで練習する。
35	曖昧《あいまい》な	はっきりしない	日本語は曖昧な表現が多い。
36	非凡《ひぼん》な	特にすぐれている	非凡な才能を見せる。
37	過酷《かこく》な	非常にひどい	過酷な環境《かんきょう》でも生きられる動物。
38	繊細《せんさい》な	するどくて感じやすい	繊細な心の持ち主。
39	横柄《おうへい》な	いばって人をばかにする	横柄な態度を見せる。
40	尋常《じんじょう》な	ふつうである	この暑さは尋常ではない。

	語彙	意味	用例
□41	粗暴《そぼう》な	あらあらしくて乱暴である	粗暴な人はきらわれるよ。
□42	普遍的《ふへんてき》な	すべてのものにあてはまる	普遍的な考え。
□43	奔放《ほんぽう》な	好きなようにふるまう	奔放な生き方。
□44	軽薄《けいはく》な	考えが浅い	軽薄な態度。
□45	滑稽《こっけい》な	おどけておもしろい	滑稽なしばいを見る。
□46	希薄《きはく》な	少なくうすい	危機感が希薄である。
□47	屈強《くっきょう》な	力が強い	屈強な男たちが闘《たたか》う。
□48	過剰《かじょう》な	多すぎる	過剰な開発に歯止めをかける。
□49	不憫《ふびん》な	かわいそう	戦災孤児《せんさいこじ》を不憫に思う。
□50	呆然《ぼうぜん》と	気がぬけてぼんやりするようす	悲劇的な結末に呆然とする。

	語彙	意味	用例
□51	漠然《ばくぜん》と	はっきりしないようす	漠然としかわからない。
□52	漫然《まんぜん》と	目的もなくぼんやりするようす	夏休みを漫然と過ごす。
□53	露骨《ろこつ》に	むきだしなようす	露骨にいやな顔をする。
□54	唐突《とうとつ》に	とつぜん	唐突に立ち上がる。
□55	健気《けなげ》に	年少者が一生懸命《いっしょうけんめい》なようす	健気に留守番をしている。
□56	否応《いやおう》なく	無理矢理に	否応なく外に出る。
□57	屈託《くったく》のない	心配事のない	屈託のない笑顔。
□58	変哲《へんてつ》も無《な》い	変わったところもない	なんの変哲も無いつぼ。
□59	甲乙《こうおつ》つけがたい	どちらがよいか決められない	甲乙つけがたい作品。
□60	間髪《かんはつ》いれず	間をおかずに	間髪いれずに答える。

No.	語彙	意味	用例
61	嫌悪感《けんおかん》	きらいだと思う気持ち	嫌悪感をおぼえる。
62	根拠《こんきょ》	よりどころ	根拠のない不安。
63	威厳《いげん》	いかめしい感じ	威厳のある王様。
64	輪郭《りんかく》	ものごとのおおまかなところ	輪郭がはっきり見える。
65	恩恵《おんけい》	めぐみ	値上げの恩恵にあずかる。
66	弊害《へいがい》	害となる悪いこと	科学の弊害について学ぶ。
67	抱負《ほうふ》	心の中で思っている希望	新年の抱負を語る。
68	違和感《いわかん》	どこか変だという感じ	違和感をおぼえる。
69	億劫《おっくう》	めんどう	荷物を届けるのを億劫に思う。
70	屁理屈《へりくつ》	正しくない理屈	屁理屈をこねる。

No.	語彙	意味	用例
71	概念《がいねん》	考え方	新しい概念を導入する。
72	畏敬《いけい》の念《ねん》	おそれうやまう気持ち	自然に畏敬の念をおぼえる。
73	感慨《かんがい》	しみじみ思うこと	感慨深い。
74	衝動《しょうどう》	何かをしようとする強い心の動き	衝動的に物を買う。
75	葛藤《かっとう》	心の中で迷うこと	はげしい葛藤がある。
76	物腰《ものごし》	人に対する態度	物腰のやわらかい人。
77	青息吐息《あおいきといき》	ひどく困り苦しんでいる状態	青息吐息で宿題を仕上げる。
78	汚名返上《おめいへんじょう》	悪い評判をしりぞけること	活躍《かつやく》して汚名返上したい。
79	名誉挽回《めいよばんかい》	失った名誉を回復すること	名誉挽回のチャンス。
80	前人未踏《ぜんじんみとう》	まだだれもやっていないこと	前人未踏の記録。

	語彙	意味	用例
81	断行《だんこう》する	思い切って行う	チームの改革を断行する。
82	凝視《ぎょうし》する	じっと見つめる	驚《おどろ》いて母の顔を凝視する。
83	網羅《もうら》する	残らず集めてとり入れる	すべての都道府県を網羅する地図。
84	挫折《ざせつ》する	とちゅうでだめになる	あまりの困難に計画が挫折する。
85	肉薄《にくはく》する	すぐ近くにせまる	首位のチームに肉薄する。
86	逸脱《いつだつ》する	本筋からはずれる	範囲《はんい》を逸脱して出題する。
87	乱用《らんよう》する	むやみに使う	職権を乱用する。
88	鼓舞《こぶ》する	はげます	選手たちを鼓舞する。
89	溺愛《できあい》する	やたらにかわいがる	初孫を溺愛する。
90	抜粋《ばっすい》する	ぬきだす	重要な単元を抜粋する。

	語彙	意味	用例
91	黙認《もくにん》する	だまって許す	遅刻《ちこく》を黙認する。
92	破綻《はたん》する	成り立たなくなる	経営が破綻する。
93	模倣《もほう》する	まねをする	有名な作品を模倣する。
94	詮索《せんさく》する	こまごまと調べる	細かいことを詮索するな。
95	躊躇《ちゅうちょ》する	決心がつかずに迷う	飛びこむのを躊躇する。
96	誇示《こじ》する	自慢《じまん》そうに見せる	実力を誇示する。
97	探索《たんさく》する	探し求める	海底を探索する。
98	摂取《せっしゅ》する	取り入れる	エネルギーを摂取する。
99	増幅《ぞうふく》する	増やし大きくする	力を増幅させる。
100	垣間見《かいまみ》る	わずかに見る	大人の世界を垣間見る。

番号	語彙	意味	用例
□101	依頼《いらい》する	たのむ	デザインを依頼する。
□102	抗議《こうぎ》する	不満をうったえる	審判《しんぱん》に抗議する。
□103	観念《かんねん》する	あきらめる	観念してつかまる。
□104	彩《いろど》る	かざる	祭りを彩る浴衣《ゆかた》。
□105	劣《おと》る	負ける	弟には素早さで劣る。
□106	余儀《よぎ》なくされる	そうしないではいられない	変更《へんこう》を余儀なくされる。
□107	芳《かんば》しい	できがよい	成績が芳しくない。
□108	尊大《そんだい》な	いばってえらそうな	尊大な態度で人に接する。
□109	執拗《しつよう》な	しつこい	執拗な問いかけに音《ね》を上げる。
□110	鋭敏《えいびん》な	するどい	鋭敏な神経。

番号	語彙	意味	用例
□111	怪訝《けげん》な	なんだかわからない	怪訝な顔をする。
□112	短絡的《たんらくてき》な	物事を深く考えていない	短絡的な考えでは失敗する。
□113	突飛《とっぴ》な	ふつうとたいへんちがった	突飛な思いつき。
□114	緻密《ちみつ》な	いきとどいている	緻密な計画を立てる。
□115	傲慢《ごうまん》な	いばって人をばかにする	うぬぼれて傲慢になる。
□116	皆目《かいもく》	まったく	皆目見当がつかない。
□117	意思《いし》の疎通《そつう》	気持ちが通じ合うこと	意思の疎通をはかる。
□118	暗黙《あんもく》の了解《りょうかい》	言わなくても決まっていること	定時の連絡《れんらく》は暗黙の了解だった。
□119	未曾有《みぞう》	今まで一度もないこと	未曾有の災害に見舞《みま》われる。
□120	恒久《こうきゅう》	いつまでも続くこと	恒久の平和を望む。

	語彙	意味	用例
121	抜群《ばつぐん》	特にすぐれていること	抜群の成績を収める。
122	優劣《ゆうれつ》	すぐれていることと、おとっていること	優劣がはっきりしている。
123	若干《じゃっかん》	少し	若干の修正が必要です。
124	報酬《ほうしゅう》	働いた人にはらうお金	報酬を受け取る。
125	焦燥《しょうそう》感	あせっていらいらする気持ち	焦燥感に駆《か》られる。
126	代償《だいしょう》	何かをなしとげるのに必要なぎせい	科学の発展の代償をはらう。
127	比喩《ひゆ》	たとえ	比喩を使って夕焼けの美しさを表現する。
128	前提条件《ぜんていじょうけん》	満たされていなければならない条件	毎日続けるのが前提条件です。
129	余韻《よいん》	あとまで残るひびき	余韻にひたる。
130	経緯《けいい》	細かい事情	経緯を説明する。

	語彙	意味	用例
131	挙動不審《きょどうふしん》	動作がふつうでないこと	挙動不審の男に職務質問する。
132	正真正銘《しょうしんしょうめい》	うそやいつわりのないようす	正真正銘の天才。
133	吟味《ぎんみ》する	よく調べる	言葉づかいを吟味する。
134	達観《たっかん》する	ものごとの道理をさとる	人生を達観する。
135	緩和《かんわ》する	厳しかったものをゆるめる	規制を緩和する。
136	添加《てんか》する	つけ加える	薬品を添加する。
137	譲渡《じょうと》する	ゆずりわたす	権利を譲渡する。
138	転嫁《てんか》する	相手におしつける	責任を転嫁する。
139	検証《けんしょう》する	調べて証明する	仮説を検証する。
140	遵守《じゅんしゅ》する	決まりをよく守る	法律を遵守する。

	語彙	意味	用例
141	更新《こうしん》する	新しいものにかえる	免許《めんきょ》を更新する。
142	高揚《こうよう》する	気持ちが高まる	気分が高揚する。
143	抑揚《よくよう》をつける	調子を上げ下げする	抑揚をつけて話す。
144	殻《から》を破《やぶ》る	新たな境地を開く	新作で殻を破ったと評価される。
145	雌雄《しゆう》を決《けっ》する	決着をつける	この試合で雌雄を決するつもりだ。
146	岐路《きろ》に立《た》つ	分かれ道に位置する	会社は岐路に立たされた。
147	翻弄《ほんろう》される	もてあそばれる	時代に翻弄された人物。
148	巧拙《こうせつ》は問《と》わない	上手《じょうず》下《へ》手《た》は問題にしない	字の巧拙は問わない。
149	造詣《ぞうけい》が深《ふか》い	深い知識を持っている	詩文に造詣が深い。
150	憂鬱《ゆううつ》な	気持ちが晴れない	憂鬱な日々を過ごす。

	語彙	意味	用例
151	稀《まれ》	めったにないようす	それは稀にしか起こらない。
152	穏便《おんびん》	おだやかで角《かど》がたたないようす	ことを穏便にすませる。
153	食傷《しょくしょう》気《ぎ》味《み》	同じことのくり返しであきる	この展開は食傷気味だ。
154	既視感《きしかん》	すでに体験したように感じること	旅先で既視感に襲《おそ》われる。
155	大御所《おおごしょ》	大きな影響《えいきょう》力《りょく》をもっている人	ロックの大御所のコンサートに行く。
156	瀬戸際《せとぎわ》	成功と失敗のさかいめ	瀬戸際に立たせる。
157	倫理観《りんりかん》	人としてどうあるべきかという考え方	医師の倫理観が問われる。
158	媒体《ばいたい》	仲立ちをするもの	媒体を通じて発表する。
159	自暴自棄《じぼうじき》	やけくそになること	自暴自棄になる。
160	軌道修正《きどうしゅうせい》	ものごとの道筋を変更すること	計画の軌道修正をする。

語彙 / 意味 / 用例

161 興味津々《きょうみしんしん》
次から次へと関心をもつこと
先生の話を興味津々に聞く。

162 相乗効果《そうじょうこうか》
お互《たが》いの働きでより大きな結果を生じること
相乗効果をねらって合併《がっぺい》する。

163 邪推《じゃすい》する
悪く推測する
それは君の邪推だ。

164 断罪《だんざい》する
罪をさばく
犯人を断罪する。

165 勃発《ぼっぱつ》する
とつぜん起こる
戦争が勃発する。

166 俯瞰《ふかん》する
高いところから見下ろす
全体を俯瞰する。

167 傾倒《けいとう》する
熱中する
ある作家に傾倒する。

168 狼狽《ろうばい》する
あわてる
とんだ失態に狼狽する。

169 募《つの》る
集める
寄付を募る。

170 明晰《めいせき》な
はっきりしている
明晰な頭脳の持ち主。

語彙 / 意味 / 用例

171 脆弱《ぜいじゃく》な
もろくて弱い
脆弱なつくりの工作。

172 促進《そくしん》する
ものごとがはかどるようにする
販売《はんばい》を促進する。

173 付《つ》け焼《や》き刃《ば》
間に合わせの知識
付け焼き刃では良い点はとれない。

174 冒頭《ぼうとう》
はじめの部分
冒頭の場面で真相が明かされている。

175 累積《るいせき》する
積み重なる
疲労《ひろう》が累積する。

176 融合《ゆうごう》する
ひとつにとけ合う
古い考えと融合する。

177 循環《じゅんかん》する
ぐるぐる回る
資源が循環する。

178 総括《そうかつ》する
ひとつにまとめる
夏休みの特訓を総括する。

179 顕著《けんちょ》な
明らかである
ちがいが顕著に出る。

180 婉曲《えんきょく》な
遠回しにあらわす
婉曲な言葉で断る。

	語彙	意味	用例
181	既製品《きせいひん》	すでにできあがっている品物	既製品で間に合わせる。
182	怒濤《どとう》のごとく	はげしい勢いでおしよせるようす	客が怒濤のごとくおしよせる。
183	娯楽《ごらく》	人を楽しませること	娯楽施設《しせつ》に行く。
184	喧噪《けんそう》	さわがしいさま	都会の喧噪をのがれる。
185	戦慄《せんりつ》	恐《おそ》れで体がふるえること	戦慄をおぼえる。
186	無節操《むせっそう》	信念がないこと	無節操な発言はひかえる。
187	中枢《ちゅうすう》	ものごとの中心	生徒会の中枢にいる。
188	語彙《ごい》	使われることばのまとまり	語彙が豊富になる。
189	陳腐化《ちんぷか》する	ありふれて古くさくなる	陳腐化した技術。
190	批准《ひじゅん》する	条約などを国が最終的にけいいやくする	条約を批准する。
191	擁護《ようご》する	かばって守る	友人を擁護する。
192	煩悶《はんもん》する	いろいろ考えなやむ	板ばさみになって煩悶する。
193	繁茂《はんも》する	草木がしげる	植物が繁茂する。
194	罵倒《ばとう》する	はげしいことばでののしる	怒《いか》りのあまり友人を罵倒してしまう。
195	森閑《しんかん》とする	ひっそりとしている	あたりは森閑としている。
196	襟《えり》を正《ただ》す	姿勢や身なりを正しくする	新学期に襟を正す。
197	威儀《いぎ》を正《ただ》す	身なりを正し、おもおもしい態度をとる	威儀を正して式典に臨む。
198	数奇《すうき》な運命《うんめい》	不幸せな運命	数奇な運命をたどる。
199	諸刃《もろは》の剣《つるぎ》	利点と欠点の両面をともなうこと	その考えは諸刃の剣だ。
200	坩堝《るつぼ》	おおぜいの人が熱狂《ねっきょう》しているようす	球場は興奮の坩堝と化した。

● 編著者　　竹中　秀幸（たけなか　ひでゆき）

大手進学塾での最難関校教科責任者など、20年以上の指導経験を持つ。

「学びの森 国語学習会」設立後は代表として、志望校、学年を問わず一人ひとりに寄り添った個別指導にたずさわっている。

著書に、『ズバピタ国語　慣用句・ことわざ』『ズバピタ国語　漢字・熟語』『受験国語の読解テクニック』（すべて文英堂刊）などがある。

シグマベスト

6パターンで覚える　入試の漢字

編著者　竹中秀幸

発行者　益井英博

印刷所　中村印刷株式会社

発行所　株式会社　**文英堂**

〒601-8121　京都市南区上鳥羽大物町28
〒162-0832　東京都新宿区岩戸町17
（代表）03-3269-4231

●落丁・乱丁はおとりかえします。

Σ BEST
シグマベスト

❻ パターンで覚える
入試の漢字

解答集

- 解答の一問ずつに、注意すべき点を解説しているので、「解答集」をテスト前のポイントチェックができる小冊子(ハンドブック)として使用することができます。
- 最後には「おもな部首」の一覧表を載《の》せました。
- 別冊で使用している略号

同＝同義語(類義語)……同じような意味のことばです。
対＝対義語(反対語)……反対の意味のことばです。
熟＝熟語《じゅくご》……一緒《いっしょ》に覚えておきたい熟語です。
例＝例語……例となることばです。
関＝関連語……より深く学ぶためのことばです。

文英堂

1日目 熟語《じゅくご》で覚えよう

本冊→p.7

① 宇宙《うちゅう》　「宇」には「やね」という意味がある。例「堂宇《どうう》」。
② 宙返《ちゅうがえ》り　関 **「宙をまう」**なども覚えておきたい。
③ 呼吸《こきゅう》　熟 **呼応《こおう》**、**点呼《てんこ》**なども覚えよう。
④ 吸引《きゅういん》　「吸」の画数に注意。（「口」三画＋「及」三画）
⑤ 極秘《ごくひ》　熟 **秘境《ひきょう》**、**神秘《しんぴ》**なども覚えよう。
⑥ 秘密《ひみつ》　「密」の真ん中の「必」の形に注意しよう。
⑦ 源《みなもと》　「原」との書き分けに注意。例「源流《げんりゅう》」「原始《げんし》」など。
⑧ 源泉《げんせん》　「泉」の下の部分を「氺」にしないようにする。
⑨ 尊敬《そんけい》　形がおかしくならないようにていねい書くこと。
⑩ 敬意《けいい》　「敬」の訓読みは「敬《うやま》う」。送りがなに注意しよう。
⑪ 皇后《こうごう》　「皇后」は天皇の妻。
⑫ 皇室《こうしつ》　「皇」の上を「自」にしないこと。
⑬ 陛下《へいか》　天皇、皇后などを敬うことば。
⑭ 保存《ほぞん》　熟 **存命《ぞんめい》**、**生存《せいぞん》**、**存在《そんざい》**なども覚えよう。
⑮ 忠実《ちゅうじつ》　「忠」は「まごころ・君主につくすこと」という意味がある。
⑯ 忠誠《ちゅうせい》　「忠誠」＝君主につくすまごころ。
⑰ 俳句《はいく》　「俳」には「おもしろみ」という意味がある。
⑱ 俳優《はいゆう》　「おもしろみのある芸をする人」が「俳優」。
⑲ めんみつ　「密」には「すきまがない」という意味がある。
⑳ けいえん　「相手の力を認《みと》め、さけること」の意味もある。

2日目 反対の意味の漢字も覚えよう

本冊→p.9

① 脳裏《のうり》　この「裏」は「なか・内側」という意味。
② 縦書《たてが》き　対 **横書《よこが》き**。
③ 善意《ぜんい》　対 **悪意《あくい》**。
④ 閉店《へいてん》　対 **開店《かいてん》**。
⑤ 延長《えんちょう》　対 **短縮《たんしゅく》**。
⑥ 私服《しふく》　熟 **私利私欲《しりしよく》**も覚えておこう。
⑦ 取捨《しゅしゃ》　「取捨選択《せんたく》」＝いくつかの中から選び出すこと。
⑧ 拡大《かくだい》　対 **縮小《しゅくしょう》**。
⑨ 腹痛《ふくつう》　関「歯痛《しつう》」「頭痛《ずつう》」「腹痛《ふくつう》」どこが痛いかで熟語が作れる。
⑩ 背後《はいご》　「背」には「うらぎる」という意味もある。例「背信《はいしん》」。
⑪ 死亡《しぼう》　「死亡広告」＝新聞に死んだことを知らせる記事をのせること。
⑫ 若者《わかもの》　関 **「老若男女」**は「ろうにゃくなんにょ」と読む。
⑬ 縮小《しゅくしょう》　**「縮少」**としないこと。
⑭ 服従《ふくじゅう》　「服」も「従」も「したがう」という意味。対 **反抗《はんこう》**。
⑮ 難問《なんもん》　対 **易問《いもん》**。
⑯ 特異《とくい》　同音異義語の**「得意」**と区別して覚えよう。
⑰ 利己的《りこてき》　対 **利他的《りたてき》**。
⑱ 垂直《すいちょく》　「垂」は横棒の数に注意する。対 **水平《すいへい》**
⑲ かいへい　「開」と「閉」は反対の意味の組み合わせ。
⑳ じゅうおう　「縦」と「横」は反対の意味の組み合わせ。

3日目 訓読み中心で覚えよう

本冊→p.11

① 刻《きざ》む　音読みは「コク」。熟 時刻《じこく》、打刻《だこく》、刻印《こくいん》など。
② 厳《きび》しい　音読みは「ゲン・ゴン」。熟 厳正《げんせい》、厳格《げんかく》、荘厳《そうごん》など。
③ 補《おぎな》う　音読みは「ホ」。熟 補正《ほせい》、補講《ほこう》、補強《ほきょう》など。
④ 担《にな》う　音読みは「タン」。熟 負担《ふたん》、担任《たんにん》、担保《たんぽ》など。
⑤ 朗《ほが》らか　音読みは「ロウ」。熟 明朗《めいろう》、朗読《ろうどく》、朗報《ろうほう》など。
⑥ 誤《あやま》る　音読みは「ゴ」。熟 誤解《ごかい》、誤読《ごどく》、誤訳《ごやく》など。
⑦ 盛《さか》ん　音読みは「セイ・ジョウ」。熟 盛大《せいだい》、全盛期《ぜんせいき》、繁盛《はんじょう》など。
⑧ 裁《さば》く　音読みは「サイ」。熟 裁判《さいばん》、洋裁《ようさい》、地裁《ちさい》など。
⑨ 操《あやつ》る　音読みは「ソウ」。熟 操縦《そうじゅう》、操作《そうさ》、体操《たいそう》など。
⑩ 激《はげ》しい　音読みは「ゲキ」。熟 激動《げきどう》、過激《かげき》、激流《げきりゅう》など。
⑪ 奏《かな》でる　音読みは「ソウ」。熟 演奏《えんそう》、奏功《そうこう》、協奏曲《きょうそうきょく》など。
⑫ 疑《うたが》う　音読みは「ギ」。熟 疑義《ぎぎ》、疑問《ぎもん》、質疑《しつぎ》など。
⑬ 届《とど》ける　音読みのない漢字。熟 届出《とどけで》、退部届《たいぶとどけ》、欠席届《けっせきとどけ》など。
⑭ 貴《とうと》い　「尊《とうと》い」も可。「貴」の音読みは「キ」。熟 貴重《きちょう》、貴族《きぞく》など。
⑮ 装《よそお》う　音読みは「ソウ・ショウ」。熟 装備《そうび》、軽装《けいそう》、衣装《いしょう》など。
⑯ 認《みと》める　音読みは「ニン」。熟 認可《にんか》、確認《かくにん》、誤認《ごにん》など。
⑰ 訪《おとず》れる　音読みは「ホウ」。熟 訪問《ほうもん》、歴訪《れきほう》、来訪《らいほう》など。
⑱ 奮《ふる》って　音読みは「フン」。熟 奮起《ふんき》、興奮《こうふん》、発奮《はっぷん》など。
⑲ おごそか　「荘厳《そうごん》」などは「おごそか」の意味で使われている。
⑳ たつ　「裁断《さいだん》」などは「たつ」の意味で使われている。

4日目 練習して正確に書こう

本冊→p.13

① 専門家《せんもんか》　「専」の右上に点をつけないようにしよう。
② 穀倉《こくそう》　「穀」の左下は、のぎへんの形である。
③ 家賃《やちん》　「賃」の上は「任」。「貨」と区別しよう。
④ 大衆《たいしゅう》　「衆」の下の部分はバランスが難《むずか》しいので練習しよう。
⑤ 拝観料《はいかんりょう》　「拝」の右の横棒は四本である。
⑥ 対策《たいさく》　「策」の「朿」はしっかりと曲げてはねる。
⑦ 演劇《えんげき》　「劇」の「虍」をていねいに書く。
⑧ 胸囲《きょうい》　「胸」の「凶」の形に注意。
⑨ 染料《せんりょう》　「染」の上と下のバランスに注意しよう。
⑩ 政党《せいとう》　「党」の上を「⺍」にしないこと。
⑪ 卵黄《らんおう》　「卵」の左右それぞれのはらいに注意。
⑫ 蒸気《じょうき》　「蒸」の中の部分を正確に書こう。総画数は十三画。
⑬ 就職《しゅうしょく》　「就」のつくりの部分の形を正確に書こう。
⑭ 展開《てんかい》　「展」の中を「衣」としない。余計なはらいを入れないこと。
⑮ 地域《ちいき》　「域」の右上の点を忘れないように。
⑯ 麦芽糖《ばくがとう》　「糖」のつくりの部分の形を正確に書こう。
⑰ 並走《へいそう》　「並」の上の部分を正確に書こう。
⑱ 危険《きけん》　「危」の中の部分をきちんと書こう。
⑲ ちんたい　「賃」も「貸」も「貝」の上の部分に注意しよう。
⑳ さんさく　熟 策略《さくりゃく》、策定《さくてい》なども覚えよう。

5日目 同訓異字《いじ》に注意しよう

本冊→p.15

① 著《あらわ》す　音読みは「チョ」。熟 著作《ちょさく》、著書《ちょしょ》、名著《めいちょ》など。
② 映《うつ》った　音読みは「エイ」。熟 映写《えいしゃ》、映画《えいが》、上映《じょうえい》など。
③ 収《おさ》める　音読みは「シュウ」。熟 収益《しゅうえき》、年収《ねんしゅう》、増収《ぞうしゅう》など。
④ 討《う》つ　音読みは「トウ」。熟 討論《とうろん》、討議《とうぎ》、検討《けんとう》など。
⑤ 納《おさ》める　音読みの多い漢字。熟 納税《のうぜい》、納品《のうひん》、納得《なっとく》など。
⑥ 推《お》す　音読みは「スイ」。熟 推進《すいしん》、推理《すいり》、推挙《すいきょ》など。
⑦ 臨《のぞ》む　音読みは「リン」。熟 臨時《りんじ》、臨海《りんかい》、臨終《りんじゅう》など。
⑧ 供《そな》える　音読みは「キョウ・ク」。熟 提供《ていきょう》、供出《きょうしゅつ》、供養《くよう》など。
⑨ 射《い》る　音読みは「シャ」。熟 射出《しゃしゅつ》、発射《はっしゃ》、速射《そくしゃ》など。
⑩ 創《つく》る　音読みは「ソウ」。熟 創作《そうさく》、独創《どくそう》、創造《そうぞう》など。
⑪ 割《わ》り　音読みは「カツ」。熟 分割《ぶんかつ》、割愛《かつあい》など。
⑫ 暖《あたた》か　音読みは「ダン」。熟 暖冬《だんとう》、寒暖《かんだん》、温暖《おんだん》など。
⑬ 痛《いた》み　音読みは「ツウ」。熟 激痛《げきつう》、痛切《つうせつ》、痛打《つうだ》など。
⑭ 降《ふ》り　音読みは「コウ」。熟 降雨《こうう》、乗降《じょうこう》、降下《こうか》など。
⑮ 障《さわ》り　音読みは「ショウ」。熟 障害《しょうがい》、故障《こしょう》、保障《ほしょう》など。
⑯ 勤《つと》めて　音読みは「キン・ゴン」。熟 勤務《きんむ》、精勤《せいきん》、勤勉《きんべん》など。
⑰ 傷《いた》んだ　音読みは「ショウ」。熟 傷心《しょうしん》、重傷《じゅうしょう》、感傷《かんしょう》など。
⑱ 熟《う》れた　音読みは「ジュク」。熟 熟語《じゅくご》、未熟《みじゅく》、熟成《じゅくせい》など。
⑲ いちじるしい　送りがなとかなづかいに注意しよう。
⑳ おりる　送りがなで「ふ(る)」と区別しよう。

6日目 書いた字を見直そう

本冊→p.17

① 同窓会《どうそうかい》　「窓」の「宂」の字形を「穴」にしないこと。
② 翌朝《よくあさ》　「翌」の下の部分「立」をしっかり書くこと。
③ 欲求《よっきゅう》　「欲」は「谷(たに)」＋「欠(あくび)」の字である。
④ 安否《あんぴ》　「否」は「不」＋「口」。口でそうでないと言うこと。
⑤ 骨折《こっせつ》　「骨」の「冎」の字形と筆順に注意。
⑥ 至極《しごく》　「至」の「𠫓」を「亣」としないこと。
⑦ 夕暮《ゆうぐ》れ　「暮」は「幕」や「墓」と字形が似ているので注意。
⑧ 破片《はへん》　「片」の筆順に注意しよう。
⑨ 枚数《まいすう》　「枚」を「校」としないこと。
⑩ 棒線《ぼうせん》　「棒」の横棒の数に注意。
⑪ 看病《かんびょう》　「看」は「手」と「目」の組み合わせでできた漢字。
⑫ 故郷《こきょう》　「郷」の「乡」を「糸」としないこと。
⑬ 巻頭《かんとう》　「巻」は「己」の形と、「龹」の上をつき出すことに注意。
⑭ 家宅《かたく》　「宅」を「宅」とつき出さないこと。
⑮ 幼少《ようしょう》　「幼」の「幺」を「糸」としないこと。
⑯ 自我《じが》　「我」は右上の点を忘れないように。
⑰ 段取《だんど》り　「段」の「丰」は三本目を左につき出すこと。
⑱ 幕切《まくぎ》れ　「幕」の部首は「巾(はば)」。
⑲ でまど　ともに訓読みで読む。
⑳ きこつ　関「気骨《きぼね》が折れる」は「気持ちがつかれる」という意味。

7日目 言葉の意味を覚えよう

本冊 → p.19

① 論破《ろんぱ》 「論」は「輪」や「輪」と字形が似ているの注意。
② 誕生日《たんじょうび》 「誕」は筆順に注意。
③ 英訳《えいやく》 この「訳」は「ほかのことばにする」という意味。
④ 週刊誌《しゅうかんし》 「誌」の「士」を「土」としないこと。
⑤ 諸国《しょこく》 「諸」は「たくさん」という意味。
⑥ 歌詞《かし》 「詞」は「ことば」という意味。
⑦ 批判《ひはん》 この「批」は「よい悪いを決める」という意味。
⑧ 探検《たんけん》 「探」の「罙」を「穴」としないこと。
⑨ 鉄筋《てっきん》 「筋」の訓読みは「すじ」。
⑩ 書簡《しょかん》 「簡」はもとは「竹のふだ」という意味。それに手紙を書いた。
⑪ 宣戦布告《せんせんふこく》 この「宣」は「広く知らせる」という意味。
⑫ 真紅《しんく》 「紅」は「コウ」とも読む。熟 **紅梅**《こうばい》、**紅白**《こうはく》など。
⑬ 高層《こうそう》 「層」の下は「日」である。
⑭ 座席《ざせき》 「座」の筆順に注意。
⑮ 蔵書《ぞうしょ》 「蔵」は「臓」との書き分けに注意。
⑯ 視力《しりょく》 「視」は、もとは「まつりを見守る人」という意味。
⑰ 孝行《こうこう》 「孝」を「考」とまちがえないこと。
⑱ 除去《じょきょ》 「除」の訓読みは「のぞ(く)」。
⑲ ひひょう 熟 **好評**《こうひょう》、**不評**《ふひょう》、**悪評**《あくひょう》なども覚えよう。
⑳ かんりゃく 熟 **簡素**《かんそ》、**簡易**《かんい》も覚えること。

8日目 画数が少ない漢字

本冊 → p.21

① 経済学《けいざいがく》 「済」の最後の縦棒は、はねないこと。
② 縮尺《しゅくしゃく》 「尺」は字形のバランスに注意。
③ 将軍《しょうぐん》 この「将」は「兵を率いる人」。例「大将《たいしょう》」。
④ 洗顔《せんがん》 「洗」には「あらい清める」という意味がある。例「洗練《せんれん》」。
⑤ 系統《けいとう》 「系」の「ノ」を忘れないように。
⑥ 土砂降り《どしゃぶ》 熟 **砂利**《じゃり》なども覚えておこう。
⑦ 忘年会《ぼうねんかい》 関「忙」は「いそがしい」という意味の字。
⑧ 班長《はんちょう》 「班」の字形を正確に。
⑨ 石灰《せっかい》 音読みの熟語《じゅくご》は「石灰《せっかい》」。訓読みの熟語は「灰色《はいいろ》」など。
⑩ 日干《ひぼ》し 「干」の反対は「満」である。
⑪ 方針《ほうしん》 この「針」は「進むべき方向」という意味。
⑫ 横穴《よこあな》 「穴」の音読みは「ケツ」。熟 **墓穴**《ぼけつ》など。
⑬ 宝庫《ほうこ》 **「豊庫」**としない。
⑭ 仁義《じんぎ》 **「人義」**としない。
⑮ 沿線《えんせん》 「沿」は「浴」との区別をつける。
⑯ 寸分《すんぶん》 この「寸」は「わずか」という意味。
⑰ 机《づくえ》 「机」の音読みは「キ」。熟 **机上**《きじょう》など。
⑱ 冊子《さっし》 「冊」は「サツ」も「サク」も音読み。
⑲ しゃくとり 「尺」は「昔の長さの単位」。
⑳ きじょう 「机上の空論」は「絵空事・実際にはできないこと」。

9日目 バランスが難《むずか》しい漢字

本冊→p.23

① 電磁石《でんじしゃく》 「磁」は、いしへんの字。右上の「䒑」の字形に注意する。
② 豆乳《とうにゅう》 「乳」の「子」は「孑」のように書こう。
③ 回覧板《かいらんばん》 「覧」は上下のバランスに注意。
④ 発揮《はっき》 「揮」は、「扌(てへん)」に「軍」。
⑤ 近似値《きんじち》 「値」は最後の「㇄」をていねいに書こう。
⑥ 頭脳《ずのう》 「脳」は右上の字形「⺍」に注意。
⑦ 内臓《ないぞう》 「臓」は中の「臣」をていねいに書こう。
⑧ 心肺《しんぱい》 「肺」の右は「市」である。総画数は九画。
⑨ 鉄鋼業《てっこうぎょう》 「鋼」は、「釒(かねへん)」に「岡」。
⑩ 純真《じゅんしん》 「純」の右側はしっかり上につき出る。最後ははねる。
⑪ 神聖《しんせい》 「聖」の「耳」は最後をつき出さないこと。
⑫ 姿勢《しせい》 「姿」は「次」と「女」の組み合わせである。
⑬ 満《み》ち潮《しお》 「潮」は「塩」と意味を区別しよう。
⑭ 晩年《ばんねん》 この「晩」は「おわりごろ・おそい」という意味。
⑮ 遺産《いさん》 この「遺」は「のこす・のこる」という意味。
⑯ 山頂《さんちょう》 「頂」の左の「丁」をきちんとはねること。
⑰ 樹木《じゅもく》 「樹」は形をうまくととのえよう。
⑱ 貧困《ひんこん》 「困」は「因」との区別をつける。
⑲ ようし 「容」も「姿」も「見ため・すがた」のこと。
⑳ いただき **「頂《いただ》く」**の読みも覚えておこう。

10日目 社会とのつながり

本冊→p.25

① 郵便《ゆうびん》 熟 **郵送《ゆうそう》**なども覚えておこう。
② 混乱《こんらん》 「乱れる」の反対は「治まる」。例「治乱《ちらん》」。
③ 改革《かいかく》 「革」には「つくりかえること」の意味がある。例「革命《かくめい》」。
④ 警察《けいさつ》 「警」は字形のバランスに注意。
⑤ 加盟《かめい》 「盟」は「かたい約束をかわす」という意味。
⑥ 絹織物《きぬおりもの》 「絹《きぬ》」「綿《わた》」をしっかり書き分けよう。
⑦ 合憲《ごうけん》 この「憲」は「憲法」のこと。対 **違憲《いけん》**。
⑧ 流派《りゅうは》 この「派」は「別れたもの」という意味。
⑨ 養蚕《ようさん》 「蚕」のまゆから絹糸《きぬいと》をとる。
⑩ 城下町《じょうかまち》 「城」の右上の点を忘れないこと。
⑪ 著作権《ちょさくけん》 関 **「権利」**⇅**「義務」**を覚えておこう。
⑫ 株式《かぶしき》 「株《かぶ》」は訓読み。
⑬ 内閣《ないかく》 この「閣」は「行政の最高機関である内閣」という意味。
⑭ 処置《しょち》 この「処」は「しかるべきこと」という意味。
⑮ 宗教《しゅうきょう》 「宗教」と「科学」は対になることば。
⑯ 県庁《けんちょう》 関 北海道なら「道庁」。東京なら「都庁」。
⑰ 一律《いちりつ》 「律」には「きまり・リズム」という意味がある。
⑱ 署名《しょめい》 この「署」は「しるす」という意味。
⑲ 模型《もけい》 この「模」は「まねる」という意味。
⑳ しょうぼうしょ この「署」は「役所」のこと。例「部署《ぶしょ》」。

第1章 入試問題

本冊 p.26

1

① 展望　② 故障　③ 幕府　④ 散策
⑤ 朗読　⑥ 至急　⑦ 模型　⑧ 温存
⑨ 盛大　⑩ 探訪　⑪ 安否　⑫ 値段
⑬ 宣伝　⑭ 背景　⑮ 干　⑯ 沿
⑰ 供　⑱ 除　⑲ 刻　⑳ 映

解説 二十問すべてに六年生の漢字がふくまれます。

①「展」の字形に注意。「𧘇」としない。
③「幕」を「暮」「墓」とまちがえないように。
④「策」は九画目をきちんと内側にはねよう。
⑧「存」を「在」と混同しないこと。
⑩「探」は部首に注意。「深」「棎」とまちがえないように。
⑫「値《ね》」は訓読み。「値段」は湯桶《ゆとう》(訓音)読み。
⑬「宣」は「宀」+「一」+「日」+「一」。
⑲「刻」は左の字形に注意。

2

① 寒冷　② 急激　③ 災難　④ 神秘的
⑤ 結実　⑥ 吸収　⑦ 供給　⑧ 語源
⑨ 敬う

解説 ①・⑤以外には六年生の漢字がふくまれます。

①「寒」の字形を正確に書こう。
②「激」は入試でよく出題されるのでマスターしよう。
④「秘」に限らず、「必」の字形はていねいに書こう。
⑤「結実」は「実を結ぶ」で、下から上へかえって読む熟語《じゅくご》。
⑥「吸」の「及」は三画で書く。
⑨「敬う」の反対語は「へりくだる」。

3

① 窓　② 宇宙　③ 絹　④ 届
⑤ 激　⑥ しゅのう　⑦ かんご　⑧ そうさ
⑨ すいてい　⑩ こうそう

解説 ⑩以外すべてに六年生の漢字がふくまれます。

③「絹」は右を「員」としない。
④「欠席届」などでは送りがなをつけないのがふつう。
⑧「操」は「あやつる」なので「てへん」の字。

1日目

「てん」の数に注意

本冊 p.30

① **挙式**《きょしき》 「挙」の上の点「⺍」に注意。

② **機械**《きかい》 「機」「械」とも右上の点を忘れない。

③ **要求**《ようきゅう》 「求」は右上の点を忘れない。

④ **謝礼**《しゃれい》 「謝」の右は「寸」。

⑤ **就航**《しゅうこう》 「就」の部首は「尢(だいのまげあし)」だが点を忘れない。

⑥ **初心者**《しょしんしゃ》 「初」は「衤」に「刀」。部首は「刀」。

⑦ **組織**《そしき》 「織」の右上の点を忘れない。

⑧ **区域**《くいき》 「域」の右上の点を忘れない。「戈」の中の字形にも注意。

⑨ **技術**《ぎじゅつ》 「術」の真ん中は「朮」。「求」にしない。

⑩ **救世主**《きゅうせいしゅ》 「救」の左の「求」の最後は、はらわない。

⑪ **目的**《もくてき》 「的」の右側の字形や点の数に注意。

⑫ **取得**《しゅとく》 「得」の右は「日」＋「一」＋「寸」。

⑬ **灯油**《とうゆ》 「灯」の右の「丁《チョウ》」を「寸」「亍」としないこと。

⑭ **浅学**《せんがく》 「浅」は総画数九画。横棒の数と最後の点に注意。

⑮ **貯金**《ちょきん》 「貯」の右は「宁」。「守」にしない。

⑯ **停電**《ていでん》 「停」は「亭」の字形に注意。「丁」を「寸」にしない。

⑰ **制約**《せいやく》 「約」の右は「的」と同じ。

⑱ **評判**《ひょうばん》 「評」の右は「平」。

⑲ **博識**《はくしき》 「博」も「識」も右上の点を忘れない。

⑳ **一様**《いちよう》 「様」の右の字形に注意。総画数は十四画。

㉑ **視線**《しせん》 「視」は「ネ」に「見」。部首は「見」。

㉒ **善行**《ぜんこう》 「善」は上と真ん中の点に注意。筆順にも注意。

㉓ **皇太子**《こうたいし》 **「皇大子」**としない。

㉔ **大西洋**《たいせいよう》 **「大西洋」**は**「大」**、**「太平洋」**は**「太」**。

㉕ **太古**《たいこ》 **「大古」**としない。

㉖ **目次**《もくじ》 「次」の左は点二つ。部首は「欠(あくび)」。

㉗ **増減**《ぞうげん》 「減」の右上の点を忘れない。

㉘ **盛大**《せいだい》 「盛」の上は「成」。右上の点を忘れない。

㉙ **会議**《かいぎ》 「議」の最後の点を忘れない。総画数は二十画。

㉚ **残党**《ざんとう》 「残」の右上の点を忘れない。「党」の上の字形に注意。

㉛ **可燃性**《かねんせい》 「燃」の右上の点を忘れない。

㉜ **武勇伝**《ぶゆうでん》 「武」の右上の点を忘れない。

㉝ **酒蔵**《さかぐら》 「蔵」の最後の点を忘れない。

㉞ **悪銭**《あくせん》 「銭」の右は「浅」「残」と同じ。

㉟ **我先**《われさき》 「我」の右上の点を忘れない。

㊱ **毒薬**《どくやく》 「毒」の下は「毋」。「母」にしない。

㊲ **断然**《だんぜん》 「断」の左を正確に書こう。「然」は右上の点を忘れない。

㊳ **毎晩**《まいばん》 「毎」の下は「毋」。「母」にしない。

㊴ **産卵**《さんらん》 「卵」の点は右・左に一つずつ。

㊵ **退職**《たいしょく》 「職」の右は「織」「識」と同じ。

2日目

「ぼうせん」の数に注意

本冊→p.32

① 友達《ともだち》　「達」を「達」としない。横棒が三本の「羊」である。
② 編集《へんしゅう》　「編」の「冊」に注意。
③ 備品《びひん》　「備」の「用」に注意。
④ 登場《とうじょう》　「場」の右の横棒を忘れて「易」としない。
⑤ 防寒《ぼうかん》　「寒」の横棒は三本。
⑥ 筆箱《ふでばこ》　「筆」の横棒の数に注意。「箱」の右下は「目」。
⑦ 研修《けんしゅう》　「修」の真ん中の縦棒を忘れない。「彡」にも注意。
⑧ 幹部《かんぶ》　「幹」の右は「𠆢」と「干」。
⑨ 群生《ぐんせい》　「群」の右は「羊」。
⑩ 調律《ちょうりつ》　「律」の右下は横棒二本。
⑪ 郵送《ゆうそう》　「郵」の左の横棒の数に注意。
⑫ 拝見《はいけん》　「拝」の右の横棒は四本。
⑬ 看板《かんばん》　「看」はもともと「手」＋「目」からできた字。
⑭ 豊富《ほうふ》　「豊」は「曲」＋「豆」。
⑮ 過程《かてい》　「程」の右は「口」＋「王」。
⑯ 気候《きこう》　「候」の真ん中の縦棒を忘れない。
⑰ 構想《こうそう》　「構」の右の「冓」の縦横の棒の本数に気をつける。
⑱ 流水《りゅうすい》　「流」の右を「充」としない。縦棒は三本。
⑲ 耳鼻科《じびか》　「鼻」の上は「自」である。
⑳ 教師《きょうし》　「師」の右の「帀」の上の横棒を忘れやすい。

㉑ 相棒《あいぼう》　「棒」の右下を「十」としない。
㉒ 対岸《たいがん》　「岸」の下の部分は「干」。
㉓ 乗客《じょうきゃく》　「乗」は横棒三本。筆順にも注意。
㉔ 太陽系《たいようけい》　「陽」の右は「場」「湯」などと同じ。横棒を忘れない。
㉕ 芸能《げいのう》　「芸」は「艹」＋「云」
㉖ 参観日《さんかんび》　「観」は左下の字形に注意。
㉗ 辞表《じひょう》　「辞」の右は「辛」。「幸」としない。
㉘ 順序《じゅんじょ》　「順」の左は「川」。
㉙ 光熱費《こうねつひ》　「費」の上の「弗」は縦棒が二本。
㉚ 宣教師《せんきょうし》　「宣」の下は「亘」。「旦」や「且」としない。
㉛ 派兵《はへい》　「派」の右の字形に注意。総画数は九画。
㉜ 優先順位《ゆうせんじゅんい》　「優」の右上の字形に注意。
㉝ 荷担《かたん》　「加担《かたん》」も可。「担」の右は「旦」。「亘」や「且」としない。
㉞ 炭俵《すみだわら》　「俵」は「亻」＋「表」。
㉟ 題材《だいざい》　「題」の左上は「日」、右は「頁」。
㊱ 提出《ていしゅつ》　「提」の右上は「日」。
㊲ 衛生《えいせい》　「衛」は真ん中の字形に注意。
㊳ 住宅街《じゅうたくがい》　「街」の真ん中は「土」二つ。
㊴ 損害《そんがい》　「害」の中は「主」。「土」や「主」としない。
㊵ 伝承《でんしょう》　「承」の真ん中は横棒三本。

3日目

字の形を正確に書こう

本冊 ↓ p.34

① 境界《きょうかい》　「境」の字形に注意。最後は上にはねる。
② 単調《たんちょう》　「単」の上の「⺍」を正確に。
③ 蒸《む》し焼《や》き　「蒸」は十三画、「焼」は十二画。字の形を正確に。
④ 座標《ざひょう》　「座」の「土」は「人」二つの間を通す。
⑤ 規格《きかく》　「規」の左の「夫」をていねいに。
⑥ 寒波《かんぱ》　「波」は筆順にも注意して正確に書く。
⑦ 誤解《ごかい》　「誤」は十四画。「ロ」は一画で書く。
⑧ 危害《きがい》　「危」の横棒ははねない。「㔾」を正確に。
⑨ 順延《じゅんえん》　「延」の「𤴓」の部分を「王」「正」としない。
⑩ 道徳《どうとく》　「徳」の右側の字形に注意。
⑪ 記録《きろく》　「録」の右下を「水」としない。
⑫ 在住《ざいじゅう》　「在」は、はじめの三画に注意。
⑬ 標準《ひょうじゅん》　「準」は下半分が「十」。バランスに注意。「凖」としない。
⑭ 歯科《しか》　「歯」は筆順に注意して、ていねいに書く。
⑮ 落石《らくせき》　「落」は「艹(くさかんむり)」。「洛」としない。
⑯ 回数券《かいすうけん》　「券」の下は「刀」。「勝」の場合は「力」なので注意。
⑰ 情報《じょうほう》　「報」の右は「𠬝」のはね方を正しく書く。
⑱ 許容《きょよう》　「許」の右は「午」。「牛」としない。
⑲ 系列《けいれつ》　「系」の一画目は左ばらい。横棒にしない。
⑳ 簡潔《かんけつ》　「潔」は「氵(さんずい)」。バランスに注意。

㉑ 領域《りょういき》　「領」は「令」＋「頁」。
㉒ 度胸《どきょう》　「胸」の中身は「凶」である。
㉓ 節分《せつぶん》　「節」は「節」としない。「卩」である。
㉔ 染《そ》める　「染」は下半分が「木」。バランスに注意。「洜」としない。
㉕ 劇場《げきじょう》　「劇」の「虍」を正確に書く。
㉖ 在宅《ざいたく》　「宅」は最後に上にはねる。
㉗ 国策《こくさく》　「策」の「朿」はしっかり曲げてはねる。
㉘ 磁器《じき》　「磁」の右上の「䒑」を正確に。
㉙ 独立《どくりつ》　「独」の「犭(けものへん)」をていねいに書く。
㉚ 憲章《けんしょう》　「憲」の真ん中は「罒」である。
㉛ 糖衣《とうい》　「糖」の右を「唐」としない。
㉜ 穀類《こくるい》　「穀」は「禾(のぎへん)」が部首。
㉝ 舎弟《しゃてい》　「舎」の真ん中は「土」。「士」としない。
㉞ 裏腹《うらはら》　「裏」は「裹」としない。
㉟ 開幕《かいまく》　「幕」は「巾(はば)」が部首。
㊱ 臨席《りんせき》　「臨」の左は「臣」。正確に。
㊲ 汽笛《きてき》　「汽」を「流」としない。
㊳ 武将《ぶしょう》　「武」を「武」としない。
㊴ 恩師《おんし》　「恩」の上は「因」。「困」や「囚」としない。
㊵ 包囲《ほうい》　「包」は「包」としない。

4日目

部首のちがいに注意

本冊→p.36

① 業績《ぎょうせき》 「績」は「しごと」、「積」は「つむ」の意味。
② 検査《けんさ》 「検」は「しらべる」、「険」は「けわしい」の意味。
③ 標高《ひょうこう》 「標」は「しるし」、「票」は「ふだ」の意味。
④ 講義《こうぎ》 「義」は「意味」、「議」は「話し合い」の意味。
⑤ 印象《いんしょう》 「象」は「かたち」、「像」は「にせたもの」の意味。
⑥ 快適《かいてき》 「適」は「ちょうどよい」、「敵」は「かたき」の意味。
⑦ 管理《かんり》 「管」は「支配する」、「官」は「役人」の意味。
⑧ 百貨店《ひゃっかてん》 「貨」は「しなもの」、「貸」は「かす」の意味。
⑨ 構成《こうせい》 「構」は「しくみ」、「講」は「話をする」の意味。
⑩ 責任《せきにん》 「責」は「つとめ」の意味。「積」「績」としない。
⑪ 正義《せいぎ》 この「義」は「正しいこと」という意味。
⑫ 試験《しけん》 「験」は「ためす」の意味。「検」「険」としない。
⑬ 経歴《けいれき》 「経」は「すぎる」、「径」は「さしわたし」の意味。
⑭ 住居《じゅうきょ》 「住」は「すむ」、「往」は「ゆく」の意味。
⑮ 労働《ろうどう》 「動」は「うごく」、「働」は「はたらく」の意味。
⑯ 慣例《かんれい》 「慣」は「なれる」、「貫」は「つらぬく」の意味。
⑰ 画像《がぞう》 「画像」は映《うつ》っているものなので、「像」を用いる。
⑱ 観測《かんそく》 「測」は「はかる」、「則」は「きまり」の意味。
⑲ 性質《せいしつ》 **「生質」**としない。
⑳ 軽快《けいかい》 「軽」は「経」、「快」は「決」としない。

㉑ 電柱《でんちゅう》 「柱」は「はしら」、「注」は「そそぐ」の意味。
㉒ 側面《そくめん》 「側」は「そば」の意味。「測」「則」としない。
㉓ 成熟《せいじゅく》 「熟」は「うれる」、「塾」は「まなびや」の意味。
㉔ 級友《きゅうゆう》 「級」は「クラス」、「扱」は「あつかう」の意味。
㉕ 短縮《たんしゅく》 「縮」は「ちぢむ」、「宿」は「やど」の意味。
㉖ 材木《ざいもく》 「材」は「ざいりょう」、「財」は「たから」の意味。
㉗ 論文《ろんぶん》 「論」は「意見」、「輪」は「わ」の意味。
㉘ 車輪《しゃりん》 「輪」には「まわる」という意味もある。
㉙ 往年《おうねん》 この「往」は「時が過ぎ去る・昔」という意味。例 往時《おうじ》。
㉚ 際限《さいげん》 「際」は「きわ」、「察」は「しらべる」の意味。
㉛ 諸説《しょせつ》 「諸」は「たくさん」、「緒」は「はじめ」の意味。
㉜ 航行《こうこう》 「航」は「わたる」、「抗」は「ていこうする」の意味。
㉝ 護岸《ごがん》 「護」は「まもる」、「獲」は「手に入れる」の意味。
㉞ 運輸《うんゆ》 「輸」は「はこぶ」、「諭」は「教えさとす」の意味。
㉟ 閣議《かくぎ》 「話し合い」なので、「議」を用いる。
㊱ 財宝《ざいほう》 「たから」なので、「財」を用いる。
㊲ 積年《せきねん》 「長い間つもった年」なので、「積」を用いる。
㊳ 内蔵《ないぞう》 「蔵」は「しまいこむこと」、「臓」は「体の中にあるもの」の意味。
㊴ 郡部《ぐんぶ》 「郡」は「町や村をふくむ地域」、「群」は「むれ」の意味。
㊵ 標識《ひょうしき》 「識」は「見分ける」、「織」は「組み立てる」の意味。

足りなかったり余分だったり

本冊 → p.38

① 健康《けんこう》 「健」を「建」としない。
② 授業《じゅぎょう》 「授」を「受」としない。
③ 訪問《ほうもん》 「問」を「門」としない
④ 感想《かんそう》 「想」を「相」としない。
⑤ 相談《そうだん》 「相」を「想」としない。
⑥ 館内《かんない》 「館」の「官」を「宮」としない。
⑦ 位置《いち》 「置」を「値」としない。
⑧ 家族《かぞく》 「族」を「旅」としない。
⑨ 事務《じむ》 「務」の左を「予」としない。
⑩ 預金《よきん》 「預」の左を「矛」としない。
⑪ 確実《かくじつ》 「確」の右を「宀」＋「隹」のように書かない。
⑫ 苦境《くきょう》 「境」を「鏡」としない。
⑬ 痛快《つうかい》 「痛」を「通」としない。
⑭ 時効《じこう》 「効」を「交」や「功」としない。
⑮ 固有《こゆう》 「固」を「個」としない。
⑯ 資料《しりょう》 「資」を「姿」としない。
⑰ 医術《いじゅつ》 「術」を「述」としない。
⑱ 移植《いしょく》 「植」を「値」としない。
⑲ 衣類《いるい》 「類」を「頼」としない。
⑳ 同盟《どうめい》 「盟」を「明」としない。

㉑ 結束《けっそく》 「束」を「東」としない。
㉒ 救済《きゅうさい》 「済」を「斉」としない。
㉓ 罪悪感《ざいあくかん》 「悪」を「悪」としない。
㉔ 看護《かんご》 「護」の右上の「艹」を忘れて「護」としない。
㉕ 容量《ようりょう》 「量」は「日」＋「一」＋「里」と書くこと。
㉖ 悪態《あくたい》 「態」を「能」としない。
㉗ 関門《かんもん》 「関」を「間」としない。
㉘ 国旗《こっき》 「旗」の右上の「𠂉」を忘れて「旗」としない。
㉙ 遊歩道《ゆうほどう》 「遊」を「誘」としない。
㉚ 射的《しゃてき》 「射」を「謝」としない。
㉛ 使節団《しせつだん》 「節」の「卩」を「阝」としない。
㉜ 聖堂《せいどう》 「聖」を「整」としない。
㉝ 救護班《きゅうごはん》 「班」を「斑」としない。
㉞ 体現《たいげん》 「現」の「見」を「貝」としない。
㉟ 遺失物《いしつぶつ》 「遺」を「遣」としない。
㊱ 異存《いぞん》 「存」を「在」としない。
㊲ 典型《てんけい》 「型」を「形」としない。
㊳ 展望《てんぼう》 「展」の中を「衣」としない。
㊴ 揮発性《きはっせい》 「揮」の右上の「冖」を忘れて「揮」としない。
㊵ 若年層《じゃくねんそう》 「層」を「曽」としない。

6日目 中身に注意

本冊→p.40

① 満席《まんせき》 「席」を「度」としない。
② 均等《きんとう》 「均」の右を「勺」としない。
③ 所属《しょぞく》 「属」の「禹」を正確に書こう。
④ 授受《じゅじゅ》 「受授」のように上下逆にしないこと。
⑤ 通達《つうたつ》 「通達」はともに「辶(しんにょう)」の字。
⑥ 選挙《せんきょ》 「選」の「巽」を正確に書こう。
⑦ 入場券《にゅうじょうけん》 「券」の字形を正確に。下は「刀」である。
⑧ 過熱《かねつ》 「過」の「咼」を正確に書こう。
⑨ 裁判《さいばん》 「裁」の左下は「衣」。「栽」は「植物を育てること」。
⑩ 保険《ほけん》 「険」の「㑒」を正確に書こう。
⑪ 愛情《あいじょう》 「愛」の「心」を忘れないように。
⑫ 減少《げんしょう》 「減」の「咸」は「感」の上と同じ。
⑬ 視察《しさつ》 「察」の下は「祭」。「際」の右も同じ。
⑭ 試練《しれん》 「試」の右は「式」である。
⑮ 副業《ふくぎょう》 「副」の左は「畐」「昌」としない。
⑯ 病院《びょういん》 「病」は「疒(やまいだれ)」に「丙」。
⑰ 列挙《れっきょ》 「挙」の中は「手」である。
⑱ 関連《かんれん》 「関」は「門(もんがまえ)」に「关」。
⑲ 節約《せつやく》 「節」の字形を正確に。
⑳ 商店街《しょうてんがい》 「街」の中は「土」が二つ。「術」としないように。

㉑ 著述《ちょじゅつ》 「述」の「朮」を正確に書こう。
㉒ 樹立《じゅりつ》 「樹」の「壴」を正確に書こう。
㉓ 農業《のうぎょう》 「農」の「辰」を正確に書こう。
㉔ 臓器《ぞうき》 「臓」の中は「臣」である。
㉕ 調停《ちょうてい》 「停」の最後の「丁」を正確に書こう。
㉖ 悪夢《あくむ》 「夢」の下は「夕」である。
㉗ 降雨量《こううりょう》 「降」の「㐄」を正確に書こう。
㉘ 演奏《えんそう》 「演」の「寅」を「寅」としない。
㉙ 尊重《そんちょう》 「尊」は十二画。「酋」を正確に書こう。
㉚ 焼失《しょうしつ》 「焼」は十二画。「尭」を正確に書こう。
㉛ 実働《じつどう》 「働」を「動」としない。
㉜ 親善試合《しんぜんじあい》 「善」は字形と筆順にも注意。
㉝ 愛蔵《あいぞう》 「蔵」を「臓」としない。
㉞ 組閣《そかく》 「閣」は「門(もんがまえ)」に「各」。
㉟ 雑穀《ざっこく》 「穀」の「[illegible]」の形を正確に書こう。
㊱ 特派員《とくはいん》 「派」は一画一画ていねいに書くこと。
㊲ 負傷者《ふしょうしゃ》 「傷」の真ん中の横棒を忘れないこと。
㊳ 風紀《ふうき》 「風」の「虫」を正確に書こう。「虫」ではない。
㊴ 貯蔵《ちょぞう》 「貯」の右を「守」にしない。
㊵ 極地探検《きょくちたんけん》 「極」はつくりをていねいに書く。

さんずいを集めると…

本冊 ↓ p.42

① 汽船《きせん》　「汽」は訓読みのない漢字。「滊」としない。
② 電池《でんち》　「池」は「ためるところ」という意味。「電地」としない。
③ 遠泳《えんえい》　「泳」は「およぐ」という意味。
④ 運河《うんが》　「河」は「かわ」という意味。例「河川《かせん》」。
⑤ 波乱《はらん》　「波」の訓読みは「なみ」。
⑥ 法律《ほうりつ》　「法」は「きまり」という意味。
⑦ 雲海《うんかい》　「海」は「うみ」。対義語は「陸」。
⑧ 洋風《ようふう》　この「洋」は「西洋」という意味。
⑨ 消印《けしいん》　「消」の音読みは「ショウ」。熟 **消滅《しょうめつ》**、**解消《かいしょう》**など。
⑩ 浴室《よくしつ》　「浴」の訓読みは「あ(びる)」。
⑪ 液体《えきたい》　「液」のバランスに注意。「液」としないこと。
⑫ 清流《せいりゅう》　「清」の訓読みは「きよ(い)」。
⑬ 温度《おんど》　「温」の訓読みは「あたた(かい)」。
⑭ 湖水《こすい》　「湖」の訓読みは「みずうみ」。
⑮ 湯水《ゆみず》　「湯水」は「いくらでもただであるもの」を表している。
⑯ 満足《まんぞく》　「満」の訓読みは「み(ちる)・み(たす)」。
⑰ 熱血漢《ねっけつかん》　「漢」には「男」の意味がある。
⑱ 起源《きげん》　「源」の訓読みは「みなもと」。
⑲ 準決勝《じゅんけっしょう》　「準」の部首は「さんずい」だが、「準」としないこと。
⑳ 大漁《たいりょう》　「漁」は「魚をとること」。「ギョ」とも読む。熟 **漁業《ぎょぎょう》**など。

㉑ 洗礼《せんれい》　「洗」の訓読みは「あら(う)」。
㉒ 沿革《えんかく》　「沿」の訓読みは「そ(う)」。
㉓ 号泣《ごうきゅう》　「泣」の訓読みは「な(く)」。
㉔ 浅黒《あさぐろ》く　「浅」には「色がうすい」という意味がある。
㉕ 決済《けっさい》　「済」の訓読みは「す(む)」。最後の縦棒は、はねない。
㉖ 推測《すいそく》　「測」の訓読みは「はか(る)」。
㉗ 油田《ゆでん》　「油」の訓読みは「あぶら」。
㉘ 派手《はで》　対 **地味《じみ》**。
㉙ 漁港《ぎょこう》　「港」の訓読みは「みなと」。
㉚ 演《えん》じる　「演」は訓読みのない漢字。
㉛ 混在《こんざい》　「混」の訓読みは「ま(じる)」。
㉜ 決選《けっせん》　「**決戦**」としないこと。
㉝ 法治《ほうち》　「治」の訓読みは「なお(す)・おさ(める)」
㉞ 活写《かっしゃ》　この「活」は「生き生きと」という意味。
㉟ 減額《げんがく》　「減」の訓読みは「へ(る)」。
㊱ 潮流《ちょうりゅう》　「潮」の訓読みは「しお」。
㊲ 激動《げきどう》　「激」の訓読みは「はげ(しい)」。
㊳ 注進《ちゅうしん》　「注」の訓読みは「そそ(ぐ)」。
㊴ 流会《りゅうかい》　「流」は「ル」とも読む。熟 **流布《るふ》**、**流転《るてん》**など。
㊵ 深謝《しんしゃ》　「深」の訓読みは「ふか(い)」。

8日目 ごんべんとかねへんをマスター

本冊 p.44

① 計画《けいかく》 「計」も「画」も「くわだてる」という意味。
② 記入《きにゅう》 「記」の訓読みは「しる(す)」。
③ 特許《とっきょ》 「許」の「午」の形に注意。
④ 証人《しょうにん》 「証」は「しょうこ・しるし」という意味。
⑤ 試合《しあい》 「試」の訓読みは「ため(す)・こころ(みる)」。
⑥ 語学《ごがく》 「語」の訓読みは「かた(る)」。
⑦ 説明《せつめい》 「説」の訓読みは「と(く)」。
⑧ 談話《だんわ》 「談」は訓読みのない漢字。
⑨ 感謝《かんしゃ》 「謝」の訓読みは「あやま(る)」。
⑩ 見識《けんしき》 「識」は十九画の字。字形に注意。
⑪ 録音《ろくおん》 「録」は十六画の字。右下は「水」ではなく「氺」。
⑫ 議事録《ぎじろく》 「議事」は「話しあう内容をまとめたもの」。
⑬ 鉱石《こうせき》 「鉱」は「ほりだしてまだ手を加えていない金属」のこと。
⑭ 白銀《はくぎん》 関「銀」を「しろがね」、「金」を「こがね」ともいう。
⑮ 銭湯《せんとう》 「銭」は「おかね」のこと。訓読みは「ぜに」。
⑯ 銅線《どうせん》 関「銅」にできるさびを「緑青《ろくしょう》」という。
⑰ 検討《けんとう》 「討」は「よく調べること」。同音異義語に「見当」がある。
⑱ 来訪《らいほう》 「訪」の訓読みは「おとず(れる)・たず(ねる)」。
⑲ 話術《わじゅつ》 「話」の訓読みは「はな(す)」。
⑳ 読点《とうてん》 **読み方に注意。**「読」の訓読みは「よ(む)」。

㉑ 鏡面《きょうめん》 「鏡」の訓読みは「かがみ」。
㉒ 設営《せつえい》 「設」の訓読みは「もう(ける)」。
㉓ 訳書《やくしょ》 「訳《やく》」は音読み。訓読みは「わけ」。
㉔ 評価《ひょうか》 「評」には「うわさ」の意味もある。例「評判《ひょうばん》」。
㉕ 雑誌《ざっし》 「誌」は「書き記すこと」。例「日誌《にっし》」「地誌《ちし》」。
㉖ 認定《にんてい》 「認」は「言(ごんべん)」に「忍」である。
㉗ 課金《かきん》 この「課」は「わりあてる」という意味。
㉘ 論調《ろんちょう》 「論」は訓読みのない漢字。熟 **論客《ろんきゃく》**、**論戦《ろんせん》**も覚えておこう。
㉙ 針路《しんろ》 **「進路」**としない。
㉚ 製鉄《せいてつ》 **「制鉄」**としない。
㉛ 詩文《しぶん》 関「詩歌《しいか》」の読みに注意。
㉜ 誠実《せいじつ》 「誠」の訓読みは「まこと」。
㉝ 誤認《ごにん》 「誤」の訓読みは「あやま(る)」。
㉞ 諸事情《しょじじょう》 「諸」は「いろいろ」という意味。例「諸君《しょくん》」「諸国《しょこく》」。
㉟ 生誕《せいたん》 「誕」は「うまれる」という意味。
㊱ 調教《ちょうきょう》 「調」の訓読みは「しら(べる)・ととの(う)」。
㊲ 講談《こうだん》 「講」の右の「冓」の縦横の棒の本数に気をつける。
㊳ 警備《けいび》 **「驚備」**としない。
㊴ 護憲《ごけん》 「護」は「まもる」という意味。
㊵ 鉄鋼《てっこう》 「鉄鋼」は**「鉄鉱石」**と区別しよう。

9日目

一・二年の字と組み合わせると…

本冊 ➡ p.46

① 雨宿《あまやど》り　読み方に注意。

② 戦火《せんか》　「戦化」としない。

③ 気《き》の毒《どく》　熟 蒸気《じょうき》、精気《せいき》も覚えよう。

④ 出頭《しゅっとう》　「頭」には「本人」という意味がある。

⑤ 生糸《きいと》　「生《き》」は訓読み。

⑥ 一朝一夕《いっちょういっせき》　「夕《せき》」は音読み。訓読みは「ゆう」。

⑦ 先人《せんじん》　「先」には「昔」という意味がある。

⑧ 宿場町《しゅくばまち》　「場《ば》」は訓読み。「宿場」は重箱(音訓)読み。

⑨ 活字《かつじ》　「活字」で「本」の意味を表している。

⑩ 器楽《きがく》　「器楽」は「楽器を用いた音楽」。「声楽」は「歌の音楽」。

⑪ 上京《じょうきょう》　「京」は「みやこ」の意味。現在では東京のこと。

⑫ 算用数字《さんようすうじ》　「一・二・三……」は「漢数字」。

⑬ 心中《しんちゅう》　「心中《しんじゅう》」と読むと「二人以上が一緒《いっしょ》に自殺すること」。

⑭ 新米《しんまい》　読み方に注意。同 新人《しんじん》。

⑮ 氷点下《ひょうてんか》　「氷点」は「水がこおる温度。0度」。

⑯ 王朝《おうちょう》　「朝」には「国」という意味がある。

⑰ 強《し》いて　「強」の訓読みは「つよ(い)・し(いる)」。

⑱ 風光《ふうこう》　「光」には「けしき」という意味がある。例「観光《かんこう》」。

⑲ 止血《しけつ》　「血《けつ》」は音読み。訓読みは「ち」。

⑳ 家元《いえもと》　読み方に注意。

㉑ 右往左往《うおうさおう》　「右」と「左」を逆にしないこと。

㉒ 声音《こわね》　読み方に注意。

㉓ 将校《しょうこう》　この「校」は「軍人を率いる人」の意味。

㉔ 息女《そくじょ》　「息」には「子供《こども》」の意味がある。例「子息《しそく》」。

㉕ 上申《じょうしん》　「上」には「地位が高い」という意味がある。例「上司《じょうし》」。

㉖ 赤銅色《しゃくどういろ》　関「銅」を「あかがね」、「鉄」を「くろがね」ともいう。

㉗ 草案《そうあん》　「草」には「下書き」の意味がある。

㉘ 天災《てんさい》　「天」には「自然」の意味がある。例「天然《てんねん》」。

㉙ 岩塩《がんえん》　「岩《がん》」は音読み。訓読みは「いわ」。

㉚ 英才教育《えいさいきょういく》　「英」には「すぐれている」という意味がある。

㉛ 円熟《えんじゅく》　「円」には「完全な」という意味がある。

㉜ 閣下《かっか》　「陛下《へいか》」「殿下《でんか》」など相手を敬《うやま》って「下」の字がつく。

㉝ 玉石混交《ぎょくせきこんこう》　「玉」は「宝石」、「石」は「石ころ」の意味。

㉞ 森厳《しんげん》　「森」には「静かなようす」という意味がある。例「森閑《しんかん》」。

㉟ 青果物《せいかぶつ》　「青」には「野菜」という意味がある。

㊱ 洋弓《ようきゅう》　「弓《きゅう》」は音読み。訓読みは「ゆみ」。

㊲ 回遊魚《かいゆうぎょ》　「回遊」は「泳ぎまわること」。

㊳ 古株《ふるかぶ》　「株」を「シュ」と読むことがある。例「守株《しゅしゅ》」。

㊴ 造園《ぞうえん》　「園」には「庭・畑」という意味がある。

㊵ 麦秋《ばくしゅう》　「麦秋」は麦の収穫時期《しゅうかくじき》である「初夏」のこと。

10日目 画数の多さに負けるな

本冊→p.48

① 真顔《まがお》 「顔」は十八画。「彡」の字形に注意。
② 競輪《けいりん》 「競」は二十画。左右の「兄」の字形のちがいに注意。
③ 議論《ぎろん》 「議」は二十画。「義」をていねいに書く。
④ 良識《りょうしき》 「識」は十九画。「意見」という意味がある。
⑤ 警報《けいほう》 「警」は十九画。「敬」と「言」のバランスに注意。
⑥ 望遠鏡《ぼうえんきょう》 「鏡」は十九画。右の真ん中は「日」。
⑦ 親類《しんるい》 「類」は十八画。同 親族《しんぞく》。
⑧ 曜日《ようび》 「曜」は十八画。バランスに注意。
⑨ 観察《かんさつ》 「観」は十八画。訓読みは「み(る)」。
⑩ 額装《がくそう》 「額」は十八画。訓読みは「ひたい」。
⑪ 優待券《ゆうたいけん》 「優」は十七画。右の真ん中の「心」を忘れない。
⑫ 操縦《そうじゅう》 「操」も「縦」も十六画。
⑬ 再燃《さいねん》 「燃」は十六画。右上の点を忘れない。
⑭ 興奮《こうふん》 「興」も「奮」も十六画。どちらも字形に注意。
⑮ 陸橋《りっきょう》 「橋」は十六画。右上の左ばらいを忘れない。
⑯ 録画《ろくが》 「録」は十六画。右下を「水」にしない。
⑰ 標本箱《ひょうほんばこ》 「標」も「箱」も十五画。「箱」は字のバランスに注意。
⑱ 熱戦《ねっせん》 「熱」は十五画。
⑲ 風潮《ふうちょう》 「潮」は十五画。
⑳ 無理難題《むりなんだい》 「難」も「題」も十八画。「難」は字のバランスに注意。

㉑ 職歴《しょくれき》 「職」は十八画。右上の点を忘れない。
㉒ 簡素《かんそ》 「簡」は十八画。「⺮(たけかんむり)」に「間」。
㉓ 鋼《はがね》 「鋼」は十六画。「釒(かねへん)」に「岡」。
㉔ 賞賛《しょうさん》 「賞」も「賛」も十五画。「賞」の「⺌」は真ん中から書く。
㉕ 権限《けんげん》 「権」は十五画。「木(きへん)」の漢字。
㉖ 悲願《ひがん》 「願」は十九画。「原」に「頁(おおがい)」。
㉗ 臨機応変《りんきおうへん》 「臨」は十八画。左の「臣」の字形に注意。「機」は十六画。
㉘ 厳選《げんせん》 「厳」は十七画。「⺍」の形に注意。
㉙ 激戦《げきせん》 「激」は十六画。「氵(さんずい)」に「白」「方」「攵」。
㉚ 謝恩会《しゃおんかい》 「謝」は十七画。「訁(ごんべん)」に「身」「寸」。
㉛ 築城《ちくじょう》 「築」は十六画。「⺮(たけかんむり)」に「工」「凡」「木」。
㉜ 劇薬《げきやく》 「劇」は十五画。左の字形に注意。「薬」は十六画。
㉝ 臓物《ぞうもつ》 「臓」は十九画。右上の点を忘れない。
㉞ 織機《しょっき》 「織」は十八画。右上の点を忘れない。
㉟ 治験《ちけん》 「験」は十八画。右の字形に注意。
㊱ 暴論《ぼうろん》 「暴」も「論」も十五画。「暴」の下を「水」にしない。
㊲ 質疑応答《しつぎおうとう》 「質」は十五画。「疑」は十四画。「疑」の字形に注意。
㊳ 導火線《どうかせん》 「導」も「線」も十五画。「線」の右下は「水」。
㊴ 課税《かぜい》 「課」は十五画。「訁(ごんべん)」に「果」。
㊵ 護衛《ごえい》 「護」は二十画、「衛」は十九画。ともに字形に注意。

入試問題

本冊↓p.50

1

① 側近 ② 衆参 ③ 民意 ④ 混迷
⑤ 推論 ⑥ 去就 ⑦ 際 ⑧ 不時着
⑨ 燃費 ⑩ 仏閣 ⑪ 装丁 ⑫ 暖
⑬ 往年 ⑭ 痛感 ⑮ 無難 ⑯ 圧巻
⑰ 方便 ⑱ 果報 ⑲ 異 ⑳ 悪銭

解説

① 「側」は部首に注意。「測」「則」とまちがえないように。
② 「衆」を「衆」としないこと。
③ 「民」の三画目をしっかりはねよう。
④ 「混」の「比」は四画で書こう。
⑤ 「推」は部首に注意。「椎」「稚」とまちがえないように。
⑥ 「就」は「尤」の字形に注意。
⑦ 「際」は右を「察」にしないこと。
⑧ 「着」の下は「目」。
⑨ 「燃」は十六画。右上の点を忘れない。
⑩ 「閣」の中に注意。「各」が音を表している。
⑪ 「装」の下は「衣」。
⑫ 「暖」は「日(ひへん)」の字。
⑬ 「往」は「彳(ぎょうにんべん)」の字。
⑭ 「痛」は「疒(やまいだれ)」の字。
⑯ 「巻」の中は「己」。
⑱ 「果」を「田」＋「木」としない。
⑲ 「異」は「田」＋「共」。
⑳ 「銭」は「浅」と同様、右上の点を忘れないこと。

2

① 経営 ② 招待 ③ 果 ④ 許可
⑤ 謝罪 ⑥ 延 ⑦ 損傷 ⑧ 視野
⑨ 専門 ⑩ 綿

解説

⑥ 「延期」「延長」「順延」などの熟語《じゅくご》も覚えておこう。
⑨ 「専」に点はつかない。「門」は「問」ではない。

3

① 持久 ② 態度 ③ 延長 ④ きび
⑤ 結構 ⑥ 管理 ⑦ 著書 ⑧ 正義感

解説

② 「態」を「能」「熊」とまちがえないように。
③ 「延長」の反対語は「短縮」。
⑥ 「管」を「官」とまちがえないように。「管」は「つかさどる・くだ」、「官」は「役人」の意味。
⑧ 「正義感」「開放感」などと「価値観」「世界観」などを区別しよう。「感」は「気持ち」、「観」は「考え」の意味。

1日目 訓読みをマスターしよう①

本冊→p.54

①空《あ》く 「空」の音読みは「クウ」。熟 空席《くうせき》など。
②潔《いさぎよ》い 送りがなに注意。「潔」の音読みは「ケツ」。熟 清潔《せいけつ》など。
③頂《いただ》いた 「頂」の音読みは「チョウ」。熟 頂上《ちょうじょう》など。
④営《いとな》む 「営」の音読みは「エイ」。熟 営業《えいぎょう》など。
⑤移《うつ》ろい 「移」の音読みは「イ」。熟 移動《いどう》など。
⑥清《きよ》らかな 「清」の音読みは「セイ」。熟 清流《せいりゅう》など。
⑦険《けわ》しい 「険」の音読みは「ケン」。熟 危険《きけん》など。
⑧参《まい》り 「参」の音読みは「サン」。熟 参上《さんじょう》など。
⑨快《こころよ》く 「快」の音読みは「カイ」。熟 快諾《かいだく》など。
⑩記《しる》す 「記」の音読みは「キ」。熟 記入《きにゅう》など。
⑪注《そそ》ぐ 「注」の音読みは「チュウ」。熟 注水《ちゅうすい》など。
⑫応《こた》えた 「応」の音読みは「オウ」。熟 応急《おうきゅう》・反応《はんのう》など。
⑬平《たい》らげる 「平」の音読みは「ヘイ」。熟 平和《へいわ》など。
⑭訪《たず》ねる 送りがなで**「おとず(れる)」**と区別しよう。
⑮連《つら》なる 「連」の音読みは「レン」。熟 連続《れんぞく》など。
⑯説《と》く 「説」の音読みは「セツ」。熟 説明《せつめい》など。
⑰唱《とな》える 「唱」の音読みは「ショウ」。熟 提唱《ていしょう》など。
⑱外《はず》す 「外」の音読みは「ガイ・ゲ」。熟 除外《じょがい》、外科《げか》など。
⑲損《そこ》ねる 「損」の音読みは「ソン」。熟 破損《はそん》など。
⑳済《す》んだ 「済」の音読みは「サイ」。熟 弁済《べんさい》など。

㉑耕《たがや》す 「耕」の音読みは「コウ」。熟 耕作《こうさく》など。
㉒次《つ》ぐ 「次」の音読みは「ジ」。熟 次点《じてん》など。
㉓敬《うやま》う 「敬」の音読みは「ケイ」。熟 敬愛《けいあい》など。
㉔閉《と》ざす 「閉」の音読みは「ヘイ」。熟 閉館《へいかん》など。
㉕築《きず》く 送りがなとかなづかいに注意。「きづく」は「気付く」。
㉖責《せ》める 「責」の音読みは「セキ」。熟 自責《じせき》など。
㉗反《そ》って 「反」の音読みは「ハン」。熟 反応《はんのう》など。
㉘調《ととの》える 「調」の音読みは「チョウ」。熟 調達《ちょうたつ》など。
㉙練《ね》る 「練」の音読みは「レン」。熟 練習《れんしゅう》など。
㉚果《は》たす 「果」の音読みは「カ」。熟 成果《せいか》など。
㉛省《はぶ》く 「省」の音読みは「ショウ・セイ」。熟 省略《しょうりゃく》、反省《はんせい》など。
㉜率《ひき》いて 「率」の音読みは「リツ・ソツ」。熟 確率《かくりつ》、引率《いんそつ》など。
㉝酸《す》っぱい 「酸」の音読みは「サン」。熟 酸性《さんせい》など。
㉞危《あや》うく 「危」の音読みは「キ」。熟 危険《きけん》など。
㉟計《はか》らい 「計」の音読みは「ケイ」。熟 生計《せいけい》など。
㊱紙一重《かみひとえ》 関 「二重」は「ふたえ」、「八重」は「やえ」。
㊲退《しりぞ》いて 「退」の音読みは「タイ」。熟 退出《たいしゅつ》など。
㊳半《なか》ば 「半」の音読みは「ハン」。熟 半分《はんぶん》など。
㊴行《ゆ》き交《か》う 「交」の音読みは「コウ」。熟 交差《こうさ》など。
㊵経《へ》た 「経」の音読みは「ケイ」。熟 経由《けいゆ》など。

2日目

訓読みをマスターしよう②

本冊 ↓ p.56

① 究《きわ》める　「究」の音読みは「キュウ」。熟 探究《たんきゅう》など。
② 競《きそ》う　「競」の音読みは「キョウ」。熟 競争《きょうそう》など。
③ 集《つど》う　「集」の音読みは「シュウ」。熟 集合《しゅうごう》など。
④ 老《ふ》け　「老」の音読みは「ロウ」。熟 老化《ろうか》など。
⑤ 尊《とうと》い・貴《とうと》い　音読みは「尊《そん》」「貴《き》」。熟 尊敬《そんけい》、高貴《こうき》など。
⑥ 速《すみ》やか　「速」の音読みは「ソク」。熟 早速《さっそく》など。
⑦ 健《すこ》やか　「健」の音読みは「ケン」。熟 強健《きょうけん》など。
⑧ 和《なご》む　「和」の音読みは「ワ」。熟 穏和《おんわ》など。
⑨ 囲《かこ》む　「囲」の音読みは「イ」。熟 包囲《ほうい》など。
⑩ 喜《よろこ》び　「喜」の音読みは「キ」。熟 歓喜《かんき》など。
⑪ 覚《おぼ》える　「覚」の音読みは「カク」。熟 自覚《じかく》など。
⑫ 試《こころ》みる　**送りがなに注意。**「試」の音読みは「シ」。熟 試用《しよう》など。
⑬ 辞《や》める　「辞」の音読みは「ジ」。熟 辞職《じしょく》など。
⑭ 失《うしな》う　**送りがなに注意。**「失」の音読みは「シツ」。熟 失望《しつぼう》など。
⑮ 省《かえり》みる　送りがなで**「はぶ(く)」**と区別しよう。
⑯ 因《よ》る　「因」の音読みは「イン」。熟 起因《きいん》など。
⑰ 通《かよ》い　「通」の音読みは「ツウ」。熟 通学《つうがく》など。
⑱ 辺《あた》り　「辺」の音読みは「ヘン」。熟 周辺《しゅうへん》など。
⑲ 弱《よわ》み　「弱」の音読みは「ジャク」。熟 弱体《じゃくたい》など。
⑳ 述《の》べる　「述」の音読みは「ジュツ」。熟 記述《きじゅつ》など。

㉑ 割《さ》く　「割」の音読みは「カツ」。熟 分割《ぶんかつ》など。
㉒ 極《きわ》み　「極」の音読みは「キョク・ゴク」。熟 究極《きゅうきょく》、極秘《ごくひ》など。
㉓ 結《ゆ》い　「結」の音読みは「ケツ」。熟 連結《れんけつ》など。
㉔ 承《うけたまわ》り　**送りがなに注意。**「承」の音読みは「ショウ」。熟 承知《しょうち》など。
㉕ 研《と》ぐ　「研」の音読みは「ケン」。熟 研磨《けんま》など。
㉖ 設《もう》ける　「設」の音読みは「セツ」。熟 設定《せってい》など。
㉗ 災《わざわ》い　「災」の音読みは「サイ」。熟 災害《さいがい》など。
㉘ 就《つ》く　「就」の音読みは「シュウ」。熟 就職《しゅうしょく》など。
㉙ 統《す》べる　**送りがなに注意。**「統」の音読みは「トウ」。熟 統一《とういつ》など。
㉚ 過《あやま》ち　**送りがなに注意。**「過」の音読みは「カ」。熟 過失《かしつ》など。
㉛ 人里《ひとざと》　「里」の音読みは「リ」。熟 郷里《きょうり》など。
㉜ 割安《わりやす》　「割」の他の訓読みには、「わ(る)・わ(れる)・さ(く)」がある。
㉝ 平謝《ひらあやま》り　「謝」の音読みは「シャ」。熟 謝罪《しゃざい》など。
㉞ 地金《じがね》　「地《じ》」は音読み、「金《がね》」は訓読みで、重箱(音訓)読みの熟語《じゅくご》。
㉟ 古傷《ふるきず》　「傷」の音読みは「ショウ」。熟 傷害《しょうがい》など。
㊱ 反物《たんもの》　「反《たん》」は音読み、「物《もの》」は訓読みで、重箱(音訓)読みの熟語。
㊲ 月極《つきぎめ》　**読み方に注意。**「極《ぎめ》」には送りがながつかない。
㊳ 船旅《ふなたび》　「旅」の音読みは「リョ」。熟 旅行《りょこう》など。
㊴ 値札《ねふだ》　「札」の音読みは「サツ」。熟 札束《さつたば》など。
㊵ 雪解《ゆきど》け　「解」の音読みは「カイ・ゲ」。熟 解凍《かいとう》、解毒《げどく》など。

3日目

音読みをマスターしよう①

本冊 p.58

① 伝言《でんごん》　「伝」の訓読みは「つた(える)」。
② 真相《しんそう》　この「相」は「ようす」という意味。
③ 家来《けらい》　「家」の音読みは「カ・ケ」、訓読みは「いえ・や」。
④ 集落《しゅうらく》　同 **村落《そんらく》**。
⑤ 確率《かくりつ》　「**確立**」としない。
⑥ 世辞《せじ》　この「辞」は「ことば」という意味。
⑦ 禁物《きんもつ》　関「食物」は「たべもの」でなく「ショクモツ」と読む。
⑧ 安直《あんちょく》　「直」の音読みは「チョク・ジキ」。熟 **直線《ちょくせん》**、**正直《しょうじき》**など。
⑨ 行楽地《こうらくち》　「楽」の音読みは「ラク・ガク」。熟 **楽園《らくえん》**、**楽屋《がくや》**など。
⑩ 模写《もしゃ》　この「模」は「似せる」という意味。
⑪ 由来《ゆらい》　この「由」は「よりどころ」という意味。
⑫ 軽率《けいそつ》　「率」を「ソツ」と読むことに注意。熟 **引率《いんそつ》**など。
⑬ 元来《がんらい》　この「来」は「今までたどってきた」という意味。例「古来《こらい》」。
⑭ 下落《げらく》　「下」の音読みは「カ・ゲ」。熟 **下流《かりゅう》**、**下校《げこう》**など。
⑮ 古銭《こせん》　「銭」の訓読みは「ぜに」。
⑯ 治安《ちあん》　「治」の訓読みは「おさ(まる)・おさ(める)」。
⑰ 周知《しゅうち》　「周」の訓読みは「まわ(り)」。
⑱ 昨今《さっこん》　「昨」は「きのう」という意味。
⑲ 去来《きょらい》　「去」の訓読みは「さ(る)」。
⑳ 屋外《おくがい》　対 **屋内《おくない》**。

㉑ 画一的《かくいってき》　「画」は「くぎる」という意味。例「区画《くかく》」。三字熟語《じゅくご》として覚えよう。
㉒ 血糖値《けっとうち》
㉓ 口調《くちょう》　「口」を「ク」と読むことに注意。
㉔ 私腹《しふく》　この「私」は「個人的な」という意味。
㉕ 後世《こうせい》　「世」の音読みは「セイ・セ」、訓読みは「よ」。
㉖ 砂防林《さぼうりん》　「砂」は「すな」、「防」は「ふせぐ」。
㉗ 順応《じゅんのう》　この場合「応《おう》」は「反応《はんのう》」と同じく「ノウ」と読む。
㉘ 重複《ちょうふく》　「重」を「チョウ」と読むことに注意。熟 **貴重《きちょう》**、**重用《ちょうよう》**など。
㉙ 形相《ぎょうそう》　「形」を「ギョウ」と読むことに注意。熟 **人形《にんぎょう》**など。
㉚ 残留《ざんりゅう》　「留」の訓読みは「と(める)・と(まる)」。
㉛ 我流《がりゅう》　この「流」は「やり方」という意味。
㉜ 興行《こうぎょう》　この「興」は「さかんになる」の意味。「**公行**」としない。
㉝ 格好《かっこう》　この「格」は「すがた・形」という意味。
㉞ 効能《こうのう》　「効」も「能」も「ききめ」の意味。
㉟ 終夜《しゅうや》　「終」には「おわるまで」の意味がある。例「終日《しゅうじつ》」。
㊱ 信望《しんぼう》　「望」の訓読みは「のぞ(む)」。
㊲ 紅梅《こうばい》　「紅」の音読みは「コウ・ク」。熟 **紅茶《こうちゃ》**、**紅一点《こういってん》**、**真紅《しんく》**など。
㊳ 門戸《もんこ》　「門」も「戸」も「とびら」の意味。
㊴ 悲喜《ひき》　「悲喜こもごも」で「悲しみと喜びを交互《こうご》に味わうこと」。
㊵ 出色《しゅっしょく》　「出《しゅつ》」は「色《しょく》」とのつながりで「シュッ」とつまる。

4日目 音読みをマスターしよう②

本冊 ↓ p.60

① 強情《ごうじょう》 「強」を「ゴウ」と読むことに注意。熟 強引《ごういん》など。
② 功名《こうみょう》 「名」を「ミョウ」と読むことに注意。熟 本名《ほんみょう》など。
③ 刷新《さっしん》 「刷」の訓読みは「す(る)」。
④ 早急《さっきゅう》 「早」を「サッ」と読むことに注意。熟 早速《さっそく》など。
⑤ 引率《いんそつ》 「率」の音読みは「ソツ・リツ」。熟 統率《とうそつ》、比率《ひりつ》など。
⑥ 傷害《しょうがい》 「傷」は「きず・きずつける」の意味。
⑦ 本望《ほんもう》 「望」を「モウ」と読むことに注意。熟 所望《しょもう》など。
⑧ 能率《のうりつ》 「率」の訓読みは「ひき(いる)」。
⑨ 復活《ふっかつ》 「復《ふく》」は「活《かつ》」とのつながりで「フッ」とつまる。
⑩ 品評《ひんぴょう》 「評《ひょう》」は「品《ひん》」とのつながりで「ピョウ」と読む。
⑪ 物色《ぶっしょく》 「物」の音読みは「ブツ・モツ」、訓読みは「もの」。
⑫ 余興《よきょう》 「興」の音読みは「コウ・キョウ」。熟 興奮《こうふん》、興味《きょうみ》など。
⑬ 意図《いと》 「図」を「ト」と読むことに注意。熟 図書館《としょかん》など。
⑭ 省略《しょうりゃく》 「省」の訓読みは「はぶ(く)・かえり(みる)」。
⑮ 経由《けいゆ》 「由」の音読みは「ユウ・ユ」。熟 自由《じゆう》、由来《ゆらい》など。
⑯ 航空便《こうくうびん》 「航」は「わたる」という意味。熟 航海《こうかい》など。
⑰ 家人《かじん》 「家《か》」は音読み。
⑱ 模造紙《もぞうし》 「模」の音読みは「モ・ボ」。熟 模型《もけい》、規模《きぼ》など。
⑲ 子細《しさい》 「子」の音読みは「シ・ス」、訓読みは「こ」。
⑳ 楽隊《がくたい》 「楽」の訓読みは「たの(しい)・たの(しむ)」。

㉑ 素因《そいん》 「素」の音読みは「ソ・ス」。熟 素朴《そぼく》、素顔《すがお》など。
㉒ 性分《しょうぶん》 「性」を「ショウ」と読むことに注意。熟 気性《きしょう》、本性《ほんしょう》など。
㉓ 悪寒《おかん》 「悪」の音読みは「アク・オ」。熟 悪質《あくしつ》、嫌悪《けんお》など。
㉔ 点呼《てんこ》 「呼」の音読みは「コ」。熟 呼吸《こきゅう》など。
㉕ 昔日《せきじつ》 「日」の音読みは「ニチ・ジツ」。訓読みは「ひ・か」。
㉖ 追従《ついしょう》 「従」を「ショウ」と読むことに注意。
㉗ 保留《ほりゅう》 「留」の訓読みは「と(める)・と(まる)」。
㉘ 服役《ふくえき》 「役」を「エキ」と読むことに注意。熟 現役《げんえき》など。
㉙ 一向《いっこう》 「向」の訓読みは「む(く)・む(かう)」など。
㉚ 性急《せいきゅう》 「性」の音読みは「セイ・ショウ」。熟 性格《せいかく》、相性《あいしょう》など。
㉛ 文言《もんごん》 「文」の音読みは「ブン・モン」。熟 文章《ぶんしょう》、文句《もんく》、文様《もんよう》など。
㉜ 強弁《きょうべん》 「強」には「無理に」の意味がある。例 「強制的《きょうせいてき》」。
㉝ 非業《ひごう》 「業」を「ゴウ」と読むことに注意。熟 自業自得《じごうじとく》など。
㉞ 筆頭《ひっとう》 「頭」の音読みは「トウ・ズ・ト」。熟 街頭《がいとう》、頭脳《ずのう》など。
㉟ 問責《もんせき》 この「責」は「せめる」という意味。
㊱ 治世《ちせい》 「治」の音読みは「ジ・チ」。「知世」としないように。
㊲ 約定《やくじょう》 「定」の音読みは「テイ・ジョウ」。熟 定評《ていひょう》、定石《じょうせき》など。
㊳ 酸味《さんみ》 「味」の訓読みは「あじ・あじ(わう)」。
㊴ 奮戦《ふんせん》 「奮」の訓読みは「ふる(う)」。「元気を出す」という意味。
㊵ 衆目《しゅうもく》 「目」の音読みは「モク・ボク」、訓読みは「め・ま」。

5日目

音読みをマスターしよう③

本冊 ↓ p.62

① 出典《しゅってん》　「出《しゅつ》」は「典《てん》」とのつながりで「シュッ」とつまる。

② 実績《じっせき》　「実《じつ》」は「績《せき》」とのつながりで「ジッ」とつまる。

③ 結局《けっきょく》　「結《けつ》」は「局《きょく》」とのつながりで「ケッ」とつまる。

④ 便乗《びんじょう》　「便」を「ビン」と読むことに注意。熟 **郵便《ゆうびん》**など。

⑤ 作業《さぎょう》　「作」の音読みは「サク・サ」。

⑥ 反応《はんのう》　「応《おう》」は「反《はん》」とのつながりで「ノウ」と読む。

⑦ 分布《ぶんぷ》　「布《ふ》」は「分《ぶん》」とのつながりで「プ」と読む。

⑧ 純白《じゅんぱく》　「白《はく》」は「純《じゅん》」とのつながりで「パク」と読む。

⑨ 衆生《しゅじょう》　「衆生」は仏教で「すべての生きもの」を表すことば。

⑩ 画策《かくさく》　熟 **企画《きかく》**、**画期的《かっきてき》**なども覚えておこう。

⑪ 重用《ちょうよう》　熟 **貴重《きちょう》**、**重宝《ちょうほう》**なども覚えておこう。

⑫ 率先《そっせん》　「率《そつ》」は「先《せん》」とのつながりで「ソッ」とつまる。

⑬ 調達《ちょうたつ》　熟 **達者《たっしゃ》**、**達筆《たっぴつ》**なども覚えておこう。

⑭ 簡便《かんべん》　「便」の音読みは「ベン・ビン」。熟 **便利《べんり》**、**方便《ほうべん》**、**郵便《ゆうびん》**など。

⑮ 慣行《かんこう》　熟 **行列《ぎょうれつ》**、**修行《しゅぎょう》**、**行脚《あんぎゃ》**などの読みにも気をつけよう。

⑯ 直筆《じきひつ》　熟 **正直《しょうじき》**も覚えておく。

⑰ 極限《きょくげん》　熟 **極楽《ごくらく》**、**極意《ごくい》**などの読みにも気をつけよう。

⑱ 合作《がっさく》　「合」の音読みは「ゴウ・ガッ・カッ」。

⑲ 気性《きしょう》　熟 **性分《しょうぶん》**、**根性《こんじょう》**なども覚えておこう。

⑳ 家屋《かおく》　「家」も「屋」も「住まい」の意味。

㉑ 仮病《けびょう》　「仮《け》」の読みに注意。熟 **「仮名《かな》」**の読みにも気をつけよう。

㉒ 完治《かんち》　熟 **政治《せいじ》**、**主治医《しゅじい》**などの読みにも気をつけよう。

㉓ 切望《せつぼう》　熟 **切迫《せっぱく》**、**切開《せっかい》**なども覚えておこう。

㉔ 説得《せっとく》　「説《せつ》」は「得《とく》」とのつながりで「セッ」とつまる。

㉕ 急坂《きゅうはん》　「坂」を「ハン」と読むことに注意。熟 **登坂《とはん》**など。

㉖ 模様《もよう》　熟 **規模《きぼ》**などの読みにも気をつけよう。

㉗ 尊厳《そんげん》　熟 **荘厳《そうごん》**などの読みにも気をつけよう。

㉘ 体裁《ていさい》　熟 **世間体《せけんてい》**も覚えておこう。

㉙ 自力《じりき》　対 **他力《たりき》**。

㉚ 身辺《しんぺん》　「辺《へん》」は「身《しん》」とのつながりで「ペン」と読む。

㉛ 精進《しょうじん》　**読み方に注意。**

㉜ 都度《つど》　熟 **都合《つごう》**も覚えておこう。

㉝ 夏至《げし》　対 **冬至《とうじ》**。

㉞ 逆境《ぎゃっきょう》　「逆《ギャク》」は「境」とのつながりで「ギャッ」とつまる。

㉟ 戸外《こがい》　同 **屋外《おくがい》**。

㊱ 砂利《じゃり》　熟 **土砂《どしゃ》**も覚えておこう。

㊲ 座右《ざゆう》　熟 **左右《さゆう》**も覚えておこう。

㊳ 好悪《こうお》　「悪」を「オ」と読むことに注意。熟 **悪寒《おかん》**、**嫌悪《けんお》**など。

㊴ 画期的《かっきてき》　外来語は「エポックメーキング」。

㊵ 復興《ふっこう》　熟 **復帰《ふっき》**、**復旧《ふっきゅう》**なども覚えておこう。

6日目 慣用表現とともに覚える音訓

本冊 ⬇ p.64

① 夜目《よめ》 「夜」の音読みは「ヤ」、訓読みは「よる・よ」。
② 延《の》べ棒《ぼう》 「延」の音読みは「エン」。熟 延期《えんき》など。
③ 血眼《ちまなこ》 同 目《め》を皿《さら》のようにする。
④ 念頭《ねんとう》 関「毛頭《もうとう》」は「少しも」の意味。
⑤ 黄土色《おうどいろ》 「黄」の音読みは「オウ・コウ」。熟 黄金《おうごん》、黄砂《こうさ》など。
⑥ 声高《こわだか》 読み方に注意。「声高《こわだか》」「声色《こわいろ》」の「声」は「こわ」と読む。
⑦ 茶話会《さわかい》 「茶」を「サ」を読むことに注意。熟 喫茶店《きっさてん》、茶道《さどう》など。
⑧ 見境《みさかい》 送りがなは不要。
⑨ 武者《むしゃ》 「武」を「ム」と読むことに注意。
⑩ 断層《だんそう》 「活断層」は「活動する可能性のある断層」。
⑪ 世話《せわ》 「世」の音読みは「セ・セイ」、訓読みは「よ」。
⑫ 令色《れいしょく》 「令」には「美しい・よい」という意味がある。
⑬ 返上《へんじょう》 「汚名《おめい》返上」と「名誉挽回《めいよばんかい》」を混同しないこと。
⑭ 後生大事《ごしょうだいじ》 「後生」は「このあとの生涯《しょうがい》」。
⑮ 今生《こんじょう》 「今生」は「現世」のこと。
⑯ 相身《あいみ》 「合身」「相見」としない。
⑰ 進物《しんもつ》 「親物」としない。
⑱ 片言《かたこと》 「片言《へんげん》」と読むと「ちょっとしたことば」の意味になる。
⑲ 逆立《さかだ》つ 関「身の毛がよだつ」＝恐怖《きょうふ》のために、身の毛が逆立つ。
⑳ 留守《るす》 読み方に注意。

㉑ 留意《りゅうい》 同 気《き》に留《と》める。
㉒ 動転《どうてん》 同 動揺《どうよう》。
㉓ 造作《ぞうさ》 関「無造作」は「なにげなく」という意味。
㉔ 人絹《じんけん》 対 正絹《しょうけん》。
㉕ 内助《ないじょ》 同 縁《えん》の下《した》の力持《ちからも》ち。
㉖ 満《まん》を持《じ》して 「辞して」としない。
㉗ 期《き》せず 「期する」は「約束する・期待する」という意味。
㉘ 志《こころざ》す 送りがなに注意。
㉙ 利《り》する 「利」の訓読みは「き(く)」。
㉚ 出納《すいとう》 読み方に注意。「出」と「納」は反対の意味の組み合わせ。
㉛ 律《りっ》する 「律」は「きまり・調子」という意味。
㉜ 逆巻《さかま》く 「逆《さか》」のつく語として「逆上《さかあ》がり」「逆恨《さかうら》み」などがある。
㉝ 感泣《かんきゅう》 「緩急《かんきゅう》(おそいことと、はやいこと)」としない。
㉞ 清新《せいしん》 「清心(きよらかな心)」としない。
㉟ 計略《けいりゃく》 「略」には「はかりごと」の意味がある。同 策略《さくりゃく》。
㊱ 相好《そうごう》 読み方に注意。
㊲ 間延《まの》び 「真伸び」としない。
㊳ 使命《しめい》 「仕命」としない。
㊴ 総毛立《そうけだ》つ 同 鳥肌《とりはだ》が立つ。
㊵ 業腹《ごうはら》 読み方に注意。

7日目

「コウ」と「シン」

本冊→p.66

① 公衆《こうしゅう》 熟 公道《こうどう》、公団《こうだん》、公私《こうし》など。
② 功績《こうせき》 熟 功罪《こうざい》、成功《せいこう》など。
③ 外交《がいこう》 熟 国交《こっこう》、交流《こうりゅう》など。
④ 採光《さいこう》 熟 光景《こうけい》、観光《かんこう》など。
⑤ 有効《ゆうこう》 熟 効果《こうか》、速効《そっこう》など。
⑥ 多幸《たこう》 熟 幸福《こうふく》、幸運《こううん》など。
⑦ 温厚《おんこう》 熟 厚意《こうい》、厚生《こうせい》など。
⑧ 紅茶《こうちゃ》 熟 紅白《こうはく》、紅玉《こうぎょく》など。「真紅」は「シンク」と読む。
⑨ 天候《てんこう》 「候」は真ん中の縦棒を忘れない。熟 兆候《ちょうこう》、候補《こうほ》など。
⑩ 校正《こうせい》 熟 校舎《こうしゃ》、校閲《こうえつ》など。
⑪ 格子《こうし》 「格」を「コウ」と読むのは「格子」だけ。
⑫ 耕作《こうさく》 熟 農耕《のうこう》、耕地《こうち》など。
⑬ 確定申告《かくていしんこく》 熟 答申《とうしん》、申請《しんせい》など。
⑭ 家臣《かしん》 熟 臣下《しんか》、忠臣《ちゅうしん》など。
⑮ 信号《しんごう》 熟 通信《つうしん》、信書《しんしょ》など。
⑯ 深海《しんかい》 熟 深度《しんど》、深遠《しんえん》など。
⑰ 森林《しんりん》 熟 森羅万象《しんらばんしょう》、森厳《しんげん》など。
⑱ 親近感《しんきんかん》 熟 親密《しんみつ》、親交《しんこう》など。
⑲ 確信《かくしん》 熟 信念《しんねん》、信仰《しんこう》など。
⑳ 後進《こうしん》 熟 進路《しんろ》、進退《しんたい》など。

㉑ 深長《しんちょう》 「慎重」「深重」としない。
㉒ 再考《さいこう》 「再高」としない。熟 考案《こうあん》、熟考《じゅっこう》など。
㉓ 高弟《こうてい》 熟 最高峰《さいこうほう》、高齢《こうれい》など。
㉔ 降雪《こうせつ》 雨だと「降雨《こうう》」。熟 降参《こうさん》など。
㉕ 河口《かこう》 火山の噴火口《ふんかこう》は「火口《かこう》」。熟 閉口《へいこう》など。
㉖ 向上心《こうじょうしん》 「向上」の同義語は「進歩」。熟 傾向《けいこう》など。
㉗ 前身《ぜんしん》 「全身」としない。熟 立身《りっしん》、献身的《けんしんてき》など。
㉘ 真実《しんじつ》 熟 真相《しんそう》、迫真《はくしん》など。
㉙ 時針《じしん》 熟 針路《しんろ》、避雷針《ひらいしん》など。
㉚ 物心《ぶっしん》 「物心《ものごころ》」と読むと「世の中のことがわかること」。
㉛ 広域《こういき》 熟 広言《こうげん》、広大《こうだい》など。
㉜ 後記《こうき》 熟 後輩《こうはい》、後世《こうせい》など。
㉝ 高説《こうせつ》 「考説」としない。
㉞ 心身《しんしん》 「身心」のように上下逆にしないこと。
㉟ 神官《しんかん》 熟 神経《しんけい》、神話《しんわ》など。
㊱ 進言《しんげん》 ここの「進」は「さしあげる」の意味。熟 進物《しんもつ》、寄進《きしん》など。
㊲ 温故知新《おんこちしん》 熟 新規《しんき》、新参者《しんざんもの》など。
㊳ 答申《とうしん》 「答心」「答信」としない。
㊴ 航路《こうろ》 「行路」としない。
㊵ 忠臣《ちゅうしん》 「忠身」「忠心」としない。

8日目 音か訓かに注意しよう

本冊 → p.68

① 指図《さしず》 「図《ず》」は音読み。湯桶《ゆとう》(訓音)読みの熟語《じゅくご》。
② 痛手《いたで》 「手《て》」は訓読み。訓読みどうしの組み合わせ。
③ 魚心《うおごころ》 訓読みどうしの組み合わせ。
④ 内訳《うちわけ》 「訳《わけ》」は訓読み。音読みは「ヤク」。訓読みどうしの組み合わせ。
⑤ 窓際《まどぎわ》 訓読みどうしの組み合わせ。
⑥ 会得《えとく》 「会《え》」も「得《とく》」も音読み。
⑦ 傷薬《きずぐすり》 訓読みどうしの組み合わせ。
⑧ 工面《くめん》 「工《く》」は音読み。音読みどうしの組み合わせ。
⑨ 子象《こぞう》 「子《こ》」は訓読み。「象《ぞう》」は音読み。湯桶(訓音)読みの熟語。
⑩ 幼子《おさなご》 訓読みどうしの組み合わせ。「子」の音読みは「シ・ス」。
⑪ 重荷《おもに》 「荷《に》」は訓読み。訓読みどうしの組み合わせ。
⑫ 片手間《かたてま》 「片《かた》」「手《て》」「間《ま》」はすべて訓読み。
⑬ 筋金《すじがね》 訓読みどうしの組み合わせ。
⑭ 具合《ぐあい》 「具《ぐ》」は音読み。重箱(音訓)読みの熟語。
⑮ 小包《こづつみ》 訓読みどうしの組み合わせ。
⑯ 雑木林《ぞうきばやし》 「雑《ぞう》」は音読み、「木《き》」「林《はやし》」は訓読み。読み方に注意。
⑰ 都合《つごう》 「都《つ》」は音読み。音読みどうしの組み合わせ。
⑱ 畑作《はたさく》 「作《さく》」は音読み。湯桶(訓音)読みの熟語。
⑲ 力任《ちからまか》せ 訓読みどうしの組み合わせ。
⑳ 千代紙《ちよがみ》 「千《ち》」「代《よ》」「紙《かみ》」はすべて訓読み。

㉑ 似通《にかよ》って 訓読みどうしの組み合わせ。
㉒ 波風《なみかぜ》 訓読みどうしの組み合わせ。
㉓ 相応《そうおう》 音読みどうしの組み合わせ。
㉔ 口頭《こうとう》 音読みどうしの組み合わせ。
㉕ 茶飯事《さはんじ》 すべて音読みの熟語。
㉖ 株主《かぶぬし》 訓読みどうしの組み合わせ。
㉗ 潮時《しおどき》 訓読みどうしの組み合わせ。
㉘ 真綿《まわた》 「真《ま》」は訓読み。訓読みどうしの組み合わせ。
㉙ 親身《しんみ》 「身《み》」は訓読み。重箱(音訓)読みの熟語。
㉚ 音《ね》 「音《ね》」は訓読み。
㉛ 手旗《てばた》 訓読みどうしの組み合わせ。「旗」の形に注意。
㉜ 下手人《げしゅにん》 「下《げ》」「手《しゅ》」「人《にん》」はすべて音読み。
㉝ 宮仕《みやづか》え 訓読みどうしの組み合わせ。
㉞ 生兵法《なまびょうほう》 「生《なま》」は訓読み、「兵《ひょう》」「法《ほう》」は音読み。
㉟ 風穴《かざあな》 訓読みどうしの組み合わせ。
㊱ 頭数《あたまかず》 訓読みどうしの組み合わせ。
㊲ 内輪《うちわ》 「輪《わ》」は訓読み。訓読みどうしの組み合わせ。
㊳ 真心《まごころ》 「真《ま》」は訓読み。訓読みどうしの組み合わせ。
㊴ 旅路《たびじ》 「路《じ》」は訓読み。訓読みどうしの組み合わせ。
㊵ 湯治場《とうじば》 「湯《とう》」「治《じ》」は音読み、「場《ば》」は訓読み。

9日目 難読熟語《なんどくじゅくご》にちょうせん

本冊 → p.70

① 風体《ふうてい》
「風体」は「すがたや身なり」のこと。

② 口伝《くでん》
熟 口調《くちょう》なども覚えておこう。

③ 本音《ほんね》
熟 音色《ねいろ》も覚えておこう。

④ 定石《じょうせき》
熟 定規《じょうぎ》、必定《ひつじょう》なども覚えておこう。

⑤ 頭上《ずじょう》
熟 頭痛《ずつう》、頭脳《ずのう》なども覚えておこう。

⑥ 有無《うむ》
熟 有頂天《うちょうてん》、未曽有《みぞう》なども覚えておこう。

⑦ 臨終《りんじゅう》
熟 臨時《りんじ》、臨機応変《りんきおうへん》なども覚えておこう。

⑧ 果物《くだもの》
同 果実《かじつ》。

⑨ 皮革《ひかく》
熟 革新《かくしん》、革命《かくめい》なども覚えておこう。

⑩ 支度《したく》
「仕度《したく》」とも書く。「度《たく》」は「推《お》しはかる」という意味。

⑪ 木綿《もめん》
熟 綿密《めんみつ》、連綿《れんめん》なども覚えておこう。

⑫ 貸借《たいしゃく》
熟 賃貸《ちんたい》、貸与《たいよ》なども覚えておこう。

⑬ 時雨《しぐれ》
関 雨に関する難読語として「五月雨《さみだれ》」も覚えておこう。

⑭ 景色《けしき》
「景」はふつう「けい」と読む。

⑮ 素性《すじょう》
熟 素手《すで》、素顔《すがお》なども覚えておこう

⑯ 交易《こうえき》
熟 貿易《ぼうえき》、不易流行《ふえきりゅうこう》なども覚えておこう。

⑰ 生地《きじ》
熟 生糸《きいと》、生真面目《きまじめ》なども覚えておこう。

⑱ 正札《しょうふだ》
重箱（音訓）読みの熟語。値引《ねび》きの時は「赤札《あかふだ》」という。

⑲ 骨子《こっし》
熟 骨格《こっかく》、反骨《はんこつ》なども覚えておこう。

⑳ 生意気《なまいき》
「生《なま》」には「未熟な」という意味がある。

㉑ 得体《えたい》
熟 心得《こころえ》、不得手《ふえて》なども覚えておこう。

㉒ 弟子《でし》
対 師匠《ししょう》、先生。

㉓ 風情《ふぜい》
熟 風邪《かぜ》の読みにも気をつけよう。

㉔ 宝玉《ほうぎょく》
「宝」も「玉」も点を忘れないように。

㉕ 兆候《ちょうこう》
「徴候」とも書く。

㉖ 納屋《なや》
熟 納得《なっとく》、納戸《なんど》、出納《すいとう》などの読みにも気をつけよう。

㉗ 残雪《ざんせつ》
熟 雪崩《なだれ》、吹雪《ふぶき》などの読みにも気をつけよう。

㉘ 折半《せっぱん》
熟 折角《せっかく》、折衝《せっしょう》なども覚えておこう。

㉙ 真面目《まじめ》
関 「面目」は「めんぼく」「めんもく」と読む。

㉚ 手短《てみじか》
熟 気短《きみじか》も覚えておこう。

㉛ 詩歌《しいか》
「詩歌《しか》」とも読む。

㉜ 建立《こんりゅう》
「建立」は寺社を建てる場合にのみ用いられる。

㉝ 自重《じちょう》
熟 軽重《けいちょう》、慎重《しんちょう》なども覚えておこう。

㉞ 殺生《せっしょう》
熟 「衆生《しゅじょう》」の読みにも気をつけよう。

㉟ 装束《しょうぞく》
熟 衣装《いしょう》も覚えておこう。

㊱ 断食《だんじき》
熟 餌食《えじき》も覚えておこう。

㊲ 真似《まね》
関 「さる真似」は、「考えもなく他人の言動をまねること」。

㊳ 解毒《げどく》
熟 解熱《げねつ》も覚えておこう。

㊴ 象形文字《しょうけいもじ》
熟 印象《いんしょう》、心象《しんしょう》、象徴《しょうちょう》なども覚えておこう。

㊵ 静脈《じょうみゃく》
対 動脈。

10日目 特別な読み方を覚えよう

本冊 ↓ p.72

① あす 関 **光明**《こうみょう》の読みにも気をつけよう。
② あずき 関 **大豆**《だいず》の読みも覚えておこう。
③ あま 関 **早乙女**《さおとめ》の読みも覚えておこう。
④ いくじ 関 **気色ばむ**《けしき》の読みにも気をつけよう。
⑤ いなか 関 **田楽**《でんがく》の読みにも気をつけよう。
⑥ うなばら 関 「海容《かいよう》」は「人のあやまちをゆるすこと」。
⑦ きのう 関 「一昨日」は「いっさくじつ・おととい」と読む。
⑧ ふとん 関 食べ物の「金団《きんとん》」「水団《すいとん》」にも「団」の字を当てる。
⑨ ここち 関 **生地**《きじ》の読みも覚えておこう。
⑩ おんど 「頭」の音読みには「トウ・ズ・ト」がある。
⑪ いちげんこじ 関 **無言**《むごん》の読みにも気をつけよう。
⑫ ざこ 関 **雑巾**《ぞうきん》の読みにも気をつけよう。
⑬ かたぎ 「きしつ」と読むと「生まれつきの性質」の意味。
⑭ しない 関 **太刀**《たち》の読みも覚えておこう。
⑮ しみず 関 京都にあるのは「清水寺《きよみずでら》」。
⑯ ひより 関 「待てば海路の日和あり」のことわざも覚えておこう。
⑰ わこうど 関 **素人**《しろうと》、**仲人**《なこうど》なども覚えておこう。
⑱ めがね 関 **血眼**《ちまなこ》の読みにも気をつけよう。
⑲ しろうと 対 **玄人**《くろうと》。
⑳ あんどん 関 **行脚**《あんぎゃ》の読みも覚えておこう。

㉑ うば 関 **母屋**《おもや》の読みも覚えておこう。
㉒ かぐら 関 **御神酒**《おみき》、**神主**《かんぬし》の読みも覚えておこう。
㉓ しわす 関 **神無月**《かんなづき》（＝十月）、**弥生**《やよい》（＝三月）なども覚えておこう。
㉔ たちのき 関 **飛び退く**《と》《の》の読みも覚えておこう。
㉕ はとば 関 **伝馬船**《てんません》の読みも覚えておこう。
㉖ まいご 関 **世迷い言**《よまごと》の読みも覚えておこう。
㉗ ゆかた 関 **法衣**《ほうえ》、**単衣**《ひとえ》の読みも覚えておこう。
㉘ たちうち 関 **助太刀**《すけだち》の読みも覚えておこう。
㉙ つゆ 「梅雨前線《ばいうぜんせん》」となると「バイウ」と読む。
㉚ ゆくえ 関 **行脚**《あんぎゃ》、**行灯**《あんどん》の読みにも気をつけよう。
㉛ おみき 関 神様などにそなえる**「供物**《くもつ》**」**の読みも覚えておこう。
㉜ つきやま 関 **築港**《ちっこう》の読みにも気をつけよう。
㉝ かわも 関 **水面**《みなも》も同様に読む。
㉞ どきょう 関 **句読点**《くとうてん》の読みも覚えておこう。
㉟ のりと 関 **台詞**《せりふ》の読みも覚えておこう。
㊱ もはや 関 **最寄り**《もよ》の読みも覚えておこう。
㊲ よせ 関 寄席で、はなし家が話をする舞台《ぶたい》を「高座《こうざ》」という。
㊳ のら 関 **野良着**《のらぎ》の読みも覚えておこう。
㊴ るふ 関 **流転**《るてん》、**流罪**《るざい》、**流浪**《るろう》の読みも覚えておこう。
㊵ ゆうぜい 関 **遊山**《ゆさん》の読みも覚えておこう。

第3章 入試問題

本冊 p.74

1
①イ ②エ ③ウ ④ウ ⑤ア
⑥ア

解説
①「てんまど」と読む。「天」の音読みは「テン」、訓読みは「あま・あめ」。「窓」の音読みは「ソウ」、訓読みは「まど」。
③「身」の音読みは「シン」、訓読みは「み」。
④「まさゆめ」と読む。「正」の難しい訓読みとして「まさ」を覚えておこう。「正《まさ》に」。

2
①エ ②ア ③イ ④エ

解説
①エは「真剣」。それ以外は「意味深長」「深刻」「深海魚」「深夜」。
②アは「空想」。それ以外は「創造」「創刊」「創立」「創意」。
③イは「作成」。それ以外は「精算」「精巧」「精通」「精米」。
④エは「転居」。それ以外は「発展」「展覧会」「展開」「展望台」。

3
①未然 ②歴代 ③細心 ④朗報
⑤賛同 ⑥設 ⑦奏 ⑧たいよ
⑨こくそう ⑩しゆう ⑪さ ⑫いちじる
⑬きそ

解説 小学校では習わない漢字が、読み取りや慣用句の知識問題として出ることがあるので、覚えていこう。
①「未前」としないように。「然《ぜん》」と読むのは「決然《けつぜん》」「公然《こうぜん》」など。
②「代《だい》」と読むのは「代理《だいり》」「代用《だいよう》」など。
④「朗報（＝うれしい知らせ）」のほかに、「悲報（＝悲しい知らせ）」「訃報《ふほう》（＝人がなくなったという知らせ）」も覚えておこう。
⑥「設ける」は「つくる・こしらえる」の意味。
⑧「与《よ》」は小学校では習わない漢字。例「与党《よとう》」「関与《かんよ》」。
⑩「雌雄《しゆう》」は「オスとメス」。どちらも小学校では習わない漢字。「雌雄を決する」は「決着をつける」という意味。
⑪他の訓読みは「割《わ》る」。「頭割《あたまわ》り」なども覚えておこう。
⑬「競《せ》る」の読みも覚えておきたい。

4
①エ ②重 ③画 ④気 ⑤直

解説
①「人工《じんこう》」と「工面《くめん》」。「工《く》」の読みに注意。例「細工《さいく》」。
②「自重《じちょう》」と「重心《じゅうしん》」。「重《ちょう》」の読みに注意。例「重複《ちょうふく》」。
③「名画《めいが》」と「画策《かくさく》」。
④「生気《せいき》」と「気配《けはい》」。「気《け》」の読みに注意。例「塩気《しおけ》」。
⑤「正直《しょうじき》」と「直下《ちょっか》」。「直《じき》」の読みに注意。例「直筆《じきひつ》」。

意外な意味の漢字①

本冊→p.78

① 曲折《きょくせつ》 関「紆余《うよ》曲折」は「事情がこみ入って複雑なこと」。

② 君臨《くんりん》 「君」には「王・大名」という意味がある。

③ 割愛《かつあい》 「愛」には「おしむ」という意味がある。

④ 白昼《はくちゅう》 「白」には「明るい」という意味がある。

⑤ 首席《しゅせき》 「首」には「いちばん上」という意味がある。

⑥ 師事《しじ》 「事」には「人に仕える」という意味がある。

⑦ 潔白《けっぱく》 「白」には「けがれていない」という意味がある。

⑧ 打開《だかい》 関「打破《だは》」は「うちやぶる」という意味。

⑨ 徒労《とろう》 「徒」には「むだな」という意味がある。

⑩ 口実《こうじつ》 「口実」は「口で並《なら》べた事実」から「言い訳」という意味。

⑪ 極言《きょくげん》 「極」には「きょくたん」という意味がある。

⑫ 指針《ししん》 「針」には「行き先」という意味がある。

⑬ 謝罪《しゃざい》 「謝」には「あやまる」という意味がある。

⑭ 核心《かくしん》 「核」は「中心となるもの」を表す。

⑮ 告白《こくはく》 「白」には「話す」という意味がある。

⑯ 博愛《はくあい》 「博」には「ひろい」という意味がある。

⑰ 首相《しゅしょう》 ここでの「相」は「大臣」のこと。

⑱ 絶景《ぜっけい》 「絶」には「すばらしい」という意味がある。

⑲ 委任《いにん》 「委」の訓読みは「ゆだ(ねる)」。

⑳ 参画《さんかく》 「参」には「仲間になる」という意味がある。

㉑ 歴然《れきぜん》 「歴」には「はっきりしている」という意味がある。

㉒ 林立《りんりつ》 「林」には「たくさん立ち並ぶ」という意味がある。

㉓ 卒倒《そっとう》 「卒」には「急に」という意味がある。

㉔ 器量《きりょう》 「器量」には「ものごとをする能力」という意味もある。

㉕ 風評《ふうひょう》 「風」には「うわさ」という意味がある。

㉖ 横領《おうりょう》 「横」には「わがまま・勝手」という意味がある。

㉗ 通説《つうせつ》 「通」には「広く知られている」という意味がある。

㉘ 敬具《けいぐ》 ここでの「具」は「くわしく」という意味。

㉙ 営利《えいり》 ここでの「利」は「利益」のこと。

㉚ 殺風景《さっぷうけい》 「殺」には「あらあらしい」という意味がある。

㉛ 蚕食《さんしょく》 「蚕食」は「虫食いだらけの葉」というイメージ。

㉜ 背徳《はいとく》 「背」には「そむく」という意味がある。

㉝ 氷解《ひょうかい》 「解」には「ものごとがわかる」という意味がある。

㉞ 従前《じゅうぜん》 「従前」は「前に従う」から「今まで」という意味。

㉟ 旗色《はたいろ》 ここでの「旗」は「戦いのときの目印」のこと。

㊱ 至上《しじょう》 「至」には「いちばん上」という意味がある。

㊲ 委細《いさい》 「委」には「くわしい」という意味がある。

㊳ 学府《がくふ》 「府」には「ものごとの中心となるところ」の意味がある。

㊴ 帰国子女《きこくしじょ》 「子」は「むすこ」、「女」は「むすめ」の意味を表す。

㊵ 気宇《きう》 「気宇」は「心がまえ」という意味。

2日目

意外な意味の漢字②

本冊 p.80

① 終身《しゅうしん》 関「終身刑《けい》」は「一生ろうやから出られないという刑罰《けいばつ》」。

② 中毒《ちゅうどく》 「中」には「あたる」という意味がある。例「命中《めいちゅう》」。

③ 祝電《しゅくでん》 ここでの「電」は「電報」のこと。

④ 洗練《せんれん》 「洗」には「清める」という意味がある。

⑤ 反映《はんえい》 「映」には「てりかえす」という意味がある。

⑥ 相続《そうぞく》 「相」には「うけつぐ」という意味がある。

⑦ 多感《たかん》 同じような意味の言葉に、「繊細《せんさい》」「デリケート」がある。

⑧ 忠告《ちゅうこく》 「忠」は「まごころ」という意味。

⑨ 討論《とうろん》 「討」には「すみずみまでよく調べる」という意味がある。

⑩ 任意《にんい》 「任」には「まかせる」という意味がある。

⑪ 単身《たんしん》 関「単身赴任《ふにん》」は「家族とはなれて遠くへ働きに行くこと」。

⑫ 暴言《ぼうげん》 関「失言《しつげん》」だと「うっかりとよくないことを言うこと」。

⑬ 安息《あんそく》 ここでの「息」は「休む」こと。例「休息《きゅうそく》」。

⑭ 目測《もくそく》 関「実測《じっそく》」だと「実際にはかること」。

⑮ 機転《きてん》 関「機知《きち》」だと「ものごとにあわせた知恵《ちえ》」。

⑯ 必至《ひっし》 同音異義語の**「必死」**は「死にものぐるい」ということ。

⑰ 失態《しったい》 「態」は「ようす」という意味を表す。

⑱ 変転《へんてん》 「変」も「転」も、ともに「かわる」という意味。

⑲ 成算《せいさん》 同音異義語に注意。**「清算」「精算」**など。

⑳ 自責《じせき》 「自分を責める」なので「自責」。

㉑ 保身《ほしん》 同 **処世《しょせい》**＝世の中をうまくわたること。

㉒ 助長《じょちょう》 「力をのばす」という意味にも使う。

㉓ 断固《だんこ》 「固」には「かたくなに」という意味がある。

㉔ 通貨《つうか》 「通」には「広く、一般《いっぱん》に」という意味がある。

㉕ 背任《はいにん》 関「面従腹背《めんじゅうふくはい》」は「表は従《したが》いながら内心では背《そむ》くこと」。

㉖ 難局《なんきょく》 「局」には「ものごとのなりゆき」という意味がある。

㉗ 命運《めいうん》 同 **運命《うんめい》**。

㉘ 肉眼《にくがん》 関「肉筆《にくひつ》」だと「その人の手書き」。

㉙ 助成《じょせい》 「成」には「なしとげる」という意味がある。

㉚ 生成《せいせい》 **「生製」**としない。

㉛ 首府《しゅふ》 ここでの「府」は「政治を行う場所」のこと。

㉜ 創設《そうせつ》 「設」の訓読みは「もう(ける)」。

㉝ 自尊心《じそんしん》 「自尊心」は「プライド」とも言う。

㉞ 宅配《たくはい》 「宅」は「住まい」のこと。

㉟ 仲裁《ちゅうさい》 「裁」の訓読みは「さば(く)・た(つ)」。

㊱ 略式《りゃくしき》 「略」には「かんたんな」という意味がある。

㊲ 輪番制《りんばんせい》 「制」には「きまり」という意味がある。

㊳ 類似《るいじ》 「似」の訓読みは「に(る)」。

㊴ 節制《せっせい》 「節」には「けじめをつける」という意味がある。

㊵ 査収《さしゅう》 「査」は「調べる」という意味。

打ち消しを使いこなそう

本冊→p.82

① 一心不乱《いっしんふらん》　「不乱」で「乱れないこと」を表す。
② 不思議《ふしぎ》　「不可思議《ふかしぎ》」でもほぼ同じ意味。
③ 無効《むこう》　対 有効《ゆうこう》。
④ 無心《むしん》　お金や物をねだることも「無心」という。
⑤ 無限《むげん》　対 有限《ゆうげん》。
⑥ 不言実行《ふげんじっこう》　「言《げん》」の読み方に注意。
⑦ 非難《ひなん》　「悪い点（＝非）を難じる」で、厳密《げんみつ》には打ち消しではない。
⑧ 未開《みかい》　同 原始《げんし》。
⑨ 未明《みめい》　「未《いま》だ明けていない」ということ。
⑩ 不戦勝《ふせんしょう》　関 戦わずして負けると「不戦敗《ふせんぱい》」となる。
⑪ 公平無私《こうへいむし》　「私利《しり》私欲《しよく》が無い」ということ。
⑫ 不文律《ふぶんりつ》　関 きっちり文章にすることを「明文化《めいぶんか》」という。
⑬ 未成年《みせいねん》　「未だ成人していない」ということ。
⑭ 年中無休《ねんじゅうむきゅう》　「休みが無い」ということ。
⑮ 不定休《ふていきゅう》　関 「未定」だと「まだ決めていないこと」。
⑯ 筆無精《ふでぶしょう》　「筆不精」とも書く。関 「出無精《でぶしょう》」「無精者《ぶしょうもの》」などもある。
⑰ 不当《ふとう》　対 正当《せいとう》。
⑱ 不服《ふふく》　対 納得《なっとく》。
⑲ 非道《ひどう》　この「道」は「人として正しいこと」を表す。
⑳ 無常《むじょう》　「いつも（＝常）では無い」ということ。

㉑ 不評《ふひょう》　同 不興《ふきょう》。 対 好評《こうひょう》。
㉒ 無罪《むざい》　対 有罪《ゆうざい》。
㉓ 無造作《むぞうさ》　同 造作なく。
㉔ 親不孝《おやふこう》　対 親孝行《おやこうこう》。
㉕ 非情《ひじょう》　「人間らしい感情（＝情）に非《あら》ず」ということ。
㉖ 未然《みぜん》　同 事前《じぜん》。
㉗ 未処理《みしょり》　「未だ処理していない」ということ。
㉘ 前代未聞《ぜんだいみもん》　同 空前絶後《くうぜんぜつご》。
㉙ 未練《みれん》　「未だその状態になれて（＝練）いない」ということ。
㉚ 不世出《ふせいしゅつ》　「めったに世に出ない」ということ。
㉛ 非番《ひばん》　対 当番《とうばん》。
㉜ 非常勤《ひじょうきん》　同 常勤《じょうきん》。
㉝ 不動《ふどう》　関 「不動産」「不動心」なども用いる。
㉞ 不買運動《ふばいうんどう》　「買わない」ということ。
㉟ 非売品《ひばいひん》　「売り物に非ず」ということ。
㊱ 絶無《ぜつむ》　同 皆無《かいむ》。
㊲ 不敵《ふてき》　関 「無敵」は「相手になるものがいないほど強いこと」。
㊳ 不適格《ふてきかく》　関 「不適当」「不適任」などのようにも用いる。
㊴ 無法者《むほうもの》　「法」とは「決まり・おきて」を表す。
㊵ 不義理《ふぎり》　対 義理がたい。

4日目 数字を使いこなそう

本冊 ➡ p.84

① 一助《いちじょ》　「一」には「少しの」という意味がある。

② 五月晴《さつきば》れ　熟 五月雨《さみだれ》も覚えておこう。

③ 万全《ばんぜん》　「万」には「すべて」という意味がある。

④ 千里眼《せんりがん》　「千里の馬」は「一日に千里を走るほどすぐれた馬」。

⑤ 一因《いちいん》　この「一」は「ひとつの」という意味。

⑥ 二束三文《にそくさんもん》　「二束で三文にしかならないほど安い」ということ。

⑦ 五分《ごぶ》　「五分五分」ともいう。

⑧ 五月雨《さみだれ》　旧暦《きゅうれき》の五月に降る長雨で、季語としては夏。

⑨ 六法全書《ろっぽうぜんしょ》　「六法」は憲法《けんぽう》・刑法《けいほう》・民法《みんぽう》・商法《しょうほう》・刑事訴訟法《けいじそしょうほう》・民事訴訟法《みんじそしょうほう》。

⑩ 七福神《しちふくじん》　恵比須《えびす》・毘沙門天《びしゃもんてん》・弁財天《べんざいてん》など、七人の神様。

⑪ 八方美人《はっぽうびじん》　「八方」は「すべての方角」という意味。

⑫ 一心同体《いっしんどうたい》　「気持ち(＝心)も行動(＝体)もひとつにして」という意味。

⑬ 十人十色《じゅうにんといろ》　関「十人並《じゅうにんな》み(＝人並み)」という言葉もある。

⑭ 値千金《あたいせんきん》　「千金」は「非常に価値《かち》の高いこと」。

⑮ 三寒四温《さんかんしおん》　季語としては冬。

⑯ 海千山千《うみせんやません》　海に千年、山に千年すんだ蛇《へび》は竜《りゅう》になるという言い伝え。

⑰ 千変万化《せんぺんばんか》　関 同形の四字熟語に「**千客万来**《せんきゃくばんらい》」「**千差万別**《せんさばんべつ》」などがある。

⑱ 七転八起《しちてんはっき》　関「七転八倒《しちてんばっとう》」は「ひどく苦しむこと」。

⑲ 一望千里《いちぼうせんり》　関 同形の四字熟語に「**一日千秋**《いちじつせんしゅう》」「**一刻千金**《いっこくせんきん》」などがある。

⑳ 四六時中《しろくじちゅう》　「四×六＝二十四」で一日。「二六時中」ともいう。

㉑ 四角四面《しかくしめん》　「四角」はかたくるしいイメージ。

㉒ 一家言《いっかげん》　「ひとつのもっともな意見」ということ。

㉓ 三拝九拝《さんぱいきゅうはい》　もとは「三拝の礼」と「九拝の礼」。

㉔ 四囲《しい》　同 **四方**《しほう》。

㉕ 七輪《しちりん》　もとは「七厘《りん》」。わずかの炭で煮炊《にた》きができることから。

㉖ 八百長《やおちょう》　八百屋《やおや》の長兵衛《ちょうべえ》がわざと負けて機嫌《きげん》を取ったことから。

㉗ 十年一日《じゅうねんひとひ》　「一日《ひとひ》」の読み方に注意。

㉘ 一宿一飯《いっしゅくいっぱん》　関 同形の四字熟語に「**一朝一夕**《いっちょういっせき》」「**一期一会**《いちごいちえ》」などがある。

㉙ 四通八達《しつうはったつ》　関 同形の四字熟語に「**四苦八苦**《しくはっく》」「**四方八方**《しほうはっぽう》」などがある。

㉚ 万感《ばんかん》　この「万」は「数が多い」こと。

㉛ 四散《しさん》　「四」には「あちこちに」という意味がある。

㉜ 二院制《にいんせい》　「二院」は衆議院と参議院。

㉝ 三権分立《さんけんぶんりつ》　「三権」は立法権・司法権・行政権。

㉞ 五指《ごし》　関「五指にある」は「よい点がたくさんある」こと。

㉟ 第六感《だいろっかん》　五感(視覚《しかく》・聴覚《ちょうかく》・嗅覚《きゅうかく》・味覚《みかく》・触覚《しょっかく》)以外の感覚。

㊱ 九官鳥《きゅうかんちょう》　「九官」は「日本に九官鳥を持ちこんだ人の名前」とされる。

㊲ 九牛《きゅうぎゅう》　「九牛」は「たくさんの牛」という意味。

㊳ 十全《じゅうぜん》　「十」には「完全な」という意味がある。

㊴ 十重二十重《とえはたえ》　**読み方に注意**。すべて訓読み。

㊵ 笑止千万《しょうしせんばん》　「千万」は「非常に」ということ。

か・ぜん・てき・せい

本冊 p.86

① 功利的《こうりてき》　「高利的」としない。
② 感受性《かんじゅせい》　「感性」ともいう。
③ 牧歌的《ぼっかてき》　「牧歌」は「牧場で働く人の歌う素朴《そぼく》な歌」のこと。
④ 進歩的《しんぽてき》　対 保守的《ほしゅてき》。
⑤ 物理的《ぶつりてき》　関 「理論上」は「理屈《りくつ》としては」。
⑥ 可能性《かのうせい》　「可能」の対義語は「不可能」。
⑦ 必然《ひつぜん》　対 偶然《ぐうぜん》。
⑧ 整然《せいぜん》　「正然」としない。　対 雑然《ざつぜん》。
⑨ 雑然《ざつぜん》　対 整然《せいぜん》。
⑩ 表面化《ひょうめんか》　同 表《おもて》ざたになる。
⑪ 美化《びか》　単にきれいにするときにも用いる。例「美化運動」。
⑫ 緑化《りょっか》　読み方に注意。
⑬ 近代化《きんだいか》　関 「前近代」は「近代化していないこと」。
⑭ 放射性《ほうしゃせい》　熟 放射能も覚えておこう。
⑮ 少子化《しょうしか》　「小子化」としない。
⑯ 初期化《しょきか》　「化」は「変化してある状態になる」という意味。
⑰ 退化《たいか》　対 進化《しんか》。
⑱ 平然《へいぜん》　同 平気《へいき》・平静《へいせい》。
⑲ 人道的《じんどうてき》　打ち消しは「非人道的」。
⑳ 協調性《きょうちょうせい》　「強調性」としないこと。

㉑ 古典的《こてんてき》　対 現代的《げんだいてき》。
㉒ 高圧的《こうあつてき》　関 「低姿勢《ていしせい》」は「へりくだっていること」。
㉓ 副次的《ふくじてき》　「副時的」としない。
㉔ 劇的《げきてき》　「激的」としない。
㉕ 公的《こうてき》　対 私的《してき》。
㉖ 詩的《してき》　同音異義語の「私的」と使い分けよう。
㉗ 合理性《ごうりせい》　「合理」の対義語は「不合理」もしくは「非合理」。
㉘ 自主的《じしゅてき》　熟 自主性(＝自分からすること)も覚えておこう。
㉙ 内向的《ないこうてき》　対 外向的《がいこうてき》。
㉚ 判然《はんぜん》　「半然」としない。
㉛ 自律的《じりつてき》　「自立的」としない。
㉜ 生理的《せいりてき》　「生利的」としない。
㉝ 建設的《けんせつてき》　対 破壊的《はかいてき》。
㉞ 純然《じゅんぜん》　関 「純粋」の対義語は「不純」。
㉟ 多角化《たかくか》　「多画化」としない。
㊱ 視認性《しにんせい》　同 視界《しかい》。
㊲ 流動的《りゅうどうてき》　対 固定的《こていてき》。
㊳ 一元化《いちげんか》　対 多元化《たげんか》。
㊴ 具現化《ぐげんか》　ここでの「具」は「くわしく・こまかく」という意味。
㊵ 一過性《いっかせい》　対 継続性《けいぞくせい》。

6日目 慣用表現として覚えよう

本冊→p.88

① 有終《ゆうしゅう》 **「優秀」**としない。
② 手塩《てしお》 「手塩」は「味を調《ととの》えるために食卓《しょくたく》に置いた塩」のこと。
③ 灯台《とうだい》 「灯台」は「部屋のあかりをともす台」のこと。
④ 白羽《しらは》の矢《や》 **読み方に注意。**
⑤ 関《せき》の山《やま》 三重県関町《せきちょう》の山車《だし》が立派で、それ以上には作れないことから。
⑥ 生計《せいけい》 **「正計」**としない。
⑦ 目《ま》 「まぶた」「まなざし」「まつげ」などの「ま」も「目」のこと。
⑧ 特筆《とくひつ》 **「得筆」**としない。
⑨ 徒党《ととう》 「徒」も「党」も「仲間」の意味。
⑩ 青筋《あおすじ》 「青筋」は「こめかみの血管」のこと。
⑪ 眼目《がんもく》 同 **主眼《しゅがん》・要目《ようもく》**。
⑫ 方便《ほうべん》 「方便」は「目的を達するために仮にとる手段」。
⑬ 計上《けいじょう》 同 **加算《かさん》・算入《さんにゅう》**。
⑭ 心血《しんけつ》 「精神（＝心）と肉体（＝血）のすべて」ということ。
⑮ 頭角《とうかく》 「頭角」とは「頭の先」。**「頭角を表す」**としない。
⑯ 他山《たざん》 「他山の石」はよい言動を参考にする場合には用いない。
⑰ 所帯《しょたい》 「帯」には「そばにいる」の意味がある。
⑱ 理路整然《りろせいぜん》 「理路」は「話のすじみち」のこと。
⑲ 自他《じた》 「自」と「他」は反対の意味の組み合わせ。
⑳ 無理無体《むりむたい》 「無体」だけでも「無理なこと」という意味がある。

㉑ 雨後《うご》 雨が降ったあとにたけのこが次々と生えてくることから。
㉒ 口裏《くちうら》 「口裏を合わせる」は「見えないところで話をつけること」。
㉓ 発破《はっぱ》 「発破」は「火薬でものをこわすこと」。
㉔ 所信《しょしん》 **「所心」**としないこと。
㉕ 血路《けつろ》 「血路」は「血を流すほど苦労して切り開いた道」のこと。
㉖ 骨肉《こつにく》 「骨肉」は「直接血のつながっている肉親」のこと。
㉗ 万策《ばんさく》 この「万」は「すべての」という意味。
㉘ 上場《じょうじょう》 この「場」は「株式《かぶしき》を取引する市場」のこと。
㉙ 毒舌《どくぜつ》 この「舌」は「はなすことば」のこと。例「弁舌《べんぜつ》」。
㉚ 絶世《ぜっせい》 この「絶」は「この上ない」ということ。例「絶賛《ぜっさん》」「絶妙《ぜつみょう》」。
㉛ 帰心《きしん》 関「心」のつくことばとして「童心《どうしん》」なども覚えておこう。
㉜ 墓穴《ぼけつ》 自分で失敗の原因をつくる場合に用いる。
㉝ 思案《しあん》 「思」も「案」も、「考える」という意味。
㉞ 古式《こしき》 「古式ゆかしい」の「ゆかしい」は「なつかしい」の意味。
㉟ 精《せい》も根《こん》も 「精」も「根」も、「気力」の意味。
㊱ 評定《ひょうじょう》 「小田原《おだわら》評定」は豊臣秀吉《とよとみひでよし》が小田原城を攻めた時の故事による。
㊲ 軍門《ぐんもん》 「軍門」は「陣営《じんえい》の入り口」のこと。
㊳ 一敗《いっぱい》 区切りは「一敗、地にまみれる」。一度でひどく負けること。
㊴ 余地《よち》 「立錐《りっすい》の余地」の「立錐」は「錐《きり》をつき立てる」ということ。
㊵ 多分《たぶん》 この「多分」は「大部分」の意味。**「多聞」**としない。

意味まで言えてホンモノ①

本冊 ➡ p.90

① 服用《ふくよう》　「服」には「薬やお茶を飲む」という意味がある。

② 言論《げんろん》　「述べる(＝言)」と「文章に書く(＝論)」。

③ 過言《かごん》　「言《ごん》」の読み方に注意。熟 他言《たごん》など。

④ 会見《かいけん》　関「記者会見」は「記者を集めて発表すること」。

⑤ 固守《こしゅ》　熟 **固持《こじ》**、**固執《こしつ》**なども覚えておこう。

⑥ 密約《みつやく》　「密」には「ひそかに・こっそりと」という意味がある。

⑦ 自負《じふ》　この「負」は「たのみとする」という意味。

⑧ 識別《しきべつ》　「識」も「別」も「区別すること」。

⑨ 圧巻《あっかん》　いちばんよい答案(＝巻)をいちばん上にのせたことから。

⑩ 暗唱《あんしょう》　熟 **暗記《あんき》**、**暗算《あんざん》**なども覚えておこう。

⑪ 暴利《ぼうり》　熟 **暴挙《ぼうきょ》**、**暴君《ぼうくん》**なども覚えておこう。

⑫ 旧知《きゅうち》　「旧」は「むかし」という意味。

⑬ 規律《きりつ》　「規」も「律」も「きまり」という意味。

⑭ 健全《けんぜん》　「全」には「欠けることがない」という意味がある。

⑮ 険悪《けんあく》　「険」は「けわしい・危《あぶ》ない・とげとげしい」という意味。

⑯ 腹心《ふくしん》　**「腹臣」**としない。

⑰ 健勝《けんしょう》　「勝」には「すぐれる」という意味がある。

⑱ 固持《こじ》　同音異義語の**「固辞」**は「かたく辞退すること」。

⑲ 才女《さいじょ》　ここでの「才」は「能力」の意味。

⑳ 細大《さいだい》　「細」と「大」は反対の意味の組み合わせ。

㉑ 賞味《しょうみ》　「賞」には「味わう」の意味がある。例「観賞《かんしょう》」。

㉒ 空耳《そらみみ》　「空」には「実際にはないこと」の意味がある。

㉓ 動議《どうぎ》　**「同議」「動義」**としない。

㉔ 口論《こうろん》　「論」には「言い争う」という意味がある。

㉕ 説教《せっきょう》　熟 **説諭《せつゆ》**、**説得《せっとく》**なども覚えておこう。

㉖ 増長《ぞうちょう》　「増」も「長」も「大きくなる」という意味。

㉗ 破格《はかく》　熟 **格別《かくべつ》**、**規格《きかく》**なども覚えておこう。

㉘ 感化《かんか》　ここでの「化」は「かわる」という意味。

㉙ 局地《きょくち》　「局」には「小さく区切られた部分」という意味がある。

㉚ 裁定《さいてい》　「裁」には「処理する」という意味がある。例「独裁《どくさい》」。

㉛ 反骨《はんこつ》　熟 **気骨《きこつ》**も覚えておこう。

㉜ 比類《ひるい》　「類」には「似たもの」の意味がある。

㉝ 放談《ほうだん》　同 **放言《ほうげん》**。

㉞ 丁々発止《ちょうちょうはっし》　刀などを打ち合う音の形容。

㉟ 戦役《せんえき》　「役」には「戦争」の意味がある。「役《えき》」の読み方に注意。

㊱ 投降《とうこう》　この「投」は「あきらめて投げ出す」という意味。

㊲ 造反《ぞうはん》　この「造」は「おこなう」という意味。

㊳ 血相《けっそう》　熟 **形相《ぎょうそう》**、**人相《にんそう》**なども覚えておこう。

㊴ 権勢《けんせい》　**「権制」**としない。

㊵ 祝言《しゅうげん》　**読み方に注意。**

8日目

意味まで言えてホンモノ②

本冊 p.92

① **成就《じょうじゅ》** 読み方に注意。
② **結実《けつじつ》** 「実を結ぶ」ということ。
③ **英断《えいだん》** 「英」には「すぐれた」という意味がある。例「英才《えいさい》」。
④ **厚情《こうじょう》** **「好情」**としない。
⑤ **歴訪《れきほう》** 「歴」には「次々に」という意味がある。例「遍歴《へんれき》」。
⑥ **中傷《ちゅうしょう》** 「中」には「あたる」という意味がある。例「的中《てきちゅう》」。
⑦ **直言《ちょくげん》** 読み方に注意。
⑧ **人道《じんどう》** 「人としての道義」ということ。
⑨ **尊厳死《そんげんし》** 「延命治療《えんめいちりょう》」（＝命が永らえるような治療）に関することば。
⑩ **帯同《たいどう》** 「帯」には「ともなう」という意味がある。例「連帯《れんたい》」。
⑪ **後発《こうはつ》** 対 **先発《せんぱつ》**。
⑫ **亡命《ぼうめい》** 「亡」には「逃げる」という意味がある。例「逃亡《とうぼう》」。
⑬ **野営《やえい》** 「営」には「軍隊のとどまるところ」という意味がある。
⑭ **算定《さんてい》** 「計算して定める」ということ。
⑮ **直伝《じきでん》** 「直」を「ジキ」と読むことに注意。熟 **直筆《じきひつ》**など。
⑯ **面目《めんぼく》** 「めんもく」とも読む。
⑰ **細君《さいくん》** 自分の妻を話題にする際のややへりくだった表現。
⑱ **厳格《げんかく》** **「厳確」**としない。
⑲ **快挙《かいきょ》** 「挙」には「ことをおこす」という意味がある。例「暴挙《ぼうきょ》」。
⑳ **余談《よだん》** 同音異義語の**「予断」**は「前もって判断すること」。

㉑ **枚挙《まいきょ》** 「枚」は「ひとつひとつ数える」という意味。
㉒ **木簡《もっかん》** 昔、紙がなかったころ、字を書くのに竹や木の札《ふだ》を用いた。
㉓ **談義《だんぎ》** **「談議」**としない。
㉔ **起因《きいん》** 「起」には「はじまり」という意味がある。例「起源《きげん》」。
㉕ **連座《れんざ》** 「座」には「あつまり」という意味がある。例「講座《こうざ》」。
㉖ **食通《しょくつう》** 「通」には「ものごとをよく知っている」という意味がある。
㉗ **塩梅《あんばい》** もとは、「塩と梅酢《うめず》を合わせた調味料」のこと。
㉘ **能弁《のうべん》** 「能」には「うまくできる」という意味がある。例「芸能《げいのう》」。
㉙ **深遠《しんえん》** 「遠」には「おく深い」という意味がある。
㉚ **因習《いんしゅう》** 「因」には「もとからあるものに従う」という意味がある。
㉛ **回向《えこう》** 仏教のことば。**読み方に注意。**
㉜ **余技《よぎ》** 「余」には「そのほか・よそ」という意味がある。
㉝ **情理《じょうり》** 「理」には「すじみち」という意味がある。
㉞ **物故《ぶっこ》** 「故」には「死ぬ」という意味がある。
㉟ **自決《じけつ》** 同 **自殺《じさつ》・自害《じがい》**。
㊱ **敗走《はいそう》** 「走」には「にげる」という意味がある。例「脱走《だっそう》」。
㊲ **推参《すいさん》** この「推」は「すすむ」という意味。
㊳ **起草《きそう》** 「草」には「下書き」という意味がある。例「草案《そうあん》」。
㊴ **結納《ゆいのう》** **読み方に注意。**
㊵ **査察《ささつ》** 「査」も「察」も「調べる」という意味。

9日目 三字熟語《じゅくご》にちょうせん

本冊 ⬇ p.94

① **集大成《しゅうたいせい》** 「大成」で「多くの資料をまとめあげること」。
② **善後策《ぜんごさく》** 「後始末の方法」という意味。**「前後策」**としない。
③ **徒競走《ときょうそう》** みんないっしょに走るので「徒」を使う。
④ **遊覧船《ゆうらんせん》** 「遊」には「あちらこちらを回る」という意味がある。
⑤ **座談会《ざだんかい》** 「座談」は「すわって気楽に話し合うこと」。
⑥ **有頂天《うちょうてん》** **「有頂点」**としない。
⑦ **価値観《かちかん》** **「価値感」**としない。
⑧ **一目散《いちもくさん》** **読み方にも注意。**
⑨ **私生活《しせいかつ》** 同 **プライベート。**
⑩ **絶好調《ぜっこうちょう》** 「絶」には「この上なく」という意味がある。
⑪ **実社会《じっしゃかい》** 組み立ては「実」＋「社会」。
⑫ **処世術《しょせいじゅつ》** 「処世」は「世間とうまく交わって生活すること」。
⑬ **身支度《みじたく》** 「身仕度」とも書く。
⑭ **先住民《せんじゅうみん》** 組み立ては「先住」＋「民」。
⑮ **初対面《しょたいめん》** 「初めて対面する」ということ。
⑯ **青天井《あおてんじょう》** 「青い天井」つまり「空」ということ。
⑰ **酸性雨《さんせいう》** **「酸生雨」**としない。
⑱ **将来像《しょうらいぞう》** **「将来象」**としない。
⑲ **真骨頂《しんこっちょう》** **「真骨長」**としない。
⑳ **最高潮《さいこうちょう》** **「最好調」**としない。

㉑ **下馬評《げばひょう》** もとは、「伴《とも》の者が主人を待つ間にかわすうわさ」のこと。
㉒ **大食漢《たいしょくかん》** 「漢」には「男」という意味がある。例「門外漢《もんがいかん》」。
㉓ **給付金《きゅうふきん》** 「給付」は「役所などがあたえること」。
㉔ **感無量《かんむりょう》** 同 **感慨無量《かんがいむりょう》・感慨にふける。**
㉕ **疑問視《ぎもんし》** 「視」には「そのように考える」という意味がある。
㉖ **最新鋭《さいしんえい》** 「新鋭」は「新しくいきおいがあるもの」。
㉗ **金輪際《こんりんざい》** 仏教のことば。大地の最下部のところ。
㉘ **心不全《しんふぜん》** 「不全」は「機能しないこと」。
㉙ **生半可《なまはんか》** 関「半可通《はんかつう》」は「知ったかぶりをする人」。
㉚ **市民権《しみんけん》** 「市民権を得る」で「一般化《いっぱんか》する」という意味になる。
㉛ **景勝地《けいしょうち》** 「景勝」は「景色がすぐれていること」。
㉜ **指南役《しなんやく》** 「指南」は「ものごとを指導すること」。
㉝ **長広舌《ちょうこうぜつ》** もとは「話がうまいこと」にも使われていた。
㉞ **助太刀《すけだち》** 「太刀《たち》」は「かたな」のこと。
㉟ **後見人《こうけんにん》** 「後見」の同義語は「世話」「補佐《ほさ》」。
㊱ **仏頂面《ぶっちょうづら》** 「仏頂面」は「不満を表す顔つき」のこと。
㊲ **鉄面皮《てつめんぴ》** 「鉄のように厚い面《つら》の皮」から「厚かましいこと」。
㊳ **無辺際《むへんさい》** 同 **広大無辺《こうだいむへん》。**
㊴ **長丁場《ながちょうば》** 「丁場」は「宿場と宿場の間」のこと。
㊵ **強行軍《きょうこうぐん》** 「強行」は「むりやり進めること」。

10日目

四字熟語《じゅくご》にちょうせん

本冊→p.96

① 空前絶後《くうぜんぜつご》　同 前代未聞《ぜんだいみもん》。
② 自画自賛《じがじさん》　「自我自賛」としない。
③ 史上空前《しじょうくうぜん》　「至上空前」としない。「歴史上」ということ。
④ 絶体絶命《ぜったいぜつめい》　「絶対絶命」としない。
⑤ 無我夢中《むがむちゅう》　「無我無中」としない。
⑥ 明朗快活《めいろうかいかつ》　「明郎快活」としない。
⑦ 賛否両論《さんぴりょうろん》　「賛非両論」としない。「賛成と否定」ということ。
⑧ 悪口雑言《あっこうぞうごん》　「悪行雑言」としない。**読み方にも注意。**
⑨ 喜色満面《きしょくまんめん》　「気色満面」としない。
⑩ 自己満足《じこまんぞく》　よい意味では使われない。
⑪ 起死回生《きしかいせい》　「起死」も「回生」も「よみがえる」という意味。
⑫ 単刀直入《たんとうちょくにゅう》　「短刀直入」としない。
⑬ 自問自答《じもんじとう》　「問」と「答」は反対の意味の組み合わせ。
⑭ 青天白日《せいてんはくじつ》　「晴天白日」としない。
⑮ 平身低頭《へいしんていとう》　「平身底頭」としない。
⑯ 品行方正《ひんこうほうせい》　「品行法正」としない。
⑰ 一進一退《いっしんいったい》　「進」と「退」は反対の意味の組み合わせ。
⑱ 意気投合《いきとうごう》　「投合」だけでも「気持ちが合う」という意味。
⑲ 一挙両得《いっきょりょうとく》　同 一石二鳥《いっせきにちょう》。
⑳ 老若男女《ろうにゃくなんにょ》　**読み方に注意。**

㉑ 景気低迷《けいきていめい》　「低迷」は「よくない状態をぬけだせないこと」。
㉒ 人事不省《じんじふせい》　「人事不正」としない。
㉓ 破顔一笑《はがんいっしょう》　「破顔」は「表情がほころぶこと」。
㉔ 同工異曲《どうこういきょく》　同 大同小異《だいどうしょうい》。
㉕ 一意専心《いちいせんしん》　同 一心不乱《いっしんふらん》。
㉖ 独断専行《どくだんせんこう》　「独断先行」としない。「専行」は「勝手に行うこと」。
㉗ 重厚長大《じゅうこうちょうだい》　「重厚」と「長大」という似た意味の組み合わせ。
㉘ 一期一会《いちごいちえ》　**読み方に注意。**「一期」は「一生」のこと。
㉙ 不協和音《ふきょうわおん》　もとは、「ひびきの悪い音の組み合わせ」のこと。
㉚ 広大無辺《こうだいむへん》　「広大」だけでも「広く大きいこと」という意味。
㉛ 希少動物《きしょうどうぶつ》　「希少」は「めずらしい」ということ。
㉜ 面会謝絶《めんかいしゃぜつ》　「謝絶」は「相手の申し出などをていねいに断ること」。
㉝ 朝三暮四《ちょうさんぼし》　もとは故事成語。
㉞ 一子相伝《いっしそうでん》　「相伝」は「代々引きつぐこと」。
㉟ 期末考査《きまつこうさ》　「考査」は「試験」のこと。
㊱ 行雲流水《こううんりゅうすい》　「行雲」も「流水」も「自然のままのなりゆき」のこと。
㊲ 物見遊山《ものみゆさん》　**読み方に注意。**「遊山」は「自由に歩き回ること」。
㊳ 博覧強記《はくらんきょうき》　「強記」は「よく覚えていること」。
㊴ 面従腹背《めんじゅうふくはい》　「面」は「顔」、「腹」は「本心」のこと。
㊵ 半官半民《はんかんはんみん》　「官」は「政府」、「民」は「民間」のこと。

入試問題

本冊→p.98

1

① ア　② エ　③ イ　④ ウ　⑤ ア

解説

① 「食料」とア「原料」は「材料」の意味。「料金」「給料」「無料」は「お金」の意味。

② 「報復」とエ「報酬」は「お返し」の意味。「報告」「警報」「吉報」は「知らせ」の意味。

③ 「待遇」とイ「招待」は「もてなし」の意味。「待望」「待機」「期待」は「待つ」という意味。

④ 「望郷」とウ「眺望」は「遠くを見わたす」という意味。「希望」「欲望」は「望み」、「人望」は「評判」の意味。

⑤ 「救済」とア「共済」は「助ける」という意味。「返済」「決済」「未済」は「すましてしまう」という意味。

2

A 竹　① イ　② ア

B 塩　① イ　② エ

解説　それぞれの慣用表現の意味を覚えておこう。

A ① 竹が縦《たて》に割《わ》れやすいことから、さっぱりした性格のこと。

② 竹馬《たけうま》で遊んだころからの友人ということから、おさな友達のこと。「竹馬《ちくば》」の読みに注意。

B ① 「手塩」は食卓《しょくたく》に置かれた塩のこと。自分好みに味付けすることから、大切に育てるという意味で用いられる。

② 戦国時代、上杉謙信《うえすぎけんしん》が敵の武田信玄《たけだしんげん》に塩を送って助けたという故事から、困っている敵を助けるという意味。

3

① 百・百　② 千・万　③ 七・八

④ 九・一　⑤ 三・四

解説　数字を使った四字熟語はよくねらわれる。意味とともにまとめて覚えておこう。

4

① たがや　② こうぼう　③ ふくせい

④ めんみつ　⑤ たば　⑥ きょうぞう

⑦ こなゆき　⑧ そ

解説

② 「興亡」は「力をつけることと、滅《ほろ》びること」。反対の意味の組み合わせ。

③ この「複」は「ふたたびする」という意味。例「複写《ふくしゃ》」など。

④ この「綿」は「きめが細かい」という意味。他に「続く」という意味で、「連綿《れんめん》」という熟語がある。

⑤ 「束」を「たばねる」という意味で使う熟語には「結束《けっそく》」などがある。

⑥ 「像」は「ほんものに似せた形」という意味。「象」としないこと。

⑧ 「反らす」を「背《そむ》く」「沿《そ》う」と混同しやすい。

1日目

同義語の組み合わせ

本冊 ↓ p.102

① 収入《しゅうにゅう》 同 所得《しょとく》。 対 支出《ししゅつ》。

② 進退《しんたい》 同 去就《きょしゅう》。

③ 加減《かげん》 「加」と「減」は反対の意味の組み合わせ。 同 調節《ちょうせつ》。

④ 調節《ちょうせつ》 同 加減《かげん》。

⑤ 用意《ようい》 同 準備《じゅんび》。

⑥ 準備《じゅんび》 「準」を「準」としない。 同 用意《ようい》。

⑦ 応対《おうたい》 同 接待《せったい》。

⑧ 接待《せったい》 「接対」としない。 同 応対《おうたい》。

⑨ 簡単《かんたん》 同 容易《ようい》。

⑩ 容易《ようい》 この「易」は「やさしい」という意味。 同 簡単《かんたん》。

⑪ 理由《りゆう》 同 動機《どうき》。

⑫ 便利《べんり》 同 重宝《ちょうほう》。

⑬ 親切《しんせつ》 同 厚意《こうい》。

⑭ 納得《なっとく》 同 承知《しょうち》・合点《がってん》。

⑮ 承知《しょうち》 この「承」は「受け入れる」という意味。 同 納得《なっとく》・合点《がってん》。

⑯ 同意《どうい》 同 賛成《さんせい》。

⑰ 手段《しゅだん》 同 方法《ほうほう》。 対 目的《もくてき》。

⑱ 方法《ほうほう》 同 手段《しゅだん》。

⑲ 無事《ぶじ》 同 息災《そくさい》。

⑳ 死去《しきょ》 同 他界《たかい》・永眠《えいみん》・逝去《せいきょ》。

㉑ 興味《きょうみ》 同 関心《かんしん》。

㉒ 所得《しょとく》 「所特」としない。 同 収入《しゅうにゅう》。

㉓ 消息《しょうそく》 同 音信《おんしん》。

㉔ 重宝《ちょうほう》 「重法」としない。 同 便利《べんり》。

㉕ 厚意《こうい》 「好意」としない。 同 親切《しんせつ》。

㉖ 合点《がってん》 同 納得《なっとく》・承知《しょうち》。

㉗ 健在《けんざい》 同 達者《たっしゃ》。

㉘ 感染《かんせん》 この「染」は「うつる」の意味。 同 伝染《でんせん》。

㉙ 関心《かんしん》 「関」の「关」の形を正確に。 同 興味《きょうみ》。

㉚ 出版《しゅっぱん》 「出板」としない。

㉛ 刊行《かんこう》 同 出版《しゅっぱん》。

㉜ 去就《きょしゅう》 この「就」は「役目につく」という意味。 同 進退《しんたい》。

㉝ 音信《おんしん》 関 「音信不通」＝音信がとだえること。 同 消息《しょうそく》。

㉞ 動機《どうき》 「動気」としない。 同 理由《りゆう》。

㉟ 息災《そくさい》 この「息」は「やめる・終わる」という意味。 同 無事《ぶじ》。

㊱ 達者《たっしゃ》 「達」を「達」としない。 同 健在《けんざい》。

㊲ 伝染《でんせん》 同 感染《かんせん》。

㊳ 他界《たかい》 同 死去《しきょ》・永眠《えいみん》・逝去《せいきょ》。

㊴ 地味《じみ》 同 質素《しっそ》。 対 派手《はで》。

㊵ 質素《しっそ》 この「質」は「かざりけがない」という意味。 同 地味《じみ》。

対義語に気をつけよう

本冊 p.104

①過小《かしょう》 「過少」としない。 対 過大《かだい》。

②客観《きゃっかん》 対 主観《しゅかん》。

③主観《しゅかん》 「主感」としない。 対 客観《きゃっかん》。

④利益《りえき》 対 損失《そんしつ》。

⑤絶対《ぜったい》 「絶体」としない。 対 相対《そうたい》。

⑥相対《そうたい》 「相体」としない。 対 絶対《ぜったい》。

⑦現実《げんじつ》 対 理想《りそう》。

⑧理想《りそう》 「理相」としない。 対 現実《げんじつ》。

⑨理性《りせい》 「理性」はあたま、「感情」はこころ、のこと。 対 感情《かんじょう》。

⑩感情《かんじょう》 対 理性《りせい》。

⑪生産《せいさん》 対 消費《しょうひ》。

⑫消費《しょうひ》 「費」の「弗」は縦棒二本。 対 生産《せいさん》。

⑬禁止《きんし》 対 許可《きょか》。

⑭許可《きょか》 「許」を「許」としない。 対 禁止《きんし》。

⑮精神《せいしん》 「精心」としない。 対 肉体《にくたい》。

⑯肉体《にくたい》 対 精神《せいしん》。

⑰集合《しゅうごう》 対 解散《かいさん》。

⑱解散《かいさん》 関 「離合集散《りごうしゅうさん》」は「離《はな》れたり集まったりすること」。 対 集合《しゅうごう》。

⑲複雑《ふくざつ》 「複」は、ころもへんの字。 対 単純《たんじゅん》。

⑳単純《たんじゅん》 対 複雑《ふくざつ》。

㉑過多《かた》 対 過少《かしょう》。（「過小」ではない）

㉒故意《こい》 この「故」は「わざと」という意味。 対 過失《かしつ》。

㉓過失《かしつ》 対 故意《こい》。

㉔損失《そんしつ》 「損」も「失」も「うしなう」という意味。 対 利益《りえき》。

㉕楽観《らっかん》 対 悲観《ひかん》。

㉖悲観《ひかん》 「非観」としない。 対 楽観《らっかん》。

㉗保守《ほしゅ》 対 革新《かくしん》。

㉘革新《かくしん》 「革」には「あらためる」という意味がある。 対 保守《ほしゅ》。

㉙美徳《びとく》 対 悪徳《あくとく》。

㉚悪徳《あくとく》 「悪特」としない。 対 美徳《びとく》。

㉛能動《のうどう》 対 受動《じゅどう》。

㉜受動《じゅどう》 関 「受け身」という言葉も重要。 対 能動《のうどう》。

㉝喜怒哀楽《きどあいらく》 「怒」は「いかり」、「哀」は「かなしみ」。

㉞利害得失《りがいとくしつ》 「利」⇅「害」、「得」⇅「失」という組み合わせ。

㉟有名無実《ゆうめいむじつ》 「名」と「実」は反対の意味の組み合わせ。

㊱頭寒足熱《ずかんそくねつ》 熟 竜頭蛇尾《りゅうとうだび》も覚えておこう。

㊲上意下達《じょういかたつ》 「上意」を「下達」するという組み立て。

㊳南船北馬《なんせんほくば》 熟 東奔西走《とうほんせいそう》も覚えておこう。

㊴古今東西《ここんとうざい》 「古」⇅「今」、「東」⇅「西」という組み合わせ。

㊵朝令暮改《ちょうれいぼかい》 熟 一朝一夕《いっちょういっせき》なども覚えておこう。

3日目 さまざまな分野のことば①

本冊→p.106

① 兄貴《あにき》　「貴」は敬称。
② 学童《がくどう》　関「学童保育」。
③ 乳児《にゅうじ》　関「乳幼児」は「乳児と幼児」。
④ 旧交《きゅうこう》　この「旧」は「ふるい」という意味。
⑤ 知己《ちき》　「己《おのれ》（＝自分）をよく知っている人」ということ。
⑥ 竹馬《ちくば》　「竹馬《ちくば》の友《とも》」というときの読み方に注意。
⑦ 指揮官《しきかん》　「官」は仕事をつとめる人につく。例「教官」「高官」。
⑧ 世帯主《せたいぬし》　「主《ぬし》」は訓読み。
⑨ 教授《きょうじゅ》　「授」の訓読みは「さず（ける）」。
⑩ 講師《こうし》　「師」は「教える人」の意味。
⑪ 大家《たいか》　**読み方に注意。**「大家《おおや》」と読むと「貸家の持ち主」のこと。
⑫ 早熟《そうじゅく》　対 **晩成《ばんせい》。**
⑬ 満身《まんしん》　**「満心」**としない。同 **総身《そうしん》・全身《ぜんしん》。**
⑭ 脳天《のうてん》　「脳」の右を「凶」としない。
⑮ 産毛《うぶげ》　同 **和毛《にこげ》。**
⑯ 白眼視《はくがんし》　同 **白い目で見る。**
⑰ 目頭《めがしら》　対 **目尻《めじり》。**
⑱ 小手先《こてさき》　すべて訓で読むことに注意。
⑲ 食指《しょくし》　おいしいものがあると指が動いたという故事から。
⑳ 胸算用《むなざんよう》　同 **心づもり。**

㉑ 首脳《しゅのう》　この「脳」は「考えたりものごとを決めたりする役どころ」。
㉒ 知事《ちじ》　この「知」は「治める・つかさどる」という意味。
㉓ 元首《げんしゅ》　**読み方に注意。**
㉔ 神童《しんどう》　「神がかった才能」という意味。
㉕ 総身《そうしん》　同 **満身《まんしん》・全身《ぜんしん》。**
㉖ 若造《わかぞう》　「若蔵」「若僧」とも書く。**「若三」**としない。
㉗ 水魚《すいぎょ》　関「水と油」だと「仲が悪いこと」になる。
㉘ 先達《せんだつ》　同 **先人《せんじん》。**
㉙ 骨身《ほねみ》　「骨身を削《けず》る」は「心も体も苦しむほど努力する」こと。
㉚ 図体《ずうたい》　**読み方に注意。**
㉛ 老骨《ろうこつ》　「骨」を「骨」としない。
㉜ 亡友《ぼうゆう》　この「亡」は「死んだ」という意味。
㉝ 頭領《とうりょう》　「統領」とも書く。
㉞ 長老《ちょうろう》　「長」の字はもともと「髪の長い老人」の形から作られた。
㉟ 首長《しゅちょう》　市長や町長などのこと。
㊱ 座長《ざちょう》　「座」の「土」は「人」二つの間を通す。
㊲ 古参《こさん》　この「参」は「仲間に加わる」という意味。
㊳ 悪漢《あっかん》　「漢」には「男」という意味がある。
㊴ 胸倉《むなぐら》　**読み方に注意。**
㊵ 大器晩成《たいきばんせい》　**「晩生」**としない。

4日目 さまざまな分野のことば②

本冊 ↓ p.108

①弱体《じゃくたい》 「弱」の字形をていねいに。中身を「冫」とすること。
②農耕《のうこう》 「耕」の訓読みは「たがや(す)」。
③公傷《こうしょう》 「公」の訓読みは「おおやけ」。
④容態《ようだい》 「容体」とも書く。
⑤重体《じゅうたい》 「重態」とも書く。
⑥応急手当《おうきゅうてあて》 「手当」はともに訓読み。
⑦養生《ようじょう》 **読み方に注意。**
⑧初産《ういざん》 熟 **初孫《ういまご》**も覚えておこう。
⑨安産《あんざん》 対 **難産《なんざん》**。
⑩難産《なんざん》 関 ものづくりでも「産みの苦しみ」という表現をする。
⑪未熟《みじゅく》 対 **成熟《せいじゅく》**。
⑫養護《ようご》 「護」は二十画の漢字。「護」としないように。
⑬修了《しゅうりょう》 **「終了」**としない。
⑭落第《らくだい》 対 **及第《きゅうだい》**。
⑮常温《じょうおん》 「常」の上を「ッ」としないように。
⑯適温《てきおん》 「適」を「商」「啇」としないように。
⑰計測《けいそく》 **「計則」**としない。
⑱拡大鏡《かくだいきょう》 「拡大」の対義語は「縮小《しゅくしょう》」。
⑲統計《とうけい》 「統」の訓読みは「す(べる)」。
⑳残暑《ざんしょ》 季語としては秋。

㉑遊牧民《ゆうぼくみん》 「遊」には「あちらこちら」という意味がある。
㉒復学《ふくがく》 「復」には「もどる」という意味がある。
㉓深手《ふかで》 対 **浅手《あさで》**。
㉔重軽傷《じゅうけいしょう》 関 「死傷者」は「死者と負傷者」。
㉕快復《かいふく》 「回復」とも書くがこちらを覚えておこう。
㉖終生《しゅうせい》 同 **一生《いっしょう》**。
㉗過保護《かほご》 この「過」は「程度がひどい」という意味。
㉘厳冬《げんとう》 対 **酷暑《こくしょ》**。
㉙極寒《ごっかん》 熟 **極大《きょくだい》、極悪《ごくあく》**なども覚えておこう。
㉚考察《こうさつ》 **「孝察」**としない。
㉛気化熱《きかねつ》 同 **蒸発熱《じょうはつねつ》**。
㉜参政権《さんせいけん》 **「賛成権」**としない。
㉝処理場《しょりじょう》 「処」には「始末する」の意味がある。
㉞傷病兵《しょうびょうへい》 「傷」は右の横棒を忘れて「傷」としない。
㉟身命《しんめい》 関 「身命を賭《と》す」とも言う。
㊱実験機器《じっけんきき》 **「実検」**としない。
㊲二酸化炭素《にさんかたんそ》 関 「酸素」「炭素」などの元素も覚えておこう。
㊳中和反応《ちゅうわはんのう》 「反応《はんのう》」の読み方に注意。
㊴電気回路《でんきかいろ》 **「電機回路」**としない。
㊵方位磁針《ほういじしん》 「磁」の右を「茲」としない。

5日目 同訓異字《いじ》を書き分けよう

本冊 p.110

① 納《おさ》める　熟語《じゅくご》ならば「納税《のうぜい》」。
② 収《おさ》める　「自分のものにする」ということ。
③ 温《あたた》かい　熟 温情《おんじょう》なども覚えよう。
④ 冷《さ》めて　「冷《さ》める」「冷《ひ》える」「冷《ひ》ややか」など送りがなに注意。
⑤ 望《のぞ》む　熟 展望《てんぼう》、眺望《ちょうぼう》なども覚えよう。
⑥ 測《はか》る　熟語ならば「測定《そくてい》」。
⑦ 計《はか》る　熟語ならば「計測《けいそく》」。
⑧ 負《お》う　熟語ならば「負傷《ふしょう》」。
⑨ 供《そな》える　熟語ならば「供花《きょうか》」。
⑩ 現《あらわ》した　熟語ならば「出現《しゅつげん》」。
⑪ 表《あらわ》す　熟語ならば「表現《ひょうげん》」。
⑫ 易《やさ》しい　熟語ならば「平易《へいい》」。
⑬ 勤《つと》める　熟語ならば「勤務《きんむ》」。
⑭ 努《つと》める　熟語ならば「努力《どりょく》」。
⑮ 写《うつ》す　熟語ならば「書写《しょしゃ》」。
⑯ 指《さ》して　熟語ならば「指示《しじ》」。
⑰ 直《なお》す　「直《ただ》ちに」「直《じか》に」という訓読みを覚えよう。
⑱ 効《き》いて　音読みは「コウ」。熟 効果《こうか》、有効《ゆうこう》など。
⑲ 利《き》く　熟 利《き》き手《て》、右利《みぎき》きなども覚えよう。
⑳ 欠《か》けた　音読みは「ケツ」。熟 欠落《けつらく》、欠損《けっそん》など。

㉑ 修《おさ》めて　音読みは「シュウ」。熟 修了《しゅうりょう》など。
㉒ 治《おさ》めた　熟語ならば「統治《とうち》」。
㉓ 覚《さ》めた　音読みは「カク」。熟 自覚《じかく》など。
㉔ 量《はか》る　熟語ならば「計量《けいりょう》」。
㉕ 差《さ》し　「差《さ》し障《さわ》る」なども覚えておこう。
㉖ 優《やさ》しい　音読みは「ユウ」。熟 優待《ゆうたい》など。
㉗ 務《つと》めた　熟語ならば「執務《しつむ》」。
㉘ 挙《あ》げて　熟語ならば「挙手《きょしゅ》」。
㉙ 興《おこ》す　「起こす」とは、送りがながちがうことに注意。
㉚ 破《やぶ》れる　音読みは「ハ」。
㉛ 暖《あたた》かい　音読みは「ダン」。熟 暖冬《だんとう》、寒暖《かんだん》など。
㉜ 臨《のぞ》む　音読みは「リン」。熟 臨戦態勢《りんせんたいせい》など。
㉝ 図《はか》る　音読みは「ズ・ト」。熟 合図《あいず》、意図《いと》、企図《きと》など。
㉞ 絶《た》たれた　音読みは「ゼツ」。熟 断絶《だんぜつ》など。
㉟ 断《た》って　音読みは「ダン」。熟 切断《せつだん》、中断《ちゅうだん》など。
㊱ 裁《た》つ　音読みは「サイ」。熟 裁縫《さいほう》など。
㊲ 映《うつ》して　音読みは「エイ」。熟 映像《えいぞう》など。
㊳ 採《と》る　「血を採る」「山菜を採る」などと用いる。
㊴ 留《と》める　熟語ならば「留意《りゅうい》」。
㊵ 過《あやま》って　熟語ならば「過誤《かご》」。

同音異義語《いぎご》を書き分けよう①

本冊 ↓ p.112

① 効果《こうか》 「**降下**」は「くだること」。

② 最期《さいご》 「期《ご》」の読み方に注意。熟 **一期一会**《いちごいちえ》など。

③ 辞退《じたい》 「**事態**」は「ものごとのなりゆき」。

④ 仮定《かてい》 「**家庭**」は「家族が生活する所」。他に「**課程**」「**過程**」など。

⑤ 対象《たいしょう》 「**対照**」は「二つのものを見比べること」。

⑥ 野性《やせい》 「**野生**」は「山や野で自然に育つこと」。

⑦ 配布《はいふ》 「**配付**」は「ある決まったはんいの人に配りあたえること」。

⑧ 等身大《とうしんだい》 「**刀身**」は「刀のさやに入っている部分」。

⑨ 回想《かいそう》 「**回送**」は「電車やバスなどが空のまま目的地へ行くこと」。

⑩ 回答《かいとう》 「**解答**」は「問題を解いて答えを出すこと」。

⑪ 照会《しょうかい》 「**紹介**」は「知らない人と人を引き合わせること」。

⑫ 絶交《ぜっこう》 「**絶好**」は「この上なくよいこと」。

⑬ 支持《しじ》 「**師事**」は「ある人を先生として教えを受けること」。

⑭ 要職《ようしょく》 「**容色**」は「顔かたち」。

⑮ 友好《ゆうこう》 「**有効**」は「ききめがあること」。

⑯ 多様《たよう》 「**多用**」は「用事が多いこと」。

⑰ 効率《こうりつ》 「**高率**」は「全体にしめる割合《わりあい》が高いこと」。

⑱ 正規《せいき》 「**生気**」は「生き生きした気力」。

⑲ 先制《せんせい》 「**宣誓**」は「誓《ちか》いのことばをみんなの前で言うこと」。

⑳ 態勢《たいせい》 「**体制**」は「社会や集団の仕組み」。

㉑ 衛星《えいせい》 「**衛生**」は「身のまわりをきれいにすること」。

㉒ 政策《せいさく》 「**製作**」は「ものをこしらえること」。

㉓ 対照《たいしょう》 「**隊商**」は「砂漠《さばく》で隊をつくり、ものを売りさばく人々」。

㉔ 格調《かくちょう》 「**拡張**」は「広げて大きくすること」。

㉕ 異動《いどう》 「**移動**」は「うつること」。

㉖ 確固《かっこ》 「**各個**」は「めいめい・ひとつひとつ」。

㉗ 親展《しんてん》 「**進展**」は「進み広がること」。

㉘ 静物《せいぶつ》 「**生物**」は「生き物」。

㉙ 異形《いぎょう》 「**偉業**」は「りっぱな業績」。

㉚ 官公《かんこう》 「**観光**」は「旅行して美しい景色や文化を見ること」。

㉛ 気象《きしょう》 「**気性**」は「生まれつきの性格」。

㉜ 守秘《しゅひ》 「シュヒ」を「**首尾**《しゅび》」「**守備**《しゅび》」と誤りやすい。

㉝ 後天《こうてん》 「**好天**」は「よい天気」。

㉞ 士気《しき》 「**指揮**」は「指図して人を動かすこと」。

㉟ 通念《つうねん》 「**通年**」は「一年を通じて行うこと」。

㊱ 容色《ようしょく》 「容」も「色」も顔のようすを表す。

㊲ 日参《にっさん》 「**日産**」は「一日あたりの生産量」。

㊳ 転機《てんき》 「**天気**」は「天候、気象、空のようす」。

㊴ 正負《せいふ》 「**政府**」は「国の政治を行うところ」。

㊵ 興亡《こうぼう》 「**攻防**」は「攻《せ》めることと、守ること」。

7日目

同音異義語《いぎご》を書き分けよう②

本冊 → p.114

① 救命《きゅうめい》　「**究明**」は「つきつめて事実を明らかにすること」。
② 使者《ししゃ》　「**死者**」は誤り。熟 **大使**《たいし》、**使節**《しせつ》も覚えておこう。
③ 資産《しさん》　「**試算**」は「ためしに計算すること」。
④ 待機《たいき》　「**大器**」は「人なみすぐれた才能」。
⑤ 対比《たいひ》　「**退避**」などと誤りやすい。
⑥ 制服《せいふく》　「**征服**」は「困難《こんなん》に打ち勝って目的を果たすこと」。
⑦ 解消《かいしょう》　「**快勝**」は「みごとな勝ち方をすること」。
⑧ 改正《かいせい》　「**回生**」は「生き返ること」。
⑨ 移行《いこう》　「**意向**」は「あることに対してのおもわく」。
⑩ 集結《しゅうけつ》　「**終結**」は「終わること」。
⑪ 標語《ひょうご》　「**評語**」は「批評のことば」。
⑫ 機関誌《きかんし》　「**気管支**」は「気管が分かれて肺《はい》に通じる部分」。
⑬ 建材《けんざい》　「**健在**」は「元気で暮《く》らしていること」。
⑭ 周回《しゅうかい》　「**集会**」は「集まり」。
⑮ 会報《かいほう》　「**解放**」は「解き放して自由にすること」。他に「**開放**」など。
⑯ 動向《どうこう》　「**同行**」は「いっしょに行動すること」。
⑰ 頭頂《とうちょう》　「**登頂**」は「頂上にのぼること」。
⑱ 観賞《かんしょう》　「**完勝**」は「あぶなげなく勝つこと」。
⑲ 転回《てんかい》　「**展開**」は「目の前に広げること」。
⑳ 糖分《とうぶん》　「**等分**」は「等しく分けること」。

㉑ 制裁《せいさい》　「**製裁**」「**成裁**」としない。
㉒ 持参《じさん》　「**自賛**」は「自分で自分をほめること」。
㉓ 親交《しんこう》　「**進行**」と混用しない。
㉔ 厚生《こうせい》　「**更正**」は「改め正すこと」。
㉕ 不漁《ふりょう》　「**不良**」は「よくないこと」。
㉖ 専制《せんせい》　関「専制君主」は「自分の考えだけで国を治める王」。
㉗ 関節《かんせつ》　「**間接**」は「間にものをはさんで何かをすること」。
㉘ 検証《けんしょう》　「**憲章**」は「重要なことを決めた規則」。
㉙ 死角《しかく》　「**資格**」は「何かをすることを許される立場」。
㉚ 就業《しゅうぎょう》　「**終業**」は「仕事を終えること」。
㉛ 喜捨《きしゃ》　「**帰社**」は「会社に帰ること」。
㉜ 多生《たしょう》　「**多少**」は「いくらか・少しばかり」。
㉝ 保障《ほしょう》　「**保証**」は「まちがいないと、うけ合うこと」。
㉞ 精細《せいさい》　「**正妻**」は「正式な妻」。
㉟ 群集《ぐんしゅう》　「**群衆**」は「多くの人々」。
㊱ 講演会《こうえんかい》　「**公演**」は「多くの人の前で音楽やしばいをすること」。
㊲ 新興《しんこう》　「**進攻**」は「前に進んで攻《せ》めこむこと」。
㊳ 創刊号《そうかんごう》　「**相関**」は「二つのものがたがいに影響《えいきょう》すること」。
㊴ 私見《しけん》　「シゲン」になると「**資源**」「**至言**」などがある。
㊵ 親権《しんけん》　「**真剣**」は「まじめ・本気」。

8日目 同音異義語《いぎご》を書き分けよう③

本冊 p.116

① 見当《けんとう》　**「検討」**は「よく調べて研究すること」。
② 自制《じせい》　**「自省」**は「自分の行いを反省すること」。
③ 平静《へいせい》　**「平生」**は「ヘイゼイ」と読む。
④ 制止《せいし》　**「静止」**は「じっとして動かないこと」。
⑤ 歌唱《かしょう》　**「過小」**は「小さすぎること」。
⑥ 不測《ふそく》　**「不足」**は「足りないこと」。
⑦ 転戦《てんせん》　**「点線」**は「点が線のようにつながっていること」。
⑧ 海運《かいうん》　**「開運」**は「運がよいほうに向いていくこと」。
⑨ 半生《はんせい》　**「反省」**は「自分の言動をふりかえること」。
⑩ 成果《せいか》　**「生花」**は「生きている花」で、対義語は「造花」。
⑪ 政界《せいかい》　**「盛会」**は「人が多く集まるにぎやかな会」。
⑫ 静観《せいかん》　**「生還」**は「危《あぶ》ないめから生きてかえること」。
⑬ 正誤《せいご》　**「成語」**は「まとまった意味をもつことばのつながり」。
⑭ 整合《せいごう》　**「正号」**は「プラス記号」で、対義語は「負号」。
⑮ 声明《せいめい》　外来語は「ステートメント」。**「生命」「姓名」**は誤り。
⑯ 生息《せいそく》　**「正則」**は「もとのきまり」。
⑰ 総意《そうい》　**「相違」**は「同じでないこと」。
⑱ 想起《そうき》　**「総記」**は「全体をまとめた記述」。
⑲ 調書《ちょうしょ》　**「長所」**は「よいところ」。
⑳ 口外《こうがい》　**「郊外」**は「町から少しはなれたところ」。

㉑ 名勝《めいしょう》　**「名称」**は「ものの名前」。
㉒ 志向《しこう》　**「至高」**は「この上なくよい」。他に**「思考」「指向」**など。
㉓ 死傷《ししょう》　**「支障」**は「何かをするときの困ったこと」。
㉔ 高官《こうかん》　**「交歓」**は「たがいにうちとけて楽しむこと」。
㉕ 勝算《しょうさん》　**「賞賛」**は「ほめたたえること」。
㉖ 初頭《しょとう》　**「諸島」**は「たくさんの島」。
㉗ 盛運《せいうん》　**「星雲」**は「光っている雲のように見える天体」。
㉘ 清栄《せいえい》　**「精鋭」**は「すぐれた力がある集団」。
㉙ 美容整形《びようせいけい》　**「生計」**は「生活の仕方・暮らし」。
㉚ 争乱《そうらん》　**「総覧」**は「全体に目を通すこと」。
㉛ 間断《かんだん》　**「歓談」**は「うちとけて楽しく話すこと」。
㉜ 賛歌《さんか》　**「参加」**は「加わること」。
㉝ 成因《せいいん》　**「成員」**は「団体を構成するメンバー」。
㉞ 政見《せいけん》　**「政権」**は「政治を行う力」。
㉟ 相関《そうかん》　**「壮観」**は「規模《きぼ》が大きくすばらしいながめ」。
㊱ 奏功《そうこう》　**「草稿」**は「文章の下書き」。
㊲ 総覧《そうらん》　「覧」は他に**「閲覧《えつらん》」「回覧《かいらん》」**などを覚えよう。
㊳ 相殺《そうさい》　**読み方に注意。**㊴**「総裁」**と書き分けよう。
㊴ 総裁《そうさい》　ふつうの銀行の責任者は「頭取《とうどり》」という。
㊵ 海容《かいよう》　海のように広い心で、ということ。**「海洋」**は誤り。

9日目 筆順に気をつけよう

本冊→p.118

① 発足《ほっそく》 「発」は「フヲ癶癶発」と右上の点二つを続けて書かない。
② 事件《じけん》 「事」は「一亖亖亖事」とつらぬく縦棒は最後に書く。
③ 特色《とくしょく》 「色」は「ノ勹⺈⺈色」の順に書く。
④ 曲芸《きょくげい》 「曲」は「丨冂冂由曲曲」の順に書く。
⑤ 薬局《やっきょく》 「薬」は「艹甘甘甘薬」と中・左・右の順に書く。
⑥ 乗用車《じょうようしゃ》 「乗」は「二三千乖乖乗」の順に書く。
⑦ 希望《きぼう》 「希」は「ノメチ产希」と左ばらいを先に書く。
⑧ 必修《ひっしゅう》 「必」は「丶ソ义义必」と「心」を先に書かない。
⑨ 無実《むじつ》 「無」は「𠂉仁無無無」と長い横棒を先に書く。
⑩ 老後《ろうご》 「老」は「土耂耂老」の順に書く。
⑪ 大河《たいが》 「河」は「氵汀河河」の順に書く。
⑫ 再会《さいかい》 「再」は「冂丙再再」と縦棒を先に書く。
⑬ 非力《ひりき》 「非」は「丿扌非非」と縦棒を先に書く。
⑭ 観衆《かんしゅう》 「衆」は「血卯卯衆」と中・左・右の順に書く。
⑮ 紙片《しへん》 「片」は「ノ丿片片」と左のはらいを先に書く。
⑯ 郵便《ゆうびん》 「郵」は「三千乖垂垂郵」と「垂」の部分の書き順に注意。
⑰ 臨時《りんじ》 「臨」は「丨匚匚臣臣臣臨」と「臣」の部分の書き順に注意。
⑱ 用事《ようじ》 「用」は「丿冂月用」の順に書く。
⑲ 何事《なにごと》 「何」も「河」と同様「亻仁何何」の順に書く。
⑳ 母体《ぼたい》 「母」は「𠃋𠃌𠃌母母」の順に書く。

㉑ 馬術《ばじゅつ》 「馬」は「丨𠂇𠂇馬馬」と縦棒から書く。
㉒ 反感《はんかん》 「感」は「ノ厂厂后咸咸咸感」の順に書く。
㉓ 重視《じゅうし》 「重」は「二亘亘重」の順に書く。
㉔ 商社《しょうしゃ》 「商」は「亠产内商商」の順に書く。
㉕ 様式《ようしき》 「式」は「一丁式式」の順に書く。
㉖ 落成《らくせい》 「成」は「ノ厂万成成成」と左のはらいを先に書く。
㉗ 衛兵《えいへい》 「衛」は「彳彳彳彳律律律衛」と「韋」の書き順に注意。
㉘ 比率《ひりつ》 「率」は「亠玄玄率率」と中・左・右の順に書く。
㉙ 買収《ばいしゅう》 「収」は「丨丩収収」と真ん中の縦棒から書く。
㉚ 楽園《らくえん》 「楽」も「薬」と同様「白泊泊楽」と中・左・右の順に書く。
㉛ 大臣《だいじん》 「臣」は「丨匚匚臣臣臣」の順に書く。
㉜ 博物館《はくぶつかん》 「博」は「十忄恒博博博」と右上の点の筆順に注意。
㉝ 飛語《ひご》 「飛」は「乁飞飞飛飛飛」と縦画の筆順に注意。
㉞ 武道《ぶどう》 「武」は「一二正武武」と右上の点は最後に書く。
㉟ 観劇《かんげき》 「劇」は「丨卜广卢豦劇」の順に書く。
㊱ 短冊《たんざく》 「冊」は「丨冂冊冊」とつらぬく横棒は最後に書く。
㊲ 蒸発《じょうはつ》 「蒸」は「艹芋芽茏菾蒸」と中・左・右の順に書く。
㊳ 山並《やまな》み 「並」は「丷丷并並並」の順に書く。
㊴ 卵白《らんぱく》 「卵」は「ノ𠂎𠂎卯卯卵」と点の筆順に注意。
㊵ 成長《せいちょう》 「長」は「丨𠂇巨镸長」と縦棒から書く。

同じ意味・反対の意味

本冊 ↓ p.120

① 軽重《けいちょう》　「軽」と「重」は**反対**の意味の組み合わせ。
② 往復《おうふく》　「往」と「復」は**反対**の意味の組み合わせ。
③ 投打《とうだ》　「投」と「打」は**反対**の意味の組み合わせ。
④ 総合《そうごう》　「総」と「合」は**同じ**意味の組み合わせ。
⑤ 衣食《いしょく》　「衣」と「食」は**対になる**語の組み合わせ。
⑥ 黒白《こくびゃく》　「黒」と「白」は**反対**の意味の組み合わせ。
⑦ 強大《きょうだい》　「強」と「大」は**似た**意味の組み合わせ。
⑧ 寒冷《かんれい》　「寒」と「冷」は**似た**意味の組み合わせ。
⑨ 幸福《こうふく》　「幸」と「福」は**同じ**意味の組み合わせ。
⑩ 倉庫《そうこ》　「倉」と「庫」は**同じ**意味の組み合わせ。
⑪ 絵画《かいが》　「絵」と「画」は**同じ**意味の組み合わせ。
⑫ 児童《じどう》　「児」と「童」は**同じ**意味の組み合わせ。
⑬ 勝敗《しょうはい》　「勝」と「敗」は**反対**の意味の組み合わせ。
⑭ 海洋《かいよう》　「海」と「洋」は**同じ**意味の組み合わせ。
⑮ 苦楽《くらく》　「苦」と「楽」は**反対**の意味の組み合わせ。
⑯ 着脱《ちゃくだつ》　「着」と「脱」は**反対**の意味の組み合わせ。
⑰ 明暗《めいあん》　「明」と「暗」は**反対**の意味の組み合わせ。
⑱ 早晩《そうばん》　「早」と「晩」は**反対**の意味の組み合わせ。
⑲ 長短《ちょうたん》　「長」と「短」は**反対**の意味の組み合わせ。
⑳ 左右《さゆう》　「左」と「右」は**反対**の意味の組み合わせ。

㉑ 存在《そんざい》　「存」と「在」は**同じ**意味の組み合わせ。
㉒ 新旧《しんきゅう》　「新」と「旧」は**反対**の意味の組み合わせ。
㉓ 難易《なんい》　「難」と「易」は**反対**の意味の組み合わせ。
㉔ 単複《たんぷく》　「単」と「複」は**反対**の意味の組み合わせ。
㉕ 燃焼《ねんしょう》　「燃」と「焼」は**似た**意味の組み合わせ。
㉖ 簡易《かんい》　「簡」と「易」は**同じ**意味の組み合わせ。
㉗ 善悪《ぜんあく》　「善」と「悪」は**反対**の意味の組み合わせ。
㉘ 順逆《じゅんぎゃく》　「順」と「逆」は**反対**の意味の組み合わせ。
㉙ 金銭《きんせん》　「金」と「銭」は**同じ**意味の組み合わせ。
㉚ 早速《さっそく》　「早」と「速」は**同じ**意味の組み合わせ。
㉛ 寒暖《かんだん》　「寒」と「暖」は**反対**の意味の組み合わせ。
㉜ 長幼《ちょうよう》　「長」と「幼」は**反対**の意味の組み合わせ。
㉝ 動静《どうせい》　「動」と「静」は**反対**の意味の組み合わせ。
㉞ 正副《せいふく》　「正」と「副」は**反対**の意味の組み合わせ。
㉟ 主従《しゅじゅう》　「主」と「従」は**反対**の意味の組み合わせ。
㊱ 可否《かひ》　「可」と「否」は**反対**の意味の組み合わせ。
㊲ 功罪《こうざい》　「功」と「罪」は**反対**の意味の組み合わせ。
㊳ 遠近《えんきん》　「遠」と「近」は**反対**の意味の組み合わせ。
㊴ 呼応《こおう》　「呼」と「応」は**反対**の意味の組み合わせ。
㊵ 律令《りつりょう》　「律」と「令」は**同じ**意味の組み合わせ。

第5章 入試問題

本冊 → p.122

① ①長 ②進 ③大

解説 ①「長所」⇄「短所」も覚えておこう。
②「発達」＝「進歩」＝「向上」で覚えておこう。
③「重要」＝「大切」＝「大事《だいじ》」がワンセット。

② ①縮小 ②現実

③
1 ①試行 ②思考
2 ①個人 ②故人
3 ①対象 ②大賞
4 ①紀行 ②気候

解説 1 ①「試行」は「ためしにやること」。
2 ②「故人」は「亡くなった人」。
3 ①「対象」「対照」「対称」の使い分けはよく出る。
4 ①「紀行」は「旅行中の出来事や感想などを書いた文章」。

---

④ ①幕 ②囲 ③垂

解説 ①「出る幕《まく》」「幕府《ばくふ》」「暗幕《あんまく》」となる。
②「囲《かこ》む」「囲碁《いご》」「胸囲《きょうい》」となる。
③「雨垂《あまだ》れ」「垂直《すいちょく》」「垂《た》れる」となる。

⑤ ①先→根 ②間→真 ③肩→腰 ④顔→首 ⑤土→水

解説 ①「舌の根もかわかないうちに」は「なにかを言ったすぐあとに」。
②「真に受ける」は「本当だと思いこむ」。
③「腰を入れる」は「本気を出す」。
④「首をつっこむ」は「関わろうとする」。
⑤「水が合わない」は「環境《かんきょう》との相性が悪い」。

⑥ ①営 ②祝 ③額 ④率 ⑤岸

解説 ①「営《いとな》む」、②「祝《いわ》う」、③「額《ひたい》」、④「率《ひき》いて」、⑤「彼岸《ひがん》」となる。
それぞれの言い回しや慣用句を覚えておこう。なお、①のように「承《うけたまわ》る」「快《こころよ》い」「潔《いさぎよ》い」「商《あきな》う」など、「言葉としては長いものの、送りがなが一字」というパターンは、パズルでねらわれやすいので、出てくるたびに覚えよう。

レベル①

本冊 ↓ p.126

① **我《われ》** 音読みは「ガ」。熟 **自我《じが》**、**我流《がりゅう》**など。

② **誤《あやま》った** 音読みは「ゴ」。熟 **誤解《ごかい》**、**正誤《せいご》**など。

③ **回収《かいしゅう》** もとへ取りもどすこと。

④ **手帳《てちょう》** 「帳」は「ノート」のこと。熟 **雑記帳《ざっきちょう》**など。

⑤ **家屋《かおく》** 「オク」は音読み。熟 **屋外《おくがい》**など。

⑥ **予備《よび》** 「備」の訓読みは「そな(える)」。

⑦ **勢《いきお》い** 音読みは「セイ」。熟 **勢力《せいりょく》**、**形勢《けいせい》**など。

⑧ **奮起《ふんき》** ふるいたつこと。

⑨ **険悪《けんあく》** 厳しくてとげとげしいようす。

⑩ **指示《しじ》** 同音異義語の**「支持」**は「ささえること」の意味。

⑪ **移行《いこう》** 同音異義語の**「意向」**は「思うこと」の意味。

⑫ **発表《はっぴょう》** 「発」の筆順は、「フ ヌ ヌ' 癶 発」である。

⑬ **国境《こっきょう》** 「境」の右を「意」としない。

⑭ **気味《きみ》** 「うす気味悪い」と表現することもある。

⑮ **返《かえ》す** 「手のひらを返す」は「態度を急に変える」こと。

⑯ **消印《けしいん》** 「消印」は、湯桶《ゆとう》(訓音)読みである。

⑰ **びんじょう** 都合のいいことに仲間入りすること。

⑱ **意外《いがい》** 同音異義語の**「以外」**に注意する。同 **案外《あんがい》**。

⑲ **目方《めかた》** 重さのこと。

⑳ **異口同音《いくどうおん》** **「異句同音」**としない。

㉑ **以心伝心《いしんでんしん》** 「心を以《も》って心を伝える」こと。

㉒ **公明正大《こうめいせいだい》** 同 **公平無私《こうへいむし》**。

㉓ **ぎょうそう** 「形」を「ギョウ」と読むことに注意。熟 **人形《にんぎょう》**など。

㉔ **いんせき** 責任を取ること。

㉕ **健在《けんざい》** 元気で暮《く》らしていること。

㉖ **完治《かんち》** 完全に治ること。

㉗ **肥料《ひりょう》** 「肥」の訓読みは「こ(える)」。

㉘ **統一《とういつ》** 「統」の訓読みは「す(べる)」。

㉙ **発芽《はつが》** 「ガ」は音読み。熟 **麦芽《ばくが》**など。

㉚ **粉雪《こなゆき》** 関 「身《み》を粉《こ》にする」では、「粉」を「こ」と読む。

㉛ **ほっそく** 「発」を「ホッ」と読むことに注意。熟 **発作《ほっさ》**、**発心《ほっしん》**など。

㉜ **競技《きょうぎ》** 「競」の訓読みは「きそ(う)」。

㉝ **白菜《はくさい》** 「菜」の下を「采」としないこと。

㉞ **副作用《ふくさよう》** 本来とはちがった害のある働き。

㉟ **印刷《いんさつ》** 「刷」の訓読みは「す(る)」。

㊱ **細心《さいしん》** 細かいことまで注意深いこと。

㊲ **成績《せいせき》** 熟 **業績《ぎょうせき》**、**功績《こうせき》**とともに覚えよう。

㊳ **加味《かみ》** つけ加えること。

㊴ **非情《ひじょう》** **「悲情」**としない。

㊵ **よわね** 「ね」は訓読み。熟 **音色《ねいろ》**、**声音《こわね》**など。

2日目 レベル②

本冊 → p.128

① 投票《とうひょう》　「投標」としない。
② 消防署《しょうぼうしょ》　「消防所」としない。
③ 祝賀会《しゅくがかい》　「祝」を「税」としない。
④ 衣服《いふく》　同 衣料《いりょう》・衣類《いるい》。
⑤ 易《やさ》しい　余計な横棒を入れて「易」としないように。
⑥ 寸前《すんぜん》　「寸」は「わずかの」という意味。
⑦ 大勢《たいせい》　だいたいのようす。「おおぜい」と読むと意味が変わる。
⑧ 意向《いこう》　「意行」としない。
⑨ 貸《か》す　「貸す」「借りる」の区別を意識しよう。
⑩ 従《したが》う　送りがなに注意。
⑪ 薬局《やっきょく》　薬剤師《やくざいし》がいて薬を売ってくれるところ。
⑫ 胃腸《いちょう》　「胃《い》」も「腸《ちょう》」も音読み。
⑬ 不当《ふとう》　対 正当《せいとう》。
⑭ 翌日《よくじつ》　同 明日《あす》。
⑮ 実物《じつぶつ》　「物」は音読みが「ブツ・モツ」で、訓読みが「もの」。
⑯ 我田引水《がでんいんすい》　自分の都合のいいようにふるまうこと。
⑰ 一心同体《いっしんどうたい》　「一身同体」としない。
⑱ 起死回生《きしかいせい》　どの漢字もまちがえやすい。正確に覚えよう。
⑲ 二束三文《にそくさんもん》　「二足三文」としない。
⑳ しそん　書き取りでは、「孫」を「孫」としない。

㉑ こうとう　読み方に注意。
㉒ きじょう　関「机下《きか》」はあて名にそえて敬意《けいい》を表すことば。
㉓ 集散《しゅうさん》　「集」と「散」は反対の意味の組み合わせ。
㉔ 一期一会《いちごいちえ》　読み方に注意。
㉕ 厚意《こうい》　同 親切《しんせつ》。
㉖ 税務署《ぜいむしょ》　「税務所」としない。
㉗ 祭日《さいじつ》　「休日」「祝日」「祭日」「平日」がセット。
㉘ 干満《かんまん》　「干潮《かんちょう》」と「満潮《まんちょう》」のこと。「干潮」と「満潮」は対義語。
㉙ 採算《さいさん》　利益があるかどうかを計算すること。
㉚ 特技《とくぎ》　「特枝」「特抜」としない。
㉛ いっつい　「対」を「ツイ」と読むことに注意。
㉜ 訓練《くんれん》　「君練」としない。
㉝ けいだい　読み方に注意。
㉞ 居留守《いるす》　家に居るのに留守のふりをすること。読み方にも注意。
㉟ 展望《てんぼう》　「展」の中を「扌」としない。余計なはらいを入れないこと。
㊱ 世論《よろん》　「せろん」とも読む。
㊲ 背景《はいけい》　ものごとの表面にあらわれない事情。
㊳ 期限《きげん》　打ち消しを組み合わせた「無期限」も覚えておく。
㊴ 衆議院《しゅうぎいん》　対 参議院《さんぎいん》。
㊵ 生態《せいたい》　「生能」としない。

① 連《つら》ねる　音読みは「レン」。熟 **連続《れんぞく》**など。

② 訪《たず》ねる　音読みは「ホウ」。熟 **来訪《らいほう》**など。

③ 任《まか》せ　音読みは「ニン」。熟 **任務《にんむ》**、**任命《にんめい》**など。

④ 確信《かくしん》　かたく信じること。

⑤ 茶畑《ちゃばたけ》　「チャ」は音読み。「茶」に訓読みはない。

⑥ まずしい　音読みは「ヒン」。熟 **貧困《ひんこん》**など。

⑦ 承知《しょうち》　「承」の訓読みは「うけたまわ(る)」。**送りがなに注意。**

⑧ 支持《しじ》　その人に賛同し助けること。

⑨ 起工式《きこうしき》　「起工」の対義語は「落成《らくせい》(＝建築物ができあがる)」。

⑩ 胸囲《きょうい》　関 ほかに「頭囲《とうい》」「胴囲《どうい》」など。

⑪ 気絶《きぜつ》　同 **卒倒《そっとう》**・**失神《しっしん》**。

⑫ 機転《きてん》　「機転が利《き》く」と「利く」を使うところがポイント。

⑬ 蒸気《じょうき》　「蒸」は十三画の字。

⑭ 映像《えいぞう》　**「映象」**としない。

⑮ 延《の》びる　熟語の「延長」で覚えよう。

⑯ 候補《こうほ》　「候」の真ん中の縦棒、「補」の右上の点を忘れないこと。

⑰ 起承転結《きしょうてんけつ》　「文章の組み立て」を表す。

⑱ しさつ　実際に行ってようすを調べること。

⑲ いま　外来語では「リビング」。

⑳ 工面《くめん》　「工」を「ク」と読むことに注意。熟 **細工《さいく》**など。

㉑ 修《おさ》める　「習い学ぶ・身を正しくする」という意味。

㉒ 除《のぞ》いて　音読みは「ジョ」。熟 **除外《じょがい》**など。

㉓ 設《もう》ける　音読みは「セツ」。熟 **設立《せつりつ》**、**設置《せっち》**など。

㉔ 生成《せいせい》　ものができること。

㉕ 動転《どうてん》　非常におどろきあわてること。

㉖ 展示《てんじ》　品物を並《なら》べて見せること。

㉗ 目下《もっか》　「ただ今」という意味。「めした」と読むと意味が変わる。

㉘ 参拝《さんぱい》　「拝」の右の横棒の数に注意。

㉙ 肥《こ》えた　音読みは「ヒ」。熟 **肥料《ひりょう》**など。

㉚ 前代未聞《ぜんだいみもん》　**「前代未問」**としない。

㉛ おとずれる　音読みは「ホウ」。熟 **訪問《ほうもん》**など。

㉜ 受動《じゅどう》　対 **能動《のうどう》**。

㉝ 給湯《きゅうとう》　熟 ほかに**「熱湯《ねっとう》」**などを覚えておこう。

㉞ 静養《せいよう》　からだを休めてつかれをいやすこと。

㉟ 団結《だんけつ》　ある目的のために多くの人が力を合わせること。

㊱ 放任《ほうにん》　したいようにさせること。

㊲ 操作《そうさ》　「操」の訓読みは「あやつ(る)」。

㊳ 地域《ちいき》　「域」の右上の点を忘れないように。

㊴ 恩恵《おんけい》　「恵」は「めぐみ」という意味。

㊵ ゆうばえ　「映《は》える」は「光のかげんで美しく見える」という意味。

4日目 レベル④

本冊→p.132

①熱湯《ねっとう》　「湯」の訓読みは「ゆ」。熟 産湯《うぶゆ》など。
②責務《せきむ》　果たさなければならないつとめ。
③重荷《おもに》　「荷《に》」は訓読み。訓読みどうしの熟語《じゅくご》。
④有機《ゆうき》　関「有機農業」は「化学肥料などを使わない農業」。
⑤必至《ひっし》　必ずそうなること。
⑥利己的《りこてき》　自分だけがいいようにふるまうこと。
⑦専門家《せんもんか》　「専」を「専」、「門」を「問」にしない。
⑧形容《けいよう》　「形用」としない。
⑨麦笛《むぎぶえ》　ともに訓読みの熟語。
⑩得意満面《とくいまんめん》　「特意満面」としない。
⑪冷蔵庫《れいぞうこ》　「冷臓庫」としない。
⑫収益《しゅうえき》　もうけを手に入れること。
⑬異変《いへん》　熟 異状《いじょう》なども覚えておこう。
⑭かいが　「絵」の音読みは「カイ・エ」。訓読みはない。
⑮固有《こゆう》　「個有」としない。
⑯日進月歩《にっしんげっぽ》　たえずどんどん進歩すること。
⑰ぶさほう　「不作法」と書いてもよい。
⑱とうとい　同じ訓読みで「尊《とうと》い」がある。
⑲しゅくしゃく　外来語「スケール（＝縮尺・ものさし）」も覚えよう。
⑳ぞうきばやし　読み方に注意。

㉑取捨《しゅしゃ》　「取」と「捨」は反対の意味の組み合わせ。
㉒簡素《かんそ》　簡単でかざりけがないこと。
㉓義務《ぎむ》　対 権利《けんり》。
㉔雑誌《ざっし》　「雑紙」としない。
㉕就《つ》く　音読みは「シュウ」。熟 就任《しゅうにん》、就職《しゅうしょく》など。
㉖補修《ほしゅう》　「保修」としない。
㉗推測《すいそく》　「推則」としない。
㉘判読《はんどく》　よく読めない字をだいたい理解すること。
㉙見聞《けんぶん》　見たり聞いたりすること。
㉚おる　音読みは「シキ・ショク」。熟 組織《そしき》、織機《しょっき》など。
㉛有史《ゆうし》　文字による記録が残されている歴史。
㉜連呼《れんこ》　くりかえし呼ぶこと。
㉝推移《すいい》　移りかわり。
㉞俳優《はいゆう》　どちらも「にんべん」の字。
㉟動機《どうき》　「動記」「動気」としない。
㊱背表紙《せびょうし》　読み方は「訓＋音＋音」である。
㊲樹氷《じゅひょう》　冷えた霜《しも》が木にふれて白くこおること。
㊳違法《いほう》　対 合法《ごうほう》。
㊴するどい　対 鈍《にぶ》い。
㊵ゆらい　読み方に注意。

本冊→p.134

① 痛快《つうかい》　この「痛」は「非常に・ひどく」という意味。
② 利口《りこう》　かしこいこと。
③ 悲喜《ひき》　「悲」と「喜」は反対の意味の組み合わせ。
④ 油断《ゆだん》　気を許して注意をおこたること。
⑤ となえる　音読みは「ショウ」。熟 **暗唱《あんしょう》**など。
⑥ 口角《こうかく》　口のはしのこと。
⑦ 設定《せってい》　「設」の訓読みは「もう(ける)」。
⑧ 照会《しょうかい》　問い合わせること。
⑨ 起床《きしょう》　対 **就寝《しゅうしん》**。
⑩ おす　関「推し量る」は他のことがらをもとにして判断すること。
⑪ 徒競走《ときょうそう》　何人かで走って速さを競うこと。
⑫ 間接《かんせつ》　対 **直接《ちょくせつ》**。
⑬ 検査《けんさ》　「検」の部首に注意。「険」「験」としないように。
⑭ 親身《しんみ》　「身《み》」は訓読み。重箱(音訓)読みの熟語。
⑮ 招待《しょうたい》　「招」の訓読みは「まね(く)」。
⑯ 局面《きょくめん》　ものごとのなりゆきやようす。
⑰ 権利《けんり》　対 **義務《ぎむ》**。
⑱ 帰省《きせい》　同 **帰郷《ききょう》**。
⑲ 務《つと》める　役目につく。
⑳ 養《やしな》う　**送りがなに注意。**

㉑ 至難《しなん》　この「至」は「この上なく」という意味。
㉒ 形勢《けいせい》　**「形成」**としない。
㉓ いっせき　「一石を投じる」は「あらたに問題を投げかけること」。
㉔ 率《ひき》いる　**送りがなに注意。**
㉕ あばれ　音読みは「ボウ」。熟 **暴風雨《ぼうふうう》**など。
㉖ さく　「割《わ》る」と混同しないように。送りがなで区別しよう。
㉗ ねる　音読みは「レン」。熟 **練達《れんたつ》**など。
㉘ かつぐ　音読みは「タン」。熟 **担任《たんにん》**、**担当《たんとう》**など。
㉙ おおやけ　音読みは「コウ」。熟 **公開《こうかい》**、**公式《こうしき》**など。
㉚ ろじ　家と家とに、はさまれたせまい道。
㉛ 先導《せんどう》　**「先道」**としない。
㉜ 効能《こうのう》　ききめ・働きのこと。
㉝ 機密《きみつ》　仕事などで、もらしてはならない大事なことがら。
㉞ 常備《じょうび》　「備」の「用」を「冊」としない。
㉟ 諸説《しょせつ》　いろいろな考えのこと。
㊱ 台頭《たいとう》　新しいものが勢力を増して進出してくること。
㊲ 管制《かんせい》　発着についての指示をするところ。
㊳ 後見人《こうけんにん》　人の後ろだてとなって世話をする人。
㊴ 土俵《どひょう》　「俵」の訓読みは「たわら」。
㊵ ようさん　「蚕」の訓読みは「かいこ」。

6日目 レベル⑥

本冊 ➡ p.136

① 仮定《かてい》 はっきりしないことを仮にこうだと決めること。

② 無二《むに》 ほかにいない・ゆいいつの。

③ 好評《こうひょう》 対 **悪評《あくひょう》**。

④ 辞書《じしょ》 この「辞」は「言葉・文章」という意味。

⑤ 裁判所《さいばんしょ》 「裁」の形に注意しよう。「栽」は「栽培《さいばい》」で使う。

⑥ 模型《もけい》 **「模形」**としない。

⑦ 背負《せお》う 「背」「負う」はどちらも訓読み。

⑧ 故障《こしょう》 「障」の訓読みは「さわ(る)」。

⑨ 豊富《ほうふ》 「豊」と「富」は同じ意味の組み合わせ。

⑩ 過程《かてい》 同音異義語が多くあるので注意。

⑪ 改修《かいしゅう》 古くなったり、こわれたりしたところを作り直すこと。

⑫ 実際《じっさい》 **「実察」**としない。

⑬ 特異《とくい》 **「特意」**としない。

⑭ 不規則《ふきそく》 「規」は「槼」としない。「則」は「測」「側」としない。

⑮ 適応《てきおう》 「適」の「商」を「啇」「向」としない。

⑯ 生家《せいか》 生まれた家のこと。

⑰ 最寄《もよ》り **読み方に注意。**

⑱ 増強《ぞうきょう》 「増」の右下は「日」である。

⑲ 野宿《のじゅく》 屋外でとまること。

⑳ 健全《けんぜん》 **「健善」**としない。

㉑ たんいつ 「一(イッ・イチ)」は音読み。

㉒ 樹立《じゅりつ》 しっかりと打ち立てること。

㉓ 背水《はいすい》 「背水《はいすい》の陣《じん》」は「決死の覚悟《かくご》で事にあたること」。

㉔ 推進《すいしん》 ものごとをうまくゆくようにすすめること。

㉕ 機関《きかん》 **「機間」**としない。

㉖ 心機一転《しんきいってん》 **「心気一転」**としない。

㉗ 新規《しんき》 **「新期」**としない。

㉘ 果《は》たす 音読みは「カ」。熟 **結果《けっか》**など。

㉙ 雑貨《ざっか》 **「雑荷」**としない。

㉚ きょうちゅう **読み方に注意。**

㉛ むげ 冷たくつきはなすこと。

㉜ かいどう **読み方に注意。**

㉝ そんぼう 「存」と「亡」は反対の意味の組み合わせ。

㉞ 角笛《つのぶえ》 ともに訓読みをする熟語。

㉟ 極細《ごくぼそ》 「極細」も「極太《ごくぶと》」も重箱(音訓)読み。

㊱ 所属《しょぞく》 「属」の「禹」の「厶」の部分を正しく書く。

㊲ 通説《つうせつ》 対 **異説《いせつ》**。

㊳ 規格《きかく》 品物の形・寸法・質などについてきめた標準。

㊴ 聖火《せいか》 「聖」は「耳」+「口」+「王」で書くこと。

㊵ 新居《しんきょ》 「居」の訓読みは「い(る)」。

レベル⑦

本冊 ↓ p.138

① 軽快《けいかい》 軽やかで気持ちいいようす。
② 手厳《てきび》しい関「手ぬるい」など上に「手」がつく慣用表現は多い。
③ 逆行《ぎゃっこう》 「逆」の「䒑」の左はらいを正しく。
④ 蒸発《じょうはつ》 「蒸」はていねいに書こう。総画数は十三画。
⑤ 容積《ようせき》 「積」の部首に注意。「績」としない。
⑥ 構図《こうず》 「構」の右の「冓」の縦横の棒の本数に気をつける。
⑦ 限定《げんてい》 「限」はていねいに書こう。
⑧ 同様《どうよう》 「様」の右下を「水」としない。
⑨ 編《あ》む 「編」の右下の「冊」を「用」としない。
⑩ 寒暖《かんだん》 「寒」を「寒」としない。
⑪ こんりゅう 寺社に限って用いることば。
⑫ 軍隊《ぐんたい》 「隊」の右の「丷」をきちんと書く。
⑬ 共鳴《きょうめい》 他人の意見や考えに同感すること。
⑭ せけん 読み方に注意。
⑮ 安否《あんぴ》 熟 **可否**《かひ》、**合否**《ごうひ》なども覚えておきたい。
⑯ 映《うつ》る 光の働きによって見えること。
⑰ 拝観料《はいかんりょう》 「拝」の右の横棒は四本。
⑱ 消化器官《しょうかきかん》 **「器管」**としない。
⑲ 熱中《ねっちゅう》 「熱」を「熱」としない。
⑳ 案内板《あんないばん》 **「案内版」**としない。

㉑ 開放《かいほう》 **「解放（＝解き放して自由にすること）」**ではない。
㉒ 人件費《じんけんひ》 人をやとうのに、かかるお金。
㉓ たばねる 音読みは「ソク」。熟 **約束**《やくそく》、**結束**《けっそく》など。
㉔ あまだれ 関 慣用句「雨垂れ石をうがつ」も覚えておこう。
㉕ 条例《じょうれい》 地方公共団体の議会が制定する決まりのこと。
㉖ 小康《しょうこう》 病気が少しよくなりかけること。
㉗ 常識《じょうしき》 「常」の「⺌」を「ッ」としない。
㉘ 興奮《こうふん》 「興」「奮」ともに十六画の漢字。ていねいに書こう。
㉙ 縦断《じゅうだん》 南北のほうに通りぬけること。対 **横断**《おうだん》。
㉚ 刻《きざ》む 音読みは「コク」。熟 **時刻**《じこく》など。
㉛ ふるきず ともに訓で読むことに注意。熟 **傷口**《きずぐち》など。
㉜ 市街《しがい》 「街」は十二画の漢字。真ん中は「土」が二つ。
㉝ 耳目《じもく》 人々の注意のこと。
㉞ 祝辞《しゅくじ》 おいわいのことば。
㉟ 警備《けいび》 「警」は十九画の漢字。ていねいに書こう。
㊱ 設置《せっち》 機械などをそなえつけること。
㊲ 複製品《ふくせいひん》 **「復製品」**としない。
㊳ 総動員《そうどういん》 「総」は「糸」＋「公」＋「心」で書くこと。
㊴ たいよ 貸しあたえること。
㊵ ゆいごん 死ぬときに、残された人々に伝える言葉。

8日目 レベル⑧

本冊 → p.140

① 快方《かいほう》 同音異義語の「解放」「開放」などに注意。
② 順延《じゅんえん》 予定の期日を順ぐりに延ばすこと。
③ 録画《ろくが》 「緑画」としない。
④ 並列《へいれつ》 「平列」としない。
⑤ 君臨《くんりん》 大きな力を持ち、絶対的な勢力をふるうこと。
⑥ 業績《ぎょうせき》 「業積」としない。
⑦ 真理《しんり》 「真理を追究する」という文で覚えておこう。
⑧ かくさく 計画を立てること。多く悪い意味で用いる。
⑨ 謝礼《しゃれい》 「謝」の字形をていねいに書こう。
⑩ 要領《ようりょう》 「領」の字形を正確に書こう。
⑪ 境地《きょうち》 置かれている立場・心の状態。
⑫ 朗報《ろうほう》 「郎報」としない。
⑬ 賛同《さんどう》 「参同」としない。
⑭ 大群《たいぐん》 「大郡」としない。
⑮ 補給《ほきゅう》 「補」は、ころもへんである。
⑯ まじわる 「交」は「まじ(わる)」「か(わす)」など送りがなに注意。
⑰ こころみる 他の訓読みは「ため(す)」。
⑱ そそぐ 音読みは「チュウ」。熟 **注目**《ちゅうもく》、**注視**《ちゅうし》など。
⑲ 平身低頭《へいしんていとう》 ひたすらあやまること。
⑳ じせい 「時勢」としない。

㉑ 承認《しょうにん》 よいと認めて受け入れること。
㉒ 磁石《じしゃく》 「磁」の右上の「䒑」に注意。
㉓ 伝承《でんしょう》 「承」を使った熟語はねらわれる。しっかり覚えていこう。
㉔ 裏地《うらじ》 「裏」は「裏」としない。
㉕ 乱暴者《らんぼうもの》 「乱」の訓読みは「みだ(れる)」「みだ(す)」。
㉖ じゅうおう 思いどおり・思うまま。
㉗ 起因《きいん》 「起引」「起困」などとしない。
㉘ ちぢれる **送りがなに注意。**
㉙ 花鳥風月《かちょうふうげつ》 自然の美しい風物。
㉚ ふるって 音読みは「フン」。熟 **興奮**《こうふん》、**奮戦**《ふんせん》など。
㉛ 経《へ》る 音読みは「ケイ」。熟 **経済**《けいざい》、**経営**《けいえい》など。
㉜ 社寺《しゃじ》 神社や寺のこと。
㉝ 飼育《しいく》 「飼」の訓読みは「か(う)」。
㉞ 通訳《つうやく》 言葉の通じない人のあいだにたって訳して伝える人のこと。
㉟ 課程《かてい》 ある期間に割《わ》り当《あ》てられた一定の学業のこと。
㊱ 守秘《しゅひ》 秘密《ひみつ》を人にもらさないこと。
㊲ 垂《た》れ幕《まく》 「垂」は横棒の数に注意。
㊳ 歴代《れきだい》 この「歴」は「すごす・すぎていく」という意味。
㊴ 胸像《きょうぞう》 「胸」の中身は「凶」である。
㊵ かんしょう 書き取りでは「傷」の右を「昜」としない。

本冊→p.142

① 温存《おんぞん》　使わずに大事に残しておくこと。
② 牧歌《ぼっか》　おだやかでのんびりしていること。
③ 品評《ひんぴょう》　同じ種類のものを集めて品定めをすること。
④ 毛細血管《もうさいけっかん》　体のすみずみにめぐらされている細い血管。
⑤ 郵便局《ゆうびんきょく》　「郵」の筆順に注意する。
⑥ 救済《きゅうさい》　「救」も「済」も、ともに「助ける」という意味がある。
⑦ 面目《めんぼく》　読みの問題としても大切。
⑧ 厳重《げんじゅう》　「厳」の最後の「攵」を「又」としない。
⑨ 法外《ほうがい》　ふつうの程度をひどくこえていること。
⑩ 表土《ひょうど》　表面の土。
⑪ 投資《とうし》　事業をする元手のお金を出すこと。
⑫ 検知《けんち》　「検」の部首に注意する。「険」「験」としない。
⑬ 街頭《がいとう》　町の道路や広場のこと。
⑭ 容姿《ようし》　すがた・顔かたちのこと。
⑮ 晴耕雨読《せいこううどく》　自由気ままな生活をすること。
⑯ ほがらか　音読みは「ロウ」。熟 **明朗**《めいろう》、**朗読**《ろうどく》など。
⑰ 快速《かいそく》　気持ちがよいほど速いこと。
⑱ ちょめい　「著」の訓読みは「いちじる(しい)」「あらわ(す)」。
⑲ こくもつ　「穀」は、のぎへんが部首。
⑳ 伝授《でんじゅ》　**「伝受」**としない。

㉑ 憲章《けんしょう》　「憲」の真ん中の「罒」をきちんと書く。
㉒ 保留《ほりゅう》　読みの問題としても大切。
㉓ やくとく　役目についているために得られる利益。
㉔ 混雑《こんざつ》　「混」の最後の「比」を「此」としない。
㉕ 輸送《ゆそう》　「輸」と「輪」をきちんと区別すること。
㉖ あたい　音読みは「チ」。熟 **価値**《かち》、**数値**《すうち》など。
㉗ やわらげる　他の訓読みは「なご(む)」「あ(える)」など。
㉘ 有意義《ゆういぎ》　やるだけの値打ちがあること。
㉙ 祭典《さいてん》　「典」には「儀式《ぎしき》」という意味がある。例「式典《しきてん》」。
㉚ 従順《じゅうじゅん》　すなおに従《したが》うこと。
㉛ 希少価値《きしょうかち》　「希少」は「めずらしい」ということ。
㉜ 幕府《ばくふ》　「幕」を「暮」「墓」としない。
㉝ 諸島《しょとう》　「諸」は「たくさんの」という意味。例「諸国《しょこく》」。
㉞ 気象《きしょう》　「象」を「像」としない。
㉟ 極上《ごくじょう》　この上なくすばらしいこと。
㊱ 背信《はいしん》　信頼《しんらい》を裏切《うらぎ》ること。
㊲ 省力化《しょうりょくか》　むだな労力を減らすこと。
㊳ 植樹《しょくじゅ》　「樹」の真ん中の部分をていねいに書く。
㊴ 盟約《めいやく》　力を合わせる約束をすること。
㊵ しゃくど　考え方の基準となる、ものさしのこと。

10日目

レベル⑩

本冊 ↓ p.144

① 交配《こうはい》 品種改良などのために異なった動植物をかけあわせること。
② 手塩《てしお》 「手塩にかける」は「自分で世話をして大切に育てること」。
③ 批評《ひひょう》 **【比評】**としない。
④ 行使《こうし》 権力や力などを実際に使うこと。
⑤ 補《おぎな》う **送りがなに注意。**
⑥ 創始者《そうししゃ》 ものごとを新しく始めた人。
⑦ 難易度《なんいど》 難《むずか》しさの程度。
⑧ 救護《きゅうご》 「護」は二十画の漢字。「護」としないように。
⑨ 打破《だは》 打ち破ること。
⑩ 易者《えきしゃ》 この「易」は「うらないのひとつ」という意味。例「易断《えきだん》」。
⑪ 即座《そくざ》 「座」の「土」は「人」二つの間を通す。
⑫ 開幕《かいまく》 ものごとが始まること。
⑬ 揮発性《きはっせい》 「揮」には「まきちらす」という意味がある。
⑭ 供給《きょうきゅう》 「需要《じゅよう》」と「供給」は対義語。
⑮ 染料《せんりょう》 「染」を「深」としない。
⑯ 次代《じだい》 **【時代】**としない。
⑰ 到達《とうたつ》 **【倒達】**としない。
⑱ 墓標《ぼひょう》 「標」には「めじるし」という意味がある。例「道標《どうひょう》」。
⑲ 持久力《じきゅうりょく》 長い時間持ちこたえること。
⑳ うわぜい 身のたけ・身長。

㉑ 閣議《かくぎ》 総理大臣が各大臣を集めて開く会議。
㉒ 謝辞《しゃじ》 お祝いのことば。
㉓ 用心棒《ようじんぼう》 身辺を守るボディーガード。
㉔ 歴訪《れきほう》 次々と訪れること。
㉕ 航空機《こうくうき》 「航」には「わたる」という意味がある。例「航海《こうかい》」。
㉖ かじゅえん この「果」は「くだもの」という意味。
㉗ ぞうしょ この「蔵」は「しまう」という意味。
㉘ 査察《ささつ》 ものごとが正しく行われているかどうか調べること。
㉙ 寄宿《きしゅく》 他人の家へ身を寄せて世話になること。
㉚ 配属《はいぞく》 人を割《わ》り当《あ》てて、それぞれの役目につかせること。
㉛ 方円《ほうえん》 「方」は「四角い」、「円」は「まるい」という意味。
㉜ 節理《せつり》 ものごとの道理・すじ道。
㉝ 自適《じてき》 自由に楽しみ暮《く》らすこと。
㉞ 助役《じょやく》 駅長を助ける役割《やくわり》。
㉟ 善処《ぜんしょ》 ものごとをうまく処理すること。
㊱ 装束《しょうぞく》 身なり。
㊲ 興《おこ》す **送りがなに注意。**
㊳ 情理《じょうり》 人間らしい感情とすじ道。
㊴ におう 「仁王立ち」は「力強く立ちはだかること」。
㊵ しゃそう 「窓」の音読みは「ソウ」。熟 **同窓会《どうそうかい》**など。

入試問題

本冊 p.146

1

① 発破　② 枚挙　③ 率　④ 無二
⑤ 注進　⑥ 果報者　⑦ 不世出　⑧ 門外漢
⑨ ひつじょう　⑩ ぞうさ　⑪ へいぜい
⑫ こんりんざい

解説
②「枚」や「挙」には「数え上げる」という意味がある。
④「無二」は「二つと無い」ということ。
⑤「注進」は「ものごとを目上の人に報告すること」。
⑫「金輪際」は「最下底」を表す仏教のことば。否定語とともに「絶対に(〜ない)」という意味で用いられる。

2

① 木　② 氵　③ 日　④ 火　⑤ 土

解説 わかるところからいろいろ漢字を考えていこう。
①「机」「格」「標」になる。まず「票」に注目しよう。
②「潮」「液」「洗」になる。まず「朝」に注目しよう。
③「時」「晩」「映」になる。まず「央」に注目しよう。
④「畑」「灯」「焼」になる。まず「尭」に注目しよう。
⑤「地」「域」「境」になる。「竟」は「境」か「鏡」にしかならないことから考えよう。

3

① ア　② エ　③ イ　④ ウ

解説 特殊な問題は、問題文や例をよく読んで、問題の意図を読み取ろう。
①「絶望」ができる。まず「亡」に注目する。対義語はア「希望」。
②「分解」ができる。「角」は「へん」にしかならない。対義語はエ「合成」。
③「理想」ができる。「王」は「へん」になるか「あし」になるかのどちらか。対義語はイ「現実」。
④「加盟」ができる。「皿」は「あし」になる。対義語はウ「脱退」。

4

① 願　② 説　③ 愛　④ 別　⑤ 理

解説 よく出る形式のパズル問題。思いつく熟語からどんどん入れていこう。
①「悲願」「念願」「大願」「志願」。
②「力説」「自説」「学説」「解説」。
③「求愛」「愛児」「愛情」「博愛」。
④「送別」「別人」「別格」「分別」。
⑤「真理」「理想」「理性」「論理」。

おもな部首

●「部首」には、大きく分けて「へん」「つくり」「かんむり」「あし」「たれ」「にょう」「かまえ」の七種類があります。ここでは、小学校で習う漢字にふくまれるおもな部首を、七つの種類とその他のものに分けて、一覧表にしました。

●部首の分類や名前は、辞書などによって異なる場合があります。

種類	部首	部首名	画数	例字
へん	亻	にんべん	2	値 休
へん	冫	にすい	2	冬 冷
へん	口	くちへん	3	呼 味
へん	土	つちへん	3	域 地
へん	女	おんなへん	3	始 妹
へん	子	こへん	3	孫
へん	巾	はばへん きんべん	3	幅 帳
へん	弓	ゆみへん	3	強 引
へん	彳	ぎょうにんべん	3	従 後
へん	忄	りっしんべん	3	情 快
へん	阝	こざとへん	3	限 階
へん	扌	てへん	3	担 指
へん	氵	さんずい	3	準 洗
へん	犭	けものへん	3	犯 独
へん	方	ほう ほうへん かたへん	4	旅 方
へん	日	ひへん	4	映 暗
へん	月	つきへん	4	服
へん	月	にくづき	4	臓 脈
へん	木	きへん	4	権 林
へん	歹	かばねへん いちたへん がつへん	4	死 残
へん	火	ひへん	4	焼 灯
へん	片	かた かたへん	4	版 片
へん	牛	うし うしへん	4	牧 物
へん	王	おうへん たまへん	4	班 理
へん	礻	しめすへん	4	祝 社
へん	田	たへん	5	略 町
へん	目	めへん	5	眼
へん	矢	や やへん	5	短 知
へん	石	いしへん	5	砂 研
へん	禾	のぎへん	5	穀 秋
へん	衤	ころもへん	5	補 複
へん	米	こめ こめへん	6	糖 粉
へん	糸	いとへん	6	納 級
へん	耒	すきへん らいすき	6	耕
へん	耳	みみへん	6	職
へん	舟	ふね ふねへん	6	船 舟
へん	角	つの つのへん	7	解 角
へん	言	ごんべん	7	誌 話
へん	貝	かいへん	7	財 貯
へん	⻊	あし あしへん	7	跡 路
へん	車	くるまへん	7	輸 転
へん	酉	とりへん	7	酸 配
へん	里	さとへん	7	野
へん	金	かねへん	8	鋼 銀
へん	食	しょくへん	8	飼 飲
へん	馬	うまへん	10	験 駅
へん	骨	ほね ほねへん	10	髄 骨
へん	魚	うお うおへん	11	鮮 魚
つくり	刂	りっとう	2	刻 列
つくり	力	ちから	2	勤 助
つくり	卩	わりふ ふしづくり	2	巻 印
つくり	彡	さんづくり	3	形
つくり	阝	おおざと	3	郷 都
つくり	戈	ほこづくり ほこがまえ	4	我 戦
つくり	攵	のぶん ぼくづくり	4	敬 教
つくり	斗	とます	4	料
つくり	斤	きん おのづくり	4	断 新
つくり	欠	あくび かける	4	欲 次
つくり	殳	るまた ほこづくり	4	段 殺
つくり	隹	ふるとり	8	難 雑
つくり	頁	おおがい	9	頂 顔
かんむり	亠	なべぶた けいさんかんむり	2	亡 京
かんむり	冖	わかんむり	2	写
かんむり	宀	うかんむり	3	宝 家
かんむり	⺍	つかんむり	3	厳 巣
かんむり	艹	くさかんむり	3	蒸 草
かんむり	耂	おいかんむり おいがしら	4	老 考
かんむり	癶	はつがしら	5	登 発
かんむり	穴	あな あなかんむり	5	窓 空
かんむり	罒	あみがしら あみめ よこめ	5	署 置
かんむり	⺮	たけ たけかんむり	6	筋 算
かんむり	雨	あめ あめかんむり	8	電 雲

部首	名前	画数	例
あし			
儿	ひとあし にんにょう	2	党 先
夂	すいにょう ふゆがしら	3	変 夏
廾	こまぬき にじゅうあし	3	弁
心	こころ	4	憲 意
灬	れんが れっか	4	熟 点
皿	さら	5	盛 益
たれ			
厂	がんだれ	2	厚 原
尸	かばね しかばね	3	展 屋
广	まだれ	3	座 広
疒	やまいだれ	5	痛 病
にょう			
辶	しんにょう しんにゅう	3	遺 遠
廴	えんにょう	3	延 建
走	はしる そうにょう	7	起 走
かまえ			
冂	どうがまえ けいがまえ まきがまえ	2	冊 円
勹	つつみがまえ	2	包
匚	かくしがまえ	2	区 医
囗	くにがまえ	3	困 国
弋	しきがまえ	3	式
气	きがまえ	4	気
行	ぎょう ぎょうがまえ ゆきがまえ	6	衛 行
門	もん もんがまえ	8	閉 間
その他			
一	いち	1	並 世
丨	ぼう たてぼう	1	中
丶	てん	1	主 丸
ノ	の はらいぼう	1	乗 久
乚乙	おつ	1	乱 九
亅	はねぼう	1	予 事
二	に	2	五 二
人	ひと	2	以 人
𠆢	ひとやね	2	倉 今
入	いる	2	全 内
八	はち	2	公 八
ハ	は	2	具 共
几	つくえ	2	処
凵	うけばこ	2	出
刀	かたな	2	分 切
力	ちから	2	労 勝
匕	ひ	2	化 北
十	じゅう	2	協 千
厶	む	2	去 参
又	また	2	収 友
口	くち	3	否 問
土	つち	3	垂 圧
士	さむらい	3	売 声
夕	た ゆうべ	3	夢 外
大	だい	3	奮 天
女	おんな	3	姿 委
子	こ	3	孝 学
寸	すん	3	専 対
小	しょう	3	当 少
尢	だいの まげあし	3	就
山	やま	3	島 岩
巛川	かわ	3	州 川
工	え たくみ	3	差 左
己	おのれ	3	己
巾	はば	3	幕 希
干	かん いちじゅう	3	年 干
幺	よう いとがしら	3	幼
弓	ゆみ	3	弟 弱
心	こころ	4	愛 必
戸	と	4	所 戸
手	て	4	承 挙
支	し	4	支
文	ぶん	4	文
日	ひ	4	暮 昼
曰	ひらび いわく	4	曲 書
月	つき	4	朗 有
木	き	4	染 森
止	とめる	4	武 正
母	なかれ	4	毒 母
比	ならびひ くらべる	4	比
毛	け	4	毛
氏	うじ	4	民 氏
水	みず	4	泉 氷
火	ひ	4	灰 炭
父	ちち	4	父
犬	いぬ	4	状 犬
玄	げん	5	率
王玉	たま おう	4 5	王 玉
生	うまれる	5	産 生
用	もちいる	5	用
田	た	5	異 申
疋	ひき ひきへん	5	疑
白	しろ	5	皇 百
皮	けがわ	5	皮

その他（続き）

部首	部首名	画数	例字
目	め	5	看 真
石	いし	5	石
示	しめす	5	禁 祭
立	たつ たつへん	5	競 章
糸	いと	6	系 素
羊	ひつじ	6	群 美
羽	はね	6	翌 習
耳	みみ	6	聖 聞
肉	にく	6	背 肉
自	みずから	6	自
西	にし おおいかんむり	6	要 西
至	いたる	6	至
臼	うす	6	興
舌	した	6	舎 舌
艮	ねづくり こんづくり	6	良
色	いろ	6	色
虫	むし	6	蚕 虫
血	ち	6	衆 血
衣	ころも	6	裁 表
見	みる	7	覧 親
臣	しん	7	臨 臣
言	げん	7	警 言
谷	たに	7	谷
豆	まめ	7	豊 豆
豕	ぶた いのこ	7	象
貝	かい こがい	7	貴 負
赤	あか	7	赤
身	み	7	身
車	くるま	7	軍 車
辛	からい	7	辞
麦	むぎ	7	麦
辰	しんのたつ	7	農
酉	ひよみのとり	7	酒
里	さと	7	量 重
金	かね	8	金
長	ながい	8	長
隹	ふるとり	8	集
青	あお	8	静 青
非	あらず ひ	8	非
面	めん	9	面
革	かくのかわ つくりがわ	9	革
音	おと	9	音
風	かぜ	9	風
飛	とぶ	9	飛
食	しょく	9	養 食
首	くび	9	首
馬	うま	10	馬
高	たかい	10	高
鳥	とり	11	鳴 鳥
黄	き	11	黄
黒	くろ	11	黒
歯	は はへん	12	歯
鼻	はな	14	鼻

B